Lingua[gem] 93

EDITOR
Marcos Marcionilo

CONSELHO EDITORIAL
Ana Stahl Zilles [Unisinos]
Angela Paiva Dionisio [UFPE]
Carlos Alberto Faraco [UFPR]
Celso Ferrarezi Jr. [UNIFAL]
Egon de Oliveira Rangel [PUC-SP]
Henrique Monteagudo [Universidade de Santiago de Compostela]
José Ribamar Lopes Batista Jr. [UFPI/CTF/LPT]
Kanavillil Rajagopalan [Unicamp]
Marcos Bagno [UnB]
Maria Marta Pereira Scherre [UFES]
Roberto Mulinacci [Universidade de Bolonha]
Roxane Rojo [UNICAMP]
Salma Tannus Muchail [PUC-SP]
Sírio Possenti [UNICAMP]
Stella Maris Bortoni-Ricardo [UnB]
Tommaso Raso [UFMG]
Vera Lúcia Menezes de Oliveira e Paiva [UFMG/CNPq]

Luzmara CURCINO
Vanice SARGENTINI
Carlos PIOVEZANI
ORGANIZAÇÃO

DISCURSO e (PÓS)VERDADE

Roger CHARTIER
Tales AB'SÁBER
Sírio POSSENTI
Pedro Henrique V. de CARVALHO
Mónica Zoppi FONTANA
Maria Aldina MARQUES
Elvira Narvaja de ARNOUX
Jean-Jacques KOURLIANDSKY

Direção: ANDRÉIA CUSTÓDIO
Diagramação e capa: TELMA CUSTÓDIO
Revisão: THIAGO ZILLIO PASSERINI

CIP-BRASIL. CATALOGAÇÃO NA FONTE
SINDICATO NACIONAL DOS EDITORES DE LIVROS, RJ

D639

    Discurso e (pós)verdade / organização Luzmara Curcino, Vanice Sargentini, Carlos Piovezani. - 1. ed. - São Paulo : Parábola, 2021.
    240 p. ; 23 cm. (Lingua[gem] ; 93)

    Inclui bibliografia e índice
    ISBN 978-65-88519-34-9

    1. Linguística. 2. Análise do discurso - Aspectos políticos. 3. Veracidade e falsidade. I. Curcino, Luzmara. II. Sargentini, Vanice. III. Piovezani, Carlos

21-69889   CDD: 401.41
                                                                     CDU: 81'42

Meri Gleice Rodrigues de Souza - Bibliotecária - CRB-7/6439

Direitos reservados à
PARÁBOLA EDITORIAL
Rua Dr. Mário Vicente, 394 - Ipiranga
04270-000 São Paulo, SP
pabx: [11] 5061-9262 | 5061-8075 | fax: [11] 2589-9263
home page: www.parabolaeditorial.com.br
e-mail: parabola@parabolaeditorial.com.br

Todos os direitos reservados. Nenhuma parte desta obra pode ser reproduzida ou transmitida por qualquer forma e/ou quaisquer meios (eletrônico ou mecânico, incluindo fotocópia e gravação) ou arquivada em qualquer sistema ou banco de dados sem permissão por escrito da Parábola Editorial Ltda.

ISBN: 978-65-88519-34-9
        978-65-88519-33-2 (e-book)

© do texto: VV.AA., 2021.
© da edição: Parábola Editorial, São Paulo, 2021

Sumário

O discurso e as verdades: relações entre a fala, os feitos e os fatos 7
Carlos Piovezani, Luzmara Curcino e Vanice Sargentini

Verdade e prova: retórica, literatura, memória e história 19
Roger Chartier

Ilusão, convicção e mentira: linguagem e psicopolítica da pós-verdade 41
Tales Ab'Sáber

Jogos de verdade: uma questão para a análise do discurso 59
Sírio Possenti

A vontade de verdade nos discursos: os contornos das *fake news* 73
Vanice Sargentini e Pedro Henrique Varoni de Carvalho

Pós-verdade e enunciação política: entre a mentira e o rumor 87
Mónica Zoppi Fontana

Lives e livros: versículos e verdade na eleição presidencial brasileira 105
Luzmara Curcino

A verdade dos outros: questões de responsabilidade enunciativa 135
Maria Aldina Marques

Efeitos de verdade: a retórica eleitoral de Bolsonaro 155
Carlos Piovezani

A verdade e as emoções: retórica e pós-verdade no discurso político 189
Elvira Narvaja de Arnoux

A verdade em disputa: discursos da comunidade internacional sobre a Venezuela 221
Jean-Jacques Kourliandsky

Organização e Autoras(es) 235

O discurso e as verdades
relações entre a fala, os feitos e os fatos

Carlos Piovezani, Luzmara Curcino e Vanice Sargentini

Há relações diversas e fundamentais entre o discurso e as verdades. Ao longo da história, em condições de produção distintas, já se acreditou que a verdade existiria independentemente da linguagem, que nada mais seria, além de sua mera expressão. Também já se afirmou que as coisas ditas seriam entraves ou acessos à verdadeira essência dos seres e fenômenos. Já foi dito ainda que as verdades consistiriam em construções históricas dos fatos, para as quais o discurso é decisivo. Mais recentemente, vimos multiplicarem-se as alegações de que os fatos não existem, de sorte que haveria apenas versões e interpretações alternativas.

No tempo, não há somente uma série de variações nas relações entre a linguagem e a produção das verdades. Essas relações são tão complexas e suscetíveis às diferenças de perspectiva que podem ser, inclusive, diametralmente opostas. Com o intuito de apenas ilustrarmos algumas dessas diferenças, poderíamos mencionar dois casos emblemáticos. O primeiro consiste, *grosso modo*, na passagem do período Arcaico para o período Clássico da Antiguidade, que poderia ser, com as devidas ressalvas, definida nestes termos de Foucault: "Entre Hesíodo e Platão, certa divisão se estabeleceu, separando o discurso verdadeiro e o discurso falso; separação nova visto que, doravante, o discurso verdadeiro não é mais o discurso precioso e desejável, visto que não é mais o discurso ligado ao exercício do poder". A verdade, que antes se constituía com base na palavra proveniente dos homens poderosos — o soberano, o profeta, o aedo e o sacerdote —, não mais se concentrava "no que era o discurso, ou no que ele fazia, mas residia no que ele dizia", ou seja, "chegou um dia em que a verdade se deslocou do ato ritualizado, eficaz e justo, da enunciação, para o próprio enunciado"[1]. O campo da História das ideias linguísticas indica essa profunda e importante metamorfose:

> Os primeiros autores (Homero, Hesíodo) tratam, principalmente, da fala, afirmando que ela é um meio de agir sobre o mundo e sobre os seres, o que confirma a atestação no período Arcaico de um amplo conjunto de práticas religiosas, mágicas e até "medicinais". A literatura evoca frequentemente os poderes da fala (cf. o canto das sereias, *Odisseia*, canto XII, versos 36-200) e particularmente os poderes da poesia (cf. o prelúdio da *Teogonia*, de Hesíodo), que é um tipo de magia, de psicagogia que provoca, conforme seu desígnio, dores e prazeres em seus ouvintes. Essa eficácia depende essencialmente do emissor – um deus, um mago ou um poeta inspirado pelas musas. Em todo caso, depende de uma personagem investida de autoridade. Há, inversamente, falas sem força, vãs, tais como as de Cassandra, a quem um deus privou do poder de persuadir. É também sob o ângulo da eficácia que se concebe a questão da relação com a verdade: a fala tem também o poder nem tanto de mentir (nas relações entre a palavra e o real), mas o de enganar (nas relações entre a palavra e o interlocutor)[2].

O segundo caso provém da ficção, mas nem por isso é menos elucidativo. Depois de haver reparado, à sua maneira, o agravo que sofria o criado André sob os açoites de seu senhor, o lavrador Fraldudo, confiando exclusiva e plenamente na verdade da palavra empenhada por este último sobre a suspensão dos castigos por ele infligidos a seu criado, Dom Quixote encontra aqueles que mais tarde reconheceríamos como seis mercadores de Toledo, que seguiam com seus sete criados em direção a Múrcia em busca de seda:

> Quando chegaram a uma distância de onde o poderiam ver e ouvir, ergueu Dom Quixote a voz e disse em tom arrogante:
> – Que todos se detenham, até confessarem que não há em todo o mundo mais formosa donzela que a imperatriz da Mancha, a sem par Dulcineia del Toboso. Estancaram os mercadores ao som dessas palavras e à visão da estranha figura de quem as proferia. Da figura e das palavras, logo deduziram a loucura de seu

---

[1] Michel Foucault. *A ordem do discurso*. São Paulo: Loyola, 2014, p. 15.
[2] Françoise Desbordes. "Les idées sur le langage avant la constitution des disciplines spécifiques". In: Sylvain Auroux (org.). *Histoire des idées linguistiques*, v. 1. Liège, Bruxelas: Pierre Mardaga, 1989, p. 154.

dono; mas quiseram ver com mais vagar em que redundaria a confissão que se lhes pedia, e um deles, que era um pouco burlão e muitíssimo espirituoso, falou:
— Senhor Cavaleiro, não sabemos quem seja essa boa senhora a que aludis; mas se no-la mostrardes, e se ela for tão formosa como dizeis, de bom grado e sem constrangimento algum confessaremos a verdade, que de vossa parte nos é pedida.
— Se eu vo-la mostrasse — replicou Dom Quixote — de que valeria confessardes tão notória verdade? O importante é que, sem vê-la, o haveis de crer, confessar, afirmar, jurar e defender; e se não o fizerdes, tereis de travar combate comigo, ó gente descomunal e soberba. Vinde, pois, um por um, como pede a Ordem da Cavalaria, ou todos juntos, como é costume e má usança entre os de vossa ralé; aqui vos aguardo e espero, confiado na razão que de minha parte tenho[3].

Um dos mercadores insiste que lhes seja mostrado ao menos um minúsculo retrato de Dulcineia, para que sua anuência ao juízo de Quixote tivesse alguma evidência como fundamento, sem a qual não poderiam confessar, jurar e defender, em detrimento de suas princesas e rainhas de Alcarria e Estremadura, a ímpar e maior beleza da imperatriz da Mancha. Ao dizê-lo, acrescentou ainda que, em havendo tal retrato de uma dama que nunca havia sido vista ou ouvida, seus colegas mercadores e ele próprio, já inclinados ao partido do Cavaleiro, consentiriam em fazê-lo, mesmo que a figura fosse "torta de um olho" e que do outro escorresse "vermelhão e enxofre".

Presumivelmente, uma vez que o código de honra do homem da Mancha fora forjado pelos valores e pelos romances da Cavalaria, a reação deu-se da seguinte maneira:

Nada lhe escorre, canalha infame! — respondeu Dom Quixote, inflamado de cólera; — ou melhor, não lhe escorre isso que dissestes, mas somente âmbar e almíscar entre algodões; e não é torta, nem corcunda, porém mais direita que um fuso de Guadarrama. Mas vós outros pagareis a grande blasfêmia que proferistes contra tamanha beldade como a de minha senhora!

---

[3] Miguel de Cervantes. *O engenhoso fidalgo Dom Quixote de la Mancha*, v. 1. Belo Horizonte/Rio de Janeiro: Itatiaia, 1997, p. 48-49. Já em sua segunda parte, é o Cavaleiro da Lua Branca que exige que Dom Quixote assuma como verdade a superioridade da beleza de sua própria dama em relação a Dulcineia, segundo a mesma lógica da cavalaria andante quixotesca: "Venho contender contigo e experimentar a força de teus braços, a fim de fazer-lhe conhecer e confessar que minha dama, seja ela quem for, é sem comparação mais formosa que tua Dulcineia del Toboso. Tal verdade, se a confessares pura e simplesmente, poupará tua vida e o trabalho que terei de tirá-la" (v. 2, 1997, p. 470).

E, dizendo isso, arremeteu de lança baixa contra o que falara, com tanto ímpeto e fúria que, se a boa sorte não tivesse feito tropeçar e cair o Roncinante na metade do caminho, teria passado mal o atrevido mercador[4].

Estirado ao chão, sem forças para levantar-se, dado o peso de sua parafernália, composta de lança, adarga, esporas, elmo e armadura, não cessou de vociferar: "Não fujais, gente covarde e infame; esperai! Estou aqui estendido não por minha culpa, mas do meu cavalo"[5]. Ante a persistência daquela arrogância, mesmo em situação tão desfavorável, um dos criados dos mercadores desferiu no Cavaleiro tantas bordoadas que quase o reduziu a pó. Ainda assim, Dom Quixote não interrompeu suas ameaças àqueles que lhe pareciam ser patifes, insolentes e desonrados, certo de sua condição de afortunado, porque a desgraça que lhe acabava de sobrevir era própria das provações dos cavaleiros andantes.

A ênfase, a convicção, a insistência e o sofrimento de Dom Quixote, por um lado, e a reação, a surpresa, a troça e a indiferença dos mercadores de Toledo, por outro, configuram-se como signos eloquentes da profunda incompreensão entre homens que pertencem ao mesmo tempo e se encontram num mesmo espaço. Ademais, todos ali falam a mesma língua, em que pese a diferença de seus estilos de fala, pois a resposta do mercador, que se assemelha à maneira de se exprimir do Cavaleiro, deriva de seu caráter espirituoso e integra sua emulação às avessas e sua chacota. Eis-nos diante do paradoxo: um mesmo tempo, um mesmo espaço e uma mesma língua, mas dois universos mentais distintos, separados por um abismo que não apenas os distancia, mas também — e fundamentalmente — opõe dois regimes distintos de verdade, em suas contrárias relações com as coisas ditas e seus modos de dizer.

Além disso, sabemos que, em diferentes tempos e lugares, não são os mesmos campos e instituições de onde emanam os efeitos de real, as crenças e as convicções. Tomemos somente um único, mas profundo e significativo exemplo dessa transformação: o "desencantamento" do mundo ocidental, ocorrido na era moderna. Com ele, vimos a religião perder força como espaço praticamente exclusivo de produção da verdade, via reprodução da palavra de Deus, cedendo cada vez mais lugar aos dados e experimentos da prática

---

[4] *Idem, ibidem* (v. 1, p. 49).
[5] *Idem, ibidem* (v. 1, p. 49).

científica. Sem que isso tenha equivalido à eliminação do campo religioso como fonte de verdade, o fato é que, desde então, as ciências não só produziram cada vez mais suas próprias verdades, mas também incidiram progressiva e incessantemente nas produções das verdades em outros campos e setores das sociedades modernas e contemporâneas. O recrudescimento científico não impediu, contudo, o surgimento de refluxos: a relativa força da circulação de terraplanismos e criacionismos em nossos dias comprova a complexidade do processo histórico.

No que se refere às tendências contemporâneas de conceber as relações entre discurso e verdade, elas são frequentemente consideradas um movimento libertário, uma vez que nos permitem desprender-nos de dogmas, ortodoxias e autoridades exclusivas de pesadas e passadas tradições. Assim, domínios e instituições que antes nos guiavam, com base em suas verdades fundamentais e numa quase cega fé que lhes depositávamos, tornam-se cada vez mais suscetíveis às nossas dúvidas e críticas. A religião, a política, a mídia e a ciência já não são mais do mesmo modo consideradas como fontes das quais brotariam a certeza dos fatos e os devidos caminhos a seguir. Com frequência e intensidade aparentemente inéditas, a crença e a confiança que nelas assentávamos passaram a ser ladeadas ou suplantadas por suspeitas e por ceticismos, por postura crítica e por emancipações. O que não significa que estejamos diante de um fenômeno homogêneo e igualmente experimentado por sujeitos de classes e grupos sociais distintos, de ideologias diversas, inscritos em diferentes relações de poder, de sentido e de afetos.

Em contrapartida, observamos que a crescente difusão das *fake news* e a emergência das noções de "pós-verdade" e "fatos alternativos" têm produzido efeitos bastante perversos. Retrocessos políticos e sociais, intolerâncias a comportamentos, adesões a preconceitos de classe e de gênero e difusões massivas de ideias e ações reacionárias ou populistas consolidam-se e expandem-se com força e alcance assustadores. Contribuem decisivamente para essa força e esse alcance a onipresença das redes sociais, seu uso constante e disseminado e suas interconexões com os veículos da mídia de diversos extratos e ideologias. Os resultados desse movimento na história já se mostram a olhos vistos: ataques às políticas afirmativas, aos programas de combate às desigualdades sociais e econômicas e às discussões sobre gênero e sexualidade; e ascensão de tendências neofascistas de toda ordem, conduzindo líderes políticos de extrema direita a conquistas eleitorais até recentemente inimagináveis na Europa, nos EUA e no Brasil.

As afirmações, as relativizações e as negações das verdades não se processam fora da história. Elas têm causas e efeitos políticos e são fenômenos discursivos por excelência. Nas diversas vertentes dos estudos do discurso, decorram elas da chamada AD francesa, dos trabalhos que se fundamentam na obra de Michel Foucault, no círculo de Mikhail Bakhtin ou na semiótica, derivada de Algirdas J. Greimas, entre outras, há relativo consenso sobre o funcionamento dos processos discursivos. Tais processos fazem com que as mesmas palavras, expressões ou proposições produzam diferentes sentidos e também fazem com que distintas palavras, expressões e proposições possam produzir os mesmos sentidos. Na esteira dessa reflexão, poderíamos entender que as diversas relações entre a ordem do discurso e as verdades, sejam afirmadas taxativamente, sejam objeto de crítica ou de adesão parcial, sejam ainda recusadas de modo absoluto, podem tanto libertar quanto assujeitar. Elas podem se inscrever em posições conservadoras e ensejar discursos reacionários e até fascistas, mas podem igualmente derivar de posicionamentos progressistas e produzir pensamentos, atos e palavras emancipatórios.

Em todo caso, é preciso e urgente conhecer as várias facetas das relações entre o discurso e as verdades e mais bem compreender os funcionamentos históricos e discursivos que produzem o saber e o desconhecimento, as crenças e as convicções, os segredos e as revelações, as desconfianças e os descréditos que se nos apresentam como mentiras e ilusões. Nisso consistiu o principal objetivo da quinta edição do Colóquio Internacional de Análise do Discurso (CIAD), realizado na Universidade Federal de São Carlos em setembro de 2018. Essa edição do evento foi dedicada ao tema dos encontros e desencontros entre as verdades e a ordem do discurso, bem como a seus consequentes efeitos de real e sentidos da convicção. Para explorá-lo, debatê-lo e analisá-lo, o V CIAD contou com a participação de eminentes especialistas dos campos da história e da psicanálise, da análise do discurso e da história das ideias linguísticas, cujos trabalhos são reconhecidos nacional e internacionalmente por suas contribuições especulativas, teóricas e analíticas. De modo análogo ao que ocorrera nas anteriores, além das apresentações de dezenas de grupos de pesquisa em análise do discurso de todo o Brasil e do exterior, nessa edição do CIAD, os participantes tiveram a oportunidade de assistir a conferências e intervenções em mesas-redondas fundamentais para a compreensão das várias e diversas relações entre o discurso e a (pós)verdade. São os textos dessas conferências e das intervenções nessas mesas-redondas que constituem este livro.

No primeiro capítulo, **Verdade e prova: retórica, literatura, memória e história**, Roger Chartier propõe uma reflexão sobre a "verdade" em contextos de revisionismos históricos, de verdades alternativas e de difusão de crenças absurdas. Recorrendo a filósofos, historiadores, escritores e críticos literários de um seleto panteão, Chartier percorre um longo trajeto histórico de análises e reflexões dedicadas a pensar as condições de possibilidade da "verdade" em situações nas quais as formas de validação dos dizeres, no passado e no presente, tiveram de se confrontar com os estatutos da "prova" e da "autoridade". No erudito passeio histórico a que o autor nos convida, assistimos a circunstâncias sociais em que a noção de verdade se encontra desafiada, ameaçada e mesmo descartada. Ele demonstra como essas tentativas de suspensão da verdade colocam em risco a própria democracia, já que a ruptura entre verdade e política constitui perigo mortal para as instituições públicas e para as exigências éticas. Na conjunção entre erudição e compromisso político, o eminente historiador do Collège de France nos deixa uma importante lição quanto à nossa responsabilidade de defesa urgente e intransigente tanto das ciências quanto da democracia.

Já Tales Ab'Sáber, no capítulo intitulado **Ilusão, convicção e mentira: linguagem e psicopolítica da pós-verdade,** trata da linguagem e dos afetos constitutivos de uma modalidade autoritária de vida que se tornou corriqueira na história recente do Brasil, chamada por ele de "fascismo comum". Segundo Ab'Sáber, foram elaboradas e reproduzidas falsificações históricas, alucinações e mentiras, tais como:

(i) a ameaça comunista extraída de uma política econômica e social capitalista com integração de massas populares à cultura do mercado;
(ii) o universo da cultura concebido como meio privilegiado para a revolução socialista;
(iii) a corrupção política concentrada exclusivamente no PT.

O psicanalista examina as propriedades discursivas e paranoicas da psicopolítica do fascismo brasileiro comum, que foi a força motriz da virada à direita pela qual passamos desde a destituição da presidenta Dilma Rousseff. Além de nos transmitir outros ensinamentos, Ab'Sáber nos relembra valiosas lições: quando a violência recrudesce, é, mais do que nunca, necessário dar nome aos bois e chamar a mentira pelo seu nome e não por eufemismos, como *fake news* ou "pós-verdade", que podem concorrer para a extensão de sua legitimidade ilegítima. Mais do que nunca, quando os autoritários passam a dizer que há versão alternativa dos fatos, é preciso não esquecer que a verdade e a legitimidade da narrativa histórica residem no compromisso com os sacrificados por distintas sortes de opressão.

No capítulo **Jogos de verdade: uma questão para a análise do discurso**, apoiando-se na tese de Michel Foucault, segundo a qual a vontade de verdade "tende a exercer sobre os outros discursos uma espécie de pressão e como que um poder de coerção", Sírio Possenti distingue, de modo preciso, uma série de diversos regimes de verdade e descreve, de forma muito arguta, um conjunto de discursos que, em tese, seriam indiferentes à questão da verdade construída pelos métodos das ciências, mas que passam a ser frequentados por saberes científicos ou análogos. Estes últimos são invocados para dar fundamentos a algumas ideias que já circulam pelo senso comum e para justificar algumas práticas antes empreendidas sem o auxílio e a coerção da vontade de verdade dos discursos. A leitura de **Jogos de verdade**, de Possenti, permite não apenas a constatação de movimentos discursivos de ampliação e de invasão da vontade de verdade sobre campos, gêneros e textos que até mais ou menos recentemente dispensavam a fundamentação científica, como também promove uma especificação no conceito de verdade e em suas relações com a ordem do discurso, tal qual pensados por Foucault.

Vanice Sargentini e Pedro Henrique Varoni de Carvalho, em **A vontade de verdade nos discursos: os contornos das *fake news***, problematizam a noção de verdade na pós-modernidade e apontam o modo como os enunciados de desinformação se estruturam, têm seus modos próprios de funcionamento e, consequentemente, fragilizam as democracias, muito em razão de suas formas de circulação. À luz de reflexões de Michel Foucault, indicam que a verdade se estabelece por uma vontade de verdade e, com isso, reiteram a necessidade de recusar a existência de uma relação binária que oponha o verdadeiro ao falso. Sargentini e Varoni de Carvalho consideram que são, de fato, as condições de possibilidade que definem e sustentam os discursos verdadeiros — de forma que os jogos de verdade estão submetidos à ordem dos saberes e dos poderes. Os autores analisam como alguns fatos submetidos às agências de *fact-checking* não se sustentam, mas se mantêm em circulação fundamentados por interesses econômicos, políticos e religiosos.

Em seu capítulo, denominado **Pós-verdade e enunciação política: entre a mentira e o rumor**, Mónica Zoppi Fontana inscreve suas preocupações na problemática mais ampla da formulação e circulação da fala pública. Ao investigar o emprego das palavras pós-verdade e *fake news*, aponta que, embora elas geralmente circulem em estruturas coordenadas ou em processos de sinonímia (em que há substituição de uma palavra por outra) ou de hiperonímia (em que aparecem de forma hierarquizada), tais palavras podem ser diferenciadas analiticamente pelo modo de circulação e pelo funcionamento da enunciação. Para Zoppi Fontana, há aí duas formas distintas da enunciação política: as *fake news* circulam como boatos, produzindo o *efeito de rumor*, e a pós-verdade, cuja enunciação é atribuída a um locutor identificável por um nome próprio que ocupa um lugar social de destaque no campo político, por sua vez, propicia imediata e ampla divulgação de seu dizer. É nessa delicada e inextricável articulação que a autora apresenta rigorosas análises de enunciados coletados em matérias jornalísticas, expondo a luta pela estabilização de consensos em nada benéficos ao regime democrático.

Luzmara Curcino, no capítulo *Lives* **e livros: versículos e verdade na eleição presidencial brasileira**, aborda os usos simbólicos do livro e da leitura no âmbito da política brasileira, descrevendo os efeitos de sentido visados e produzidos com a alusão a certos títulos e autores e com a ostentação desse objeto cultural no cenário dos pronunciamentos do então candidato e hoje presidente, Jair Bolsonaro, em suas *lives* de campanha e posse. Como descreve cuidadosamente a autora, os livros estão no cenário como meios de justificar e de validar posicionamentos, assim como para servir de "provas" incontestes do que Bolsonaro afirma. Essa presença é estrategicamente eloquente: seja como prova contra seus adversários, seja com vistas a cumprir um protocolo exigido pelo cargo, seja ainda para a divulgação e promoção de obras e autores de uma biblioteca ideal da nova extrema direita brasileira, a presença desses livros pretende conferir um tipo de legitimidade e de veracidade ao que Bolsonaro enuncia. Diante de sua autodefesa contra as denúncias de uso sistemático de *fake news* como estratégia de sua campanha, os livros nas *lives* atuam como seu salvo-conduto.

Ao apresentar como problemática a discussão sobre **A verdade dos outros: questões de responsabilidade enunciativa**, Maria Aldina Marques retoma a relação entre discurso e verdade para avaliar questões de construção discursiva da verdade do locutor e da verdade dos outros, analisando

15

especialmente como essa construção se dá no uso dos diferentes modos de emprego do discurso relatado, presente em discursos jornalísticos. De modo muito didático e, ao mesmo tempo, bastante perspicaz, a autora analisa o caso Ricardo Robles, que gerou polêmica na mídia portuguesa diante das estratégias de responsabilidade enunciativa. As discussões e análises permitem compreender a construção discursiva do que seria a suposta verdade do locutor e das vozes que ecoam em seu discurso. Além disso, Marques expõe as exigências das sociedades democráticas de se ter um jornalismo ético. Só assim, segundo a autora, pode se dar a assunção do cidadão dotado de informações e espírito crítico, que pode fazer frente à nefasta "cultura" da pós-verdade.

No capítulo **Efeitos de verdade: a retórica eleitoral de Bolsonaro**, Carlos Piovezani examina aspectos da fala pública de Jair Bolsonaro produzida na última eleição presidencial do Brasil, ocorrida em outubro de 2018. Mediante o exame das formas e dos recursos linguísticos, retóricos e discursivos de fala do então candidato, Piovezani indica que um dos traços marcantes do desempenho oratório de Bolsonaro era a produção dos seguintes efeitos: os de franqueza e de interação e os de veemência e de antagonismo. O autor demonstra que, para tanto, o candidato se vale de um funcionamento particular do esquema argumentativo: *docere, delectare et movere*. Para comprová-lo, Piovezani analisa dois pronunciamentos do então candidato, realizados no primeiro e no último programa do Horário Gratuito de Propaganda Eleitoral (HGPE). Finalmente, no intuito de abordar o aspecto fundamental da recepção da propaganda eleitoral bolsonarista, na qual se processam a crença e a adesão, Piovezani examina alguns "comentários" de espectadores, tais como se encontram formulados num canal do YouTube, motivados por essas suas duas falas públicas de Bolsonaro.

Por sua vez, Elvira Arnoux, no capítulo intitulado **A verdade e as emoções: retórica e pós-verdade no discurso político**, parte da análise de uma série de manuais de retórica do século XIX, publicados na Argentina, cotejados com os mais clássicos compêndios da retórica antiga, para demonstrar a existência de um conjunto de diferenças fundamentais entre os discursos políticos de nossos dias e o que eram os idealizados pelos compêndios e manuais de outros tempos. Essas diferenças residem no modo como os oradores políticos de outrora e os de hoje recorrem distintamente às crenças e às emoções no processo de argumentação e de construção da verdade. Com vistas a comprovar os resultados de suas análises e reflexões, Arnoux empreende o exame de um pronunciamento do ex-presidente da Argentina, Mauricio Macri, por meio do qual indica sua condição de intervenção prévia e minuciosamente elaborada e de desempenho conforme roteiro bem programado. Assim, o pronunciamento de Macri mobiliza intensamente a "emoção", que se mostra mais anunciada que sentida, e aciona uma emoção que é ensaiada e regravada, de modo que a "verdade" dos afetos ali apresentados se assenta nas crenças e nas emoções a que já estão predispostos os interlocutores identificados com as ideologias da direita argentina.

Por fim, em **A verdade em disputa: discursos da comunidade internacional sobre a Venezuela**, Jean-Jacques Kourliandsky examina e explica as razões pelas quais esse relativamente pequeno país da América Latina se tornou tema tão frequente numa série de manifestações dos discursos hegemônicos que circulam em grandes veículos da mídia de vários países do mundo, sob a chancela da "comunidade internacional". Kourliandsky indica que esta última consiste em algo tomado como evidente, em decorrência de jogos de força nas relações internacionais e de seus efeitos de poder e de sentidos. Além disso, o autor descreve o funcionamento desses discursos hegemônicos em que há dois pesos e duas medidas na avaliação do respeito à democracia pelo mundo. Em que pesem as semelhanças entre os governos da Arábia Saudita, da China e da Venezuela, o autor demonstra que, por razões econômicas e ideológicas, somente esta última funciona como um "bode expiatório" tanto para o tratamento de relações internacionais quanto para tentativas de solução de problemas internos nos EUA, em países da Europa e da América Latina.

Diante dessa seleta composição de capítulos, estamos mais do que convencidos de que a leitura de cada uma dessas contribuições — e principalmente de seu conjunto — concorrerá para que possamos mais bem compreender as formas e os funcionamentos das múltiplas e diversas relações entre o discurso e as verdades. É preciso que estejamos cada vez mais aptos a examinar e a distinguir, nas evocações e nos sacrifícios da verdade, as posições, as palavras e os efeitos que efetivamente se comprometem com o combate às desigualdades e às opressões étnicas e econômicas, sociais e culturais, de sexualidade e de gênero. Nem sempre se trata de uma tarefa fácil e feita sem hesitações. Frente às dificuldades e indecisões nos caminhos que conduzem à verdade, podemos sempre recorrer a este ensinamento de Walter Benjamin[6]: a história é uma luta entre classes, grupos e sujeitos e, por isso, produz violências e explorações. Ante essa sangrenta realidade, só há uma narrativa legítima da história: a que se compromete com os violentados.

São Carlos, maio de 2021.

---

[6] Walter Benjamin. *Magia e técnica, arte e política: ensaios sobre literatura e história da cultura*. São Paulo: Editora Brasiliense, 1996.

Verdade e prova
Retórica, literatura, memória e história

Roger Chartier
Tradução: Luzmara Curcino Ferreira

UMA REFLEXÃO sobre as condições de possibilidade da verdade é urgente em nosso tempo de falsificações históricas, de verdades alternativas e de crédito outorgado às teorias mais absurdas. As condições de produção da verdade são, ao mesmo tempo, epistemológicas, discursivas e materiais. Para pensá-las, filósofos e historiadores se apoiaram frequentemente na leitura de autores da Antiguidade. É este mesmo caminho que eu gostaria de trilhar com eles e de compartilhar com vocês. Inspirado pelos livros de Marcel Détienne (1988), *Os mestres da verdade na Grécia arcaica*, e Jean-Pierre Vernant (1986), *As origens do pensamento grego*, pretendo discutir as noções de "autoria" e de "autoridade" a partir de suas relações com o "sagrado", com a "retórica" e com a "prova".

DISCURSO, SABER E VERDADE: UM ENCONTRO COM FOUCAULT

Nosso primeiro encontro é com Michel Foucault (1996) e a *Ordem do discurso*, sua aula inaugural ministrada em 1970 no Collège de France. A "vontade de verdade" é, para ele, um dos três dispositivos de exclusão encarregados de limitar a proliferação dos discursos, em conjunto com

(i) a interdição do dizer, ou seja, a proibição que recai sobre certos discursos;
(ii) e com a segregação e rejeição do dizer, tal como exercidas sobre o que o louco enuncia. Segundo o filósofo, a "vontade de verdade" reclamada por certos discursos atua como uma

> [...] prodigiosa maquinaria destinada a excluir todos aqueles que, ponto por ponto, em nossa história, procuraram contornar essa vontade de verdade e recolocá-la em questão contra a verdade, lá justamente onde a verdade assume a tarefa de justificar a interdição e definir a loucura (Foucault, 1996: 19-20).

Ela ainda "tende a exercer sobre os outros discursos [...] uma espécie de pressão e de poder de coerção" (1996: 17). Assim, a literatura, a economia política ou o sistema penal tiveram de submeter-se a sua exigência. Foucault localiza em Platão a ruptura decisiva que desloca a verdade do "ato ritualizado, eficaz e justo de enunciação para o próprio enunciado: para seu sentido, sua forma, seu objeto, sua relação a sua referência". Na sua perspectiva, a verdade é fundamentalmente uma propriedade do discurso: "Tudo se passa como se, a partir da grande divisão platônica, a vontade de verdade tivesse sua própria história, que não é a das verdades que constrangem" (1996: 15-16).

Nessa mesma conferência, Foucault encontra-se com as "verdades que constrangem", ao reconhecer sua dívida em relação ao trabalho de Georges Canguilhem e à história da ciência, entendida como "um conjunto ao mesmo tempo coerente e transformável de modelos teóricos e de instrumentos conceituais" (1996: 67). Segundo essa perspectiva, a atenção se desloca da "vontade de verdade" para o conhecimento verdadeiro.

Na tradição da epistemologia histórica, reconhecer a historicidade dos conceitos e dos instrumentos que produzem o saber não significa negar sua capacidade cognoscente. É o que sugere a distinção proposta por Canguilhem (1977) entre "ideologia científica" e "ciência autêntica", em seu último livro, *Ideologia e racionalidade nas ciências da vida*. A expressão "ideologia científica" designa "as formações discursivas que se apresentam como teoria", as "representações mais ou menos coerentes das relações entre os fenômenos", ou "os pseudossaberes cuja irrealidade surge pelo simples fato de que uma ciência se institua na sua crítica". A "ideologia científica" é obstáculo e também, às vezes, condição de possibilidade para a constituição da ciência, mas nunca se confunde com ela: "Uma ideologia científica termina quando o lugar que ocupava na enciclopédia do saber é investido por uma disciplina que prova pelas suas operações suas normas de cientificidade" (1977: 39). Segundo esse ponto de vista, a verdade não é só uma propriedade do discurso. Ela é também um conhecimento comprovado.

Distinção semelhante é feita pelos *science studies*, cujo "relativismo metodológico" não deve ser entendido como um relativismo cético. Em conversa com Bernardo Oliveira, Steven Shapin afirma, sem excluir a desigual capacidade cognoscente dos conhecimentos:

> Não sou relativista no sentido de que todas as opiniões se equivalem. Meu relativismo é metodológico, pois acho que é a melhor forma de buscar compreender a história das diferentes ciências. O exame das ideias, sem julgá-las de antemão como verdadeiras ou falsas, não é inócuo nem maléfico, ele é essencial (2004: 159).

Semelhante capacidade de produzir enunciados "científicos" é atribuída por Michel de Certeau (2008) à História, se se entende por "científico" "a possibilidade de estabelecer um conjunto de regras que possibilitem 'controlar' operações adequadas na produção de objetos determinados" (2008: 109). São essas operações e regras próprias que permitem dar crédito científico à representação histórica do passado e rejeitar a suspeita de relativismo ou evitar o ceticismo que nasce do uso dos tropos retóricos pela escrita historiográfica e das estruturas narrativas compartilhadas com a ficção.

HISTÓRIA, RETÓRICA E VERDADE: UM ENCONTRO COM GINZBURG

Nosso segundo encontro é com Carlo Ginzburg, leitor de Aristóteles. Esse encontro nos permitirá refletir sobre a relação entre retórica e verdade. Ginzburg (2002) caracteriza a "reviravolta linguística" — ou mais exatamente "retórica" — que, desde os anos 1970, reduziu a História a sua dimensão narrativa ou retórica, cujos representantes afirmaram que o conhecimento por ela produzido não era diferente do conhecimento gerado pelas ficções. Segundo o historiador, para essa perspectiva:

> A historiografia, assim como a retórica, se propõe unicamente a convencer; o seu fim é a eficácia, não a verdade; de forma não diversa de um romance, uma obra historiográfica constrói um mundo textual autônomo que não tem nenhuma relação demonstrável com a realidade extratextual à qual se refere; textos historiográficos e textos de ficção são autorreferenciais tendo em vista que estão unidos por uma dimensão retórica (Ginzburg, 2002: 47-48).

Ginzburg estabelece a genealogia dessas afirmações (que fundamentam, por exemplo, a perspectiva de Hayden White[1]) remontando a sua origem, ou seja, às duas ideias fundamentais expressadas por Nietzsche (2007) em ensaio publicado postumamente sob o título *Sobre verdade e mentira*. A primeira ideia considera que a linguagem é intrinsecamente poética e, por conseguinte, não pode dar uma imagem adequada da realidade. A segunda afirma que "as verdades são ilusões das quais se esqueceu a natureza evasiva, elas são metáforas que se esgarçaram e perderam toda forma sensível" (Nietzsche *apud* Ginzburg, 2002: 24).

Conforme essa abordagem, a retórica é radicalmente antirreferencial e se configura como uma técnica de convencimento que reduz a verdade a um conjunto de *tropos*, que excita as emoções. Sua história começa com os sofistas, cuja retórica é denunciada por Sócrates em *Górgias*:

> [...] não é uma arte, mas uma experimentada habilidade, visto que não tem como explicar racionalmente a real natureza das coisas a que se aplica, não podendo indicar a causa de nenhuma delas. Para mim, é inadmissível conferir o nome de arte a qualquer coisa que seja irracional (Platão, *Górgias*: 465a).

Os sofistas, que, segundo Sócrates, são capazes "de convencer a multidão em todas as matérias não por meio de ensinamento, mas por meio de persuasão" (Platão, *Górgias*: 458e), tiveram numerosos herdeiros nos tempos da primeira modernidade. Eles também foram denunciados pelos filósofos que opõem a reflexão racional proporcionada pela circulação da escrita aos entusiasmos perigosos das emoções produzidas pela fala. Para Condorcet (1993), a imprensa substitui as certezas impostas pelas argumentações retóricas pela evidência das demonstrações fundadas sobre a razão. Com a invenção da tipografia,

> [...] viu-se instituir uma nova espécie de tribuna, de onde se comunicavam impressões menos vivas, mas mais profundas; de onde se exerce um império menos tirânico sobre as paixões, mas obtendo sobre a razão uma potência mais segura e mais durável; onde todo benefício é pela verdade, já que a arte só perdeu os meios de seduzir ganhando aqueles de esclarecer (Condorcet, 1993: 109).

---

[1] Cf. Hayden White. *Meta-história: a imaginação histórica do século XIX*. São Paulo: Editora da Universidade de São Paulo, 1995.

Para Kant (2005), o uso público da razão se opõe, termo a termo, a seu uso privado legitimamente restringido em nome da obediência que garante a própria existência da comunidade. O uso público da razão é "aquele que qualquer homem, enquanto *sábio*, faz diante do grande público do *mundo letrado*" (2005: 66), entendendo-se "enquanto *sábio*" como aquele que é membro de uma sociedade sem distinção de posição ou ofício e "diante do grande público do *mundo letrado*" como a comunidade potencialmente universal dos leitores — e não uma das "famílias" que compartilham a palavra viva. Para ambos, Condorcet e Kant, o raciocínio propiciado pela leitura da escrita deve proteger contra as seduções enganosas da palavra retórica.

É contra a definição nietzschiana da retórica, retomada pelos filósofos da pós-modernidade (Paul de Man, Derrida, Barthes), que Ginzburg retorna à *Retórica* de Aristóteles. Segundo ele, "a identificação da prova como núcleo racional da retórica, defendida por Aristóteles, se contrapõe, decididamente, à versão autorreferencial da retórica hoje difundida, baseada na incompatibilidade entre retórica e prova" (Ginzburg, 2002: 74). Tal interpretação, que enfatiza um duplo rechaço, tanto da definição da retórica apenas como uma arte de convencer por meio das emoções, quanto da condenação absoluta de toda retórica, remete à tradução de dois trechos da *Retórica*. No início do livro I, Aristóteles declara que "os autores dos atuais tratados de retórica elaboraram apenas uma pequena porção dessa arte". Por quê? Porque ignoraram o elemento constitutivo da retórica: as "*pisteis*" (*Retórica*: 1354a).

A tradução escolhida por Ginzburg, como várias outras traduções em francês ou inglês, interpreta a palavra "*pisteis*" como "provas": "Apenas as provas são um elemento constitutivo, todos os outros são acessórios" (Aristóteles *apud* Ginzburg, 2002: 48). Disso advém a importância central outorgada às provas "não técnicas", que não fazem parte dos recursos discursivos da persuasão e que não dependem da arte da fala, ou seja, "as testemunhas, as confissões probatórias obtidas mediante tortura, os acordos escritos e outros modos semelhantes" (*Retórica*: 1355b). Aristóteles retoma essa lista no final do livro I: as provas "independentes da arte" são "as leis, as testemunhas, os contratos, as confissões obtidas mediante tortura e os juramentos" (*Retórica*: 1355b). Como comenta Ginzburg (2002: 50), "todas essas provas se referem ao âmbito da retórica judiciária".

Duas observações podem ser feitas à interpretação de Ginzburg. Em primeiro lugar, se se localiza o texto de Aristóteles numa perspectiva diferente, a tradução pode ser diferente, assim como o fez o tradutor Edson Bini ao traduzir "*pisteis*" não como "provas", mas como "meios de persuasão", justificando sua decisão na primeira nota de sua tradução em português:

> [...] contemplamos aqui e na sequência o sentido *lato* e genérico da palavra, e não o estrito e específico de prova judicial, uma vez que Aristóteles distingue (e até uma certa medida, privilegia) uma retórica pública, política, além da retórica judiciária; de resto, o sentido *lato* não exclui, mas inclui o sentido estrito (nota do tradutor, Aristóteles, 2011).

Em segundo lugar, como sublinha François Hartog (2013), a ligação entre retórica e história na obra de Aristóteles é problemática. Por um lado, ele não atribui nenhum lugar específico à história entre os três gêneros da retórica: o deliberativo, o judiciário, o epidítico. Por outro, na *Retórica* de Aristóteles, as pesquisas concebidas como coletas de dados históricos necessárias para as argumentações são "assunto da política, não da retórica" (*Retórica*: 1360a).

Não tenho nenhuma competência nem para decidir se a palavra "prova" deve aparecer ou não na tradução da *Retórica*, nem para estabelecer seu sentido na obra. A própria noção de "prova" pode se abrir para várias interpretações. Assim, na versão de Manuel A. Júnior, Paulo F. Alberto e Abel do N. Pena, eles traduzem a palavra "*pisteis*", quando ela aparece pela primeira vez nesse texto, pela expressão "argumentos retóricos", embora em outra nota indiquem que:

> O termo difere no sentido conforme os contextos: fé, meio de persuasão, prova. Em Aristóteles, significa normalmente, "prova", "prova lógica", "argumento lógico" ou "argumento retórico". A partir daqui traduzimo-lo simplesmente por "prova". Aristóteles distingue duas categorias de prova — artísticas e não artísticas — e classifica as três primeiras em três espécies: prova ética, prova lógica e prova emocional ou patética (nota do tradutor, Aristóteles, 2005).

Por conseguinte, a discussão deve focalizar o papel outorgado às provas "não artísticas" na *Retórica*. Devemos considerá-las como o "núcleo racional da retórica", como pensa Ginzburg, ou como acessórias em relação às outras provas (éticas, lógicas, patéticas) internas ao discurso?

Contudo, o que pode justificar a interpretação de Ginzburg da relação entre prova e retórica e sua recusa da "visão da retórica como técnica de convencimento na qual o exame das provas tem um lugar marginal" é a *Institutio Oratoria* de Quintiliano. No livro V, ele examina as *"probationes inartificiales"*, as provas que não são baseadas na arte do orador, e as lista como: *"præjudicia"* (os preconceitos), *"rumores"* (as opiniões públicas), *"tormenta"* (os interrogatórios), *"tabulae"* (testamentos e diplomas), *"jus jurandum"* e *"testes"* (juramento e testemunhos). A *Institutio* de Quintiliano foi uma referência fundamental para a vinculação, na Renascença, entre a forma retórica e a busca das provas históricas.

Lorenzo Valla, que demonstrou que a "Doação do Imperador Constantino"[2] ao Papa Silvestre era uma falsificação, possuía dois códices da *Institutio* e deixou registradas, em um deles, notas de sua leitura. Seu discurso retomava as fórmulas retóricas clássicas (por exemplo, a invenção de diálogos imaginários), mas, ao mesmo tempo, apresentava essas provas *"inartificiales"* mencionadas por Quintiliano, não apenas como a evidência de anacronismos grosseiros, mas também de anacronismos linguísticos. Para Ginzburg,

> [...] aos olhos de Valla, uma palavra como *"sátrapas"* provava ser insustentável a suposta data da Doação de Constantino. O recurso aos anacronismos textuais como instrumento de análise histórica constituiu uma reviravolta, um evento intelectual de alcance incalculável (Ginzburg, 2002: 76).

Lorenzo Valla fundava, assim, a possível relação entre a escrita retórica e a prova histórica. Trata-se, então, de reconhecer a compatibilidade, ou melhor, a inseparabilidade entre a pertença da história, qualquer que seja, à classe das narrativas e sua capacidade de fornecer um conhecimento submetido às devidas operações e critérios de controle compartilhados por uma comunidade científica. A capacidade crítica da história não se limita a desvelar as falsificações e imposturas. Ela pode e deve também sujeitar suas construções interpretativas a critérios objetivos de validação ou rejeição.

---

[2] *Constitutum Donatio Constantini*, documento referente à doação que teria sido feita pelo imperador Constantino I (306-337 d.C.) ao Papa Silvestre I (314-335 d.C.) de terras e imóveis dentro e fora da Itália, cuja autenticidade foi questionada particularmente por Lorenzo Valla. Em sua análise, intitulada *De Falso Credita et Ementita Constantini Donatione Declamatio* (1439), Valla apresenta como uma das provas da não legitimidade do documento certos anacronismos linguísticos.

Atribuir essa função à história conduz ao questionamento sobre esses próprios critérios. Devem eles relacionar-se com a coerência interna da demonstração? Ou com sua compatibilidade com resultados já adquiridos? Ou com as regras que, desde a Renascença, governam a crítica dos documentos? Além disso, é a própria noção de "prova" que se deve discutir. É legítimo postular uma pluralidade de regimes de prova que seria exigida pela diversidade dos objetos e métodos históricos? Ou devemos elaborar uma teoria geral da objetividade histórica que permita distinguir entre interpretações aceitáveis e inaceitáveis, sem com isso recusar a possibilidade da pluralidade das interpretações legítimas?

Essas questões, relacionadas com o próprio estatuto epistemológico da história, têm importância essencial numa época em que nossa relação com o passado está ameaçada pela forte tentação das histórias inventadas e pelas tentativas políticas de reescrita do passado. Nesse contexto, uma reflexão sobre as condições que permitem construir discursos históricos que podem ser considerados como representações e explicações adequadas para fazer compreender a realidade que foi — e não é mais — me parece tarefa essencial e urgente. É o que propõe o caminho aberto por Carlo Ginzburg entre relativismo cético e positivismo ingênuo:

> As fontes não são nem janelas escancaradas, como acreditam os positivistas, nem muros que obstruem a visão, como pensam os céticos: no máximo, poderíamos compará-las a espelhos deformantes. A análise da distorção específica de qualquer fonte implica já um elemento construtivo. Mas a construção não é incompatível com a prova; a projeção do desejo, sem o qual não há pesquisa, não é incompatível com os desmentidos infligidos pelo princípio de realidade. O conhecimento (mesmo o conhecimento histórico) é possível (Ginzburg, 2002: 44-45).

HISTÓRIA, LITERATURA E VERDADE: UM ENCONTRO COM A FICÇÃO

O conhecimento histórico deve coexistir com outras verdades sobre o passado, produzidas pelas obras de ficção. E é com elas o nosso terceiro encontro. A autoridade histórica não se reduz à historiografia. Permanentemente, as obras teatrais apresentaram representações do passado mais "verdadeiras" que as propostas pelas crônicas dos historiadores do tempo.

Quando publicaram, em 1623, um livro in-fólio que pela primeira vez reunia as obras teatrais de Shakespeare, os dois editores, John Heminges e Henry Condell — que assim como o próprio dramaturgo haviam sido atores e proprietários da Companhia do Rei, os King's Men — decidiram dividir as trinta e seis obras impressas no livro em três categorias: "comédias", "histórias", "tragédias". Se com a primeira e a terceira retomavam a divisão clássica dos gêneros da poética teatral aristotélica, com a segunda, "histórias", eles introduziam uma nova categoria, que nesse fólio compreendia dez obras que contavam a história dos reis da Inglaterra entre "Vida e morte do Rei João" e "Henrique VIII".

Ao publicarem essas dez obras segundo a cronologia dos reinados, Heminges e Condell as transformaram em uma narrativa dramática construída segundo uma concepção linear do tempo, que fundamentava também a escrita das crônicas empregadas por Shakespeare na composição de seus próprios textos, tais como as *Chronicles of England*, de Edward Hall, John Stow, Richard Grafton ou Raphael Holinshed. Antes da publicação no fólio, essas "histórias" (ou pelo menos algumas delas) foram as obras de Shakespeare de maior sucesso. Elas configuraram poderosamente as "experiências coletivas físicas e mentais", como escreve Steven Greenblatt (1988: 6) de seus espectadores e leitores, graças as suas encenações teatrais e graças as suas numerosas edições *in-quarto* publicadas antes do fólio.

Mas a história representada nos palcos não era a história dos cronistas. Era uma história aberta aos anacronismos, uma história governada por uma cronologia propriamente teatral, e não pela cronologia dos acontecimentos tais como se sucederam. A história representada sobre os palcos distorce as crônicas e transfigura os acontecimentos para propor à imaginação dos espectadores representações ambíguas do passado, caracterizadas pelas incertezas, pelas contradições e pela impossibilidade de dar um sentido único e preciso aos eventos. O tempo das *"histories"* encenadas nos teatros não é somente o tempo dos acontecimentos, das decisões, das vontades, das intenções dos indivíduos. É também o tempo inexorável da roda da fortuna que faz suceder inevitavelmente ao triunfo a queda e, mais essencialmente, é o tempo de Deus, que os homens não podem e não devem decifrar ou compreender, salvo quando são profetas inspirados que falam palavras que não são as suas — tais como aquelas do bispo Carlisle em *Ricardo II* ou as do arcebispo Cranmer em *Henrique VIII*. Talvez seja nessa distorção das realidades históricas, tal como aquelas que estabelecem os historiadores, talvez seja nessa instabilidade e opacidade do sentido dos acontecimentos que resida a força única das apropriações e representações teatrais do passado ou, de maneira geral, das ficções literárias.

Uma ruptura fundamental para a economia da escrita foi a emergência, durante o século XVIII, do que consideramos literatura, compreendida como uma modalidade particular de discurso e identificada com as "belas letras" (e não mais, como nas definições dos dicionários do século XVII, com a "erudição"). Na sua nova definição, a "literatura" se baseia na individualização da escrita e na originalidade das obras. A articulação dessas duas noções foi decisiva para a definição da propriedade literária e encontrou uma forma acabada, no final do século XVIII, na época da consagração do escritor, da "fetichização" do manuscrito autógrafo, da obsessão pela "mão do autor", tornada a garantia de autenticidade de uma obra e forma de construção de monumentos e de repertórios canônicos.

A "literatura" se opõe, assim, a uma economia anterior da escrita, assentada em outras práticas: a escrita em colaboração, o reemprego de histórias já contadas, de lugares-comuns partilhados, de fórmulas herdadas, ou ainda, as contínuas reescritas e numerosas continuações de obras sempre abertas. É verdade que, até meados do século XVIII, persistiu a forte consciência da dimensão coletiva de todas as produções textuais e o fraco reconhecimento do "autor" como tal. Seus manuscritos não mereciam conservação, suas obras não eram propriedade sua, suas experiências não alimentavam nenhuma biografia literária, quando muito apenas coletâneas de anedotas. Isso se modifica a partir do momento que a afirmação da originalidade criadora passa a entrelaçar a sua existência à sua escrita, situando as obras na vida do autor e reconhecendo nela os seus sofrimentos ou felicidades.

Localizar a invenção da literatura e da história literária no século XVIII, na Europa, e talvez no século XIX, nas Américas, é seguir o caminho aberto por João Adolfo Hansen quando sugere a necessária

> [...] revisão de categorias que a nossa história literária de tradição iluminista, hegeliana, romântica, positivista pressupõe que são categorias trans-históricas. [...] Por exemplo, nessa história literária tradicional, temos a ideia generalizada de que os textos todos têm uma autoria e que essa autoria se identifica com a expressão subjetiva ou psicológica do indivíduo que os produz; temos uma hipótese

estética de leitura como prazer desinteressado, que aplicamos a objetos verbais que, muitas vezes, dependendo da circunstância dos usos, tinham outras finalidades, absolutamente práticas, por exemplo, no seu consumo (Hansen, 2000: 209).

Disso decorre a série de oposições entre o que Hansen (2000) designa como "estética", ou seja, a "literatura" no sentido moderno do termo, e a "representação", dos séculos XVII e XVIII, que é "mimética, retórica, dependendo da doutrina aristotélica dos estilos que é anônima e coletiva". É nessa oposição que se enraíza a incompatibilidade entre as noções que definem o discurso literário e as características próprias da retórica e da poética que o precedem:

> [...] a retórica fez com que não existisse
> (i) a figura do "autor", no sentido da subjetividade expressiva romântica,
> (ii) nem a figura da "originalidade", no sentido da mercadoria competindo com outra no mercado dos bens culturais,
> (iii) nem a figura do "plágio", no sentido da apropriação da propriedade privada,
> (iv) nem, também, a figura da "psicologia", no sentido da expressão emotiva ou subjetiva de impressões de um indivíduo,
> (v) nem tampouco a figura do "crítico literário", no sentido do especialista que define o sentido das obras a partir do momento no qual a *mimesis* aristotélica se esgotou, no final do século XVIII, e o valor estético se tornou indeterminado (Hansen, 2000: 206).

João Adolfo Hansen mostra assim que a universalização dos critérios românticos, expressivos e psicológicos, forjados nos séculos XVII, oculta uma descontinuidade fundamental. No regime da representação do século XVII, que se pode nomear "barroco", os padrões retórico-poéticos e as doutrinas teológico-políticas não conhecem

> [...] nem as definições contemporâneas de "publicação" como edição de textos impressos dotados de intenção autoral, unicidade, originalidade e autenticidade. Nem a noção de "obra literária" como texto depositário de um sentido invariante, formulado como código linguístico independente dos códigos bibliográficos (Hansen, 2008: 64).

No século XIX, uma vez estabelecido o sentido moderno da palavra "literatura", a verdade proclamada pela escrita literária se apresentou como a verdade do mundo social inteiro, uma verdade ignorada pelos historiadores do tempo fascinados pelos grandes eventos e pelos indivíduos poderosos. Distante dessa fascinação, o romance devia assumir a tarefa de descrever a sociedade inteira e de propor, como indicava Manzoni, em 1845, no seu livro *Del romanzo storico*, tomando como parâmetro seu próprio romance *I promessi sposi*,

> [...] não uma narração cronológica unicamente de fatos políticos e militares e, excepcionalmente, de algum acontecimento extraordinário de outro gênero, mas sim uma representação mais abrangente das condições da humanidade em uma época e em um lugar naturalmente mais circunscritos que aqueles sobre os quais se distendem os trabalhos de história (Manzoni, 1845 *apud* Ginzburg, 2017: 324).

O objetivo do romance "era apresentar, de uma forma nova e especial, uma história mais rica, mais variada, mais refinada que aquela encontrada nas obras que normalmente trazem este nome, e como por antonomásia" (Manzoni, 1845 *apud* Ginzburg, 2017: 324). O romance devia, assim, dar a conhecer

> [...] costumes, opiniões, sejam gerais, sejam próprios a essa ou àquela classe de homens, os efeitos privados dos acontecimentos públicos que mais estreitamente se chamam históricos, e [os efeitos] das leis e das vontades dos poderosos, em qualquer maneira que se expressem; finalmente todo o mais característico das condições da vida e das relações entre estas condições numa sociedade dada num tempo dado (Manzoni, 1845 *apud* Ginzburg, 2017: 324).

Nessa perspectiva, o romancista se tornava o verdadeiro historiador, aquele que mostra as diferenças de temporalidade que atravessam uma sociedade. É o que afirma Balzac no primeiro parágrafo do seu romance *Les illusions perdues* (*Ilusões perdidas*), publicado em 1843, ao apresentar sua obra como uma "grande pequena história". "Pequena história" porque começa com a descrição de uma pequena tipografia, numa pequena cidade francesa:

> Na época em que começa esta história, a prensa de Stanhope e os rolos de tintagem ainda não funcionavam nas pequenas tipografias de província. Apesar da

especialidade que a leva ser comparada com a tipografia parisiense, a cidade de Angoulême ainda usava as prensas de madeira (Balzac, 2011: 27).

"Pequena história", mas também "Grande história", pois o contraste técnico entre prensas de madeira e prensas mecânicas é a expressão e a matriz dos destinos, tanto individuais quanto coletivos, que conduzem alguns de seus habitantes de Angoulême, a província desprezada, até Paris, capital devoradora e decepcionante, onde se perdem as ilusões. Durante a *Restauration,* entre 1815 e 1830, Angoulême e Paris compartilham o mesmo calendário, mas não mais o mesmo tempo.

Quando a história dos historiadores se dedicou às conjunturas econômicas e demográficas, às hierarquias sociais, às crenças e mentalidades coletivas, a literatura deslocou sua "vontade de verdade" e enfatizou as singularidades e as diferenças. Escrever as vidas únicas de indivíduos particulares tornou-se um gênero favorito. Borges, em seu livro *Biblioteca pessoal*, publicado em 1985, nomeou Marcel Schwob, escritor de *Vies Imaginaires*, seu precursor:

> Em 1935 escrevi um livro ingênuo que se chamava *Historia universal de la infamia*. Uma das suas numerosas fontes foi o livro de Schwob [...] Seu livro *Vidas imaginárias* data de 1896. Para escrevê-lo inventou um curioso método. Os protagonistas são reais; os fatos podem ser fabulosos e muitas vezes fantásticos. O sabor particular deste livro reside neste vaivém (Borges, 2014: 69-70).

O "curioso método" de Schwob (2011) consistia em separar radicalmente os destinos singulares das ideias universais, em privilegiar "o sentimento do individual" e em libertar a escrita biográfica das exigências da verdade histórica. Schwob (2011) define a arte, seja literatura ou pintura, em oposição à história, interessada apenas pelas ideias universais: "A ciência histórica nos deixa na incerteza quanto aos indivíduos. Revela-nos somente os pontos em que eles foram vinculados a ações universais", enquanto a arte "é contrária às ideias universais, descreve apenas o individual, deseja apenas o único. Não classifica; desclassifica" (Schwob, 2011: 47). A arte do biógrafo, tal como a arte do pintor japonês Hokusai, consiste "em efetuar a milagrosa mutação da semelhança em diversidade", em "tornar individual aquilo que há de mais genérico" (Scwob, 2011: 50-54). A busca das "próprias esquisitices" ou das "anomalias" de cada homem não supõe a conformidade com a realidade: ao biógrafo, não lhe cabe a preocupação de ser verdadeiro; ele deve criar em meio a um caos de traços humanos [...]. Em meio a esse grosseiro conjunto, o biógrafo seleciona o material para compor uma forma que não se pareça com nenhuma outra. Não precisa ser igual àquela criada outrora por um deus superior, desde que seja única, como toda criação (Schwob, 2011: 55).

A biografia, o gênero aparentemente mais histórico, deve se afastar da história para aproximar-se de uma realidade mais profunda, mais essencial, contando, como o faz Schwob (2011: 56) em seu livro, "as existências únicas dos homens, quer tenham sido divinos, medíocres ou criminosos". Assim, o ideal da biografia, ou mais geralmente da "literatura", é "diferenciar ao infinito" (Schwob, 2011: 50).

Seguindo o caminho assim aberto, a literatura no século XX se apoderou do que os novos ídolos da história (populações, economias, sociedades) ignoravam, desprezavam ou apagavam, ou seja, as verdades das "vidas" sempre únicas, frágeis e obscuras. Nos romances, essa atenção se vincula às "vidas minúsculas", com as "histórias ínfimas", como nos oito capítulos do livro de Pierre Michon, *Vidas minúsculas*, publicado em 1984 e traduzido para o português em 2004. Essas existências anônimas, esses destinos singulares se encontram, no entanto, também nos próprios arquivos, como se os documentos geralmente tratados estatisticamente pelos historiadores preservassem traços breves, fragmentados e poéticos das vidas singulares. É a "história" dessas vidas minúsculas que Foucault (2006) desejava fazer presente no seu projeto de compor "antologias de existências", apresentado em 1977 em um ensaio pensado como uma introdução geral de uma coletânea de documentos dos séculos XVII e XVIII, intitulado *La vie des hommes infâmes* ("A vida dos homens infames"), sem fama, sem glória, "vidas singulares, tornadas, por não sei quais acasos, estranhos poemas, eis o que eu quis juntar em uma espécie de herbário" (Foucault, 2006: 204).

Invertendo o procedimento de Schwob (2011), é em "existências reais", em "vidas breves, encontradas por acaso em livros ou documentos" (relatórios de polícia, registros de internamento, petições ao rei, cartas régias com ordem de prisão), que Foucault (2006) localiza "o efeito misto de beleza e de terror" produzido por estas "vidas de algumas linhas ou de algumas páginas, desventuras e aventuras sem nome, juntadas em um punhado de palavras" (Foucault, 2006: 203). Nessas vidas, das quais não se conhece geralmente nada mais que os rastros breves, enigmáticos, escritos pelas instituições, Foucault (2006) encontrava existências que nunca teriam sido conhecidas não fosse o momento quando se chocaram com o poder ou quando tentaram utilizar suas forças: "Quis, em suma, reunir alguns rudimentos para uma lenda dos homens obscuros, a partir dos discursos que, na desgraça ou na raiva, eles trocaram com o poder" (Foucault, 2006: 208). A vontade de dar existência aos destinos singulares está situada aqui no seu limite: "A existência desses homens e dessas mulheres remete exatamente ao que deles foi dito, do que eles foram ou do que fizeram nada subsiste, exceto em poucas frases" (Foucault, 2006: 209). Nesse sentido se inverte a perspectiva que localiza o real das existências na ficção literária porque "ali se produz um certo equívoco do fictício e do real" (Foucault, 2006: 108). Os indivíduos que realmente sofreram ou esperaram "não têm e nunca terão existência senão ao abrigo precário dessas palavras [...] essa pura existência verbal faz desses infelizes ou desses facínoras seres quase fictícios" (Foucault, 2006: 209).

Nesses casos, a literatura opõe o tempo irredutivelmente singular de cada existência humana ao tempo coletivo das instituições, dos destinos comuns, das representações compartilhadas. Seja imaginada pelo escritor ou simplesmente encontrada nos arquivos, ela é investida de uma poderosa capacidade de conhecimento quando são mobilizados os procedimentos que produzem a "verdade da ficção", entendida, segundo a fórmula de Carlo Ginzburg (2017), como "uma história verdadeira construída a partir duma história fictícia". Não se trata, então, de afirmar, como o faz Hayden White, que ficção e história produzem uma mesma verdade, mas sim de identificar em que condições se pode localizar, em algumas obras literárias, um discurso verdadeiro sobre a realidade ou sobre o passado.

No seu livro *O fio e os rastros: verdadeiro, falso, fictício*, Carlo Ginzburg (2017) enfatiza três dispositivos estéticos que produzem semelhante verdade. O primeiro é a distância crítica permitida pelo procedimento do "estranhamento" (*ostranenie*) dos formalistas russos, que transforma as realidades familiares, na escrita ou na leitura, em algo estranho, raro, inesperado. Assim está postulada uma "douta ignorância" que recusa a percepção cega das evidências, a aceitação automática dos costumes, a submissão à ordem. Nas ficções, esse estranhamento encarnou-se nas figuras do iletrado sábio, do selvagem civilizado, do campesino astuto ou dos animais das fábulas e das imagens do mundo ao avesso. O segundo procedimento, próprio da leitura, consiste em retroceder da ficção ao documento, da verdade estética à verdade dos fatos. No caso das obras dramáticas, se trata de inverter a inspiração do New Historicism e de descobrir, na construção da verdade teatral ou narrativa, governada por sua própria lógica, a verdade dos fatos tais como foram registrados pelas crônicas e pelas histórias utilizadas pelos dramaturgos e pelos romancistas. O terceiro procedimento de produção da verdade estética é o emprego e a análise do "estilo direto livre" que introduz na narração os pensamentos íntimos, secretos, mudos dos protagonistas. Ginzburg (2017: 188) observa que esse: "É um procedimento que parece vedado aos historiadores porque, por definição, o discurso direto livre não deixa rastros documentários". Ele acrescenta que, se a verdade produzida por essa modalidade do discurso se situa muito além do discurso histórico, no entanto, "os procedimentos narrativos são como campos magnéticos: provocam indagações e atraem documentos potenciais". Sob essas condições e com a consciência da diferença entre seu ofício e a arte do romancista, o historiador pode correr o risco de empregar o estilo do "discurso direto livre" e introduzir, na operação do conhecimento histórico, a verdade própria da ficção.

As múltiplas formas das verdades literárias (do passado, da sociedade, dos indivíduos) podem também, paradoxalmente, tornar-se a condição da verdade histórica. É o que mostra um livro publicado em 1958 na Cidade do México, uma biografia de um pintor catalão, Jusep Torres Campalans, escrita por Max Aub, um republicano e socialista espanhol, que foi conselheiro cultural em Paris, em 1936, comissário da República na Exposição Universal, de 1937, e diretor do filme *Sierra de Teruel*, em parceria com André Malraux. Exilado na França desde a derrota da República, perseguido e preso como comunista pelo Regime de Vichy, refugiou-se no México e adquiriu a nacionalidade mexicana em 1949. Lá publica o ciclo de seus romances dedicado à Guerra Civil espanhola e, em 1958, a biografia de Jusep Torres Campalans.

O livro faz uso de todas as técnicas modernas de certificação da verdade do relato histórico:

(i) as fotografias que mostram os pais de Campalans e o próprio pintor em companhia de seu amigo Picasso;

(ii) as declarações que fez em dois periódicos parisienses, em 1912, no *L'Intransigeant*, e, em 1914, no *Le Figaro ilustre*;

(iii) a edição de seu "Caderno Verde", no qual anotou, entre 1906 e 1914, observações, aforismos e citações;

(iv) o catálogo de suas obras estabelecido em 1942 por um jovem crítico irlandês, Henry Richard Town, que preparava uma exposição dos quadros de Campalans em Londres quando foi morto por um bombardeio alemão;
(v) as transcrições das conversas que Aub travou com o pintor quando o encontrou em 1955, em San Cristóbal de Las Casas, no estado de Chiapas;
(vi) por fim, as reproduções dos próprios quadros, expostos em Nova York, em 1962, com um catálogo intitulado *Catalogue Jusep Torres Campalans. The First New York Exhibition. Bodley Gallery, 223 East Sixtieth Street*, no mesmo período em que foi publicada a tradução em inglês de sua biografia.

A obra aproveita todas as técnicas e instituições modernas que, segundo Roland Barthes, respondiam ao inesgotável desejo de autenticar o "real". As fotografias, a reportagem, as exposições atuavam ali como "testemunha bruta do que ocorreu" (Barthes, 1987: 135).

No entanto, Jusep Torres Campalans nunca existiu. Max Aub inventou esse pintor (que supostamente teria nascido em Gerona em 1886, depois fugido de Paris, e que deixara de pintar em 1914) para zombar das categorias empregadas pela crítica de arte:
(i) a explicação das obras pela biografia do artista;
(ii) o esclarecimento do sentido escondido das obras;
(iii) as técnicas de datação e atribuição;
(iv) o uso contraditório das noções de precursor e de influência.

Campalans sofre influência de Matisse, Picasso, Kandinsky, Mondrian, e, ao mesmo tempo, seus quadros são sempre os primeiros em cada novo estilo do século XX, ou seja, o cubismo, a *art nègre*, o expressionismo, a pintura abstrata.

Hoje em dia, o livro poderia ser lido de maneira diferente. Se ele mobiliza os dispositivos da autenticação a serviço de uma ilusão referencial particularmente poderosa e que enganou muitos leitores, ao mesmo tempo, multiplica as advertências irônicas que devem despertar a vigilância. Não por acaso, a circunstância que permite o encontro entre Aub e Campalans é a de um colóquio que celebra os trezentos e cinquenta anos da primeira parte de *Dom Quixote*, em que o "Prólogo indispensável" do livro termina com uma referência ao "melhor" de todos os prólogos: o de *Dom Quixote*. Uma das epígrafes de Aub também adverte o leitor. Aub a atribui a um certo Santiago de Alvarado, que teria escrito em seu livro *Nuevo mundo caduco y alegrías de la mocedad de los años de 1781 hasta 1792* (obra que poderia figurar no "Museu" dos textos imaginários de *El hacedor* de Borges): "Como pode haver verdade sem mentira?". No próprio seio da ilusão, se recorda a diferença que separa o possível conhecimento do passado de sua fictícia existência nas fábulas literárias e separa a realidade de seus referentes imaginários. Ao lado dos livros dedicados às falsificações históricas, o *Campalans* de Max Aub, de modo paradoxal e irônico, reafirma a capacidade de distinguir entre o encanto ou o perigo da relação com um passado imaginado e imaginário e as operações críticas próprias de um saber histórico capaz de desmascarar as imposturas e de estabelecer o que Paul Ricœur (2007) chama de "memória equitativa" — equitativa porque obriga as memórias particulares a confrontarem-se com uma representação do passado, situada na ordem de um conhecimento universalmente aceitável.

HISTÓRIA, MEMÓRIA E VERDADE: UM ENCONTRO COM RICŒUR

A memória tem sua própria verdade, diferentemente da buscada pela história. No seu último livro, *A memória, a história, o esquecimento*, publicado em 2000, Ricœur estabelece uma série de distinções essenciais entre essas duas formas de presença do passado no presente, que asseguram, por um lado, o trabalho da memória e, por outro lado, a operação historiográfica. A primeira diferença é a que distingue o testemunho do documento. Se o primeiro é inseparável da testemunha e da credibilidade outorgada a suas palavras, o segundo permite o acesso a conhecimentos que não foram propriamente recordações de alguém. À estrutura fiduciária do testemunho, que implica a confiança, se opõe a natureza indiciária do documento, submetido aos critérios objetivos da prova.

Uma segunda distinção opõe a instantaneidade da memória e a construção explicativa da história, seja qual for a escala de análise dos fenômenos históricos e o modelo de inteligibilidade escolhido — tanto as explicações que estabelecem as determinações desconhecidas dos atores quanto as explicações que privilegiam suas estratégias explícitas e conscientes. Depreende-se daí uma terceira diferença entre o reconhecimento do passado possibilitado pela memória e sua representação no sentido de "ter o lugar de", assegurado pelo relato histórico.

Para Ricœur, a memória tem duas modalidades adequadamente designadas pelo léxico aristotélico. A memória é *"mnémé"*, surgimento das lembranças, e é também *anamnese*, trabalho de rememoração, quando o indivíduo "desce à sua memória" como escreveu Borges. Nas duas formas, o esquecimento é a condição de possibilidade da memória. O autor assim comenta a fórmula de Heidegger: "A lembrança [*Erinnerung*] só é possível na base de um esquecer, e não o contrário". Em suas palavras,

> Ninguém pode fazer com que o que não é mais não tenha sido. É ao passado como tendo sido que se vincula esse esquecimento que condiciona a lembrança. Compreende-se o paradoxo aparente se por esquecimento se entende o imemorial recurso e não a inexorável destruição (Ricœur, 2007: 450-451).

O conceito de "esquecimento de reserva" — de *"oubli de réserve"* — proposto por Ricœur (2007) ajuda a ultrapassar a contradição que obcecou a Europa da primeira modernidade (e que ainda nos atormenta): por um lado, o medo ante a proliferação indomável da escrita, a multiplicação dos textos inúteis, a desordem do discurso, a tirania da memória absoluta e, por outro, o medo da perda, da falta, do apagamento.

Para Ricœur (2007), existe uma polaridade entre duas grandes figuras do esquecimento: o esquecimento "profundo", que é perda, desaparição, destruição dos traços, tanto documentais como psíquicos, e o esquecimento que é preservação, latência e recurso à memória. Quanto a essa segunda figura, Ricœur indica, numa conferência pronunciada em Budapeste, em 2003: "O esquecimento tem um polo ativo ligado ao processo de rememoração, essa busca para reencontrar as memórias perdidas, que, embora tornadas indisponíveis, não estão realmente desaparecidas". Esse "trabalho" da rememoração tem várias modalidades: a cura da psicanálise, as políticas da memória que permitem anistia sem amnésia e as reapropriações do passado pela história.

No nosso presente, as reivindicações das memórias, individuais ou coletivas, levaram ao questionamento das pretensões do saber histórico, considerado frio e inerte diante da relação viva que leva à apreensão do passado no imediatismo de sua reminiscência. De fato, a história enfrenta um profundo desafio quando a memória ou a literatura se encarregam da representação autêntica, verdadeira do passado e opõem a força e a autoridade da lembrança ou da ficção ao "desconforto na historiografia", segundo uma expressão de Yosef Yerushalmi (1992). Essa é a razão pela qual a história e, de modo geral, as ciências humanas e sociais devem reafirmar a especificidade do regime de conhecimento que lhes é próprio. Ao reiterar sua diferença em relação aos poderosos discursos ficcionais ou memorialísticos e também em relação às falsificações das realidades presentes ou passadas, as ciências da sociedade e do passado assumem a responsabilidade que lhes compete: fazer inteligíveis as heranças e as descontinuidades que nos tornaram o que somos tanto como indivíduos quanto como sociedade. Nessa perspectiva, a história sempre deve ser o saber que desmascara as verdades alternativas, que rechaça as negações do que foi ou do que é, que estabelece um conhecimento comprovado. Assim, ela pode contribuir para apaziguar as feridas que deixou em nosso presente um passado que foi amiúde injusto e cruel e desempenhar seu papel cívico e ético.

As mutações políticas que aconteceram recentemente em ambos os lados do Atlântico, ou no norte e no sul das Américas, obrigam a refletir com urgência e ansiedade sobre a relação entre autoridade e verdade. Elas mostram os perigos que ameaçam tanto a memória como a história: (i) a memória, porque aproveitam o desconhecimento do passado para impor as representações de uma realidade que nunca foi; (ii) a história, porque opõem, ao conhecimento verdadeiro, as falsificações e manipulações dos fatos. Em ambos os casos, é a noção de verdade que se encontra desafiada, ameaçada, descartada. Assim se desfaz o vínculo antigo entre verdade e democracia, entre o uso da razão e a deliberação política. Tal ruptura constitui um perigo mortal para as instituições públicas e as exigências éticas. Hoje em dia, em várias partes do mundo, as liberdades intelectuais e acadêmicas e os conhecimentos críticos são os alvos de políticas obscurantistas. Sua defesa é nossa responsabilidade coletiva, como pesquisadores, como intelectuais, como cidadãos.

REFERÊNCIAS

ARISTÓTELES, *Retórica* (2011). Trad.: Edson Bini, São Paulo: Edipro.
ARISTÓTELES, *Retórica* (2005). Trad. Manuel A. Júnior, Paulo F. Alberto e Abel do N. Pena. Lisboa: Imprensa Nacional/Casa da Moeda.
BORGES, Jorge Luis (2014). *Biblioteca pessoal*. Lisboa: Quetzal.
BARTHES, Roland (1987). O efeito de real. In: *O rumor da língua*. Lisboa: Edições 70, p. 131-136.
CANGUILHEM, Georges (1977). *Idéologie et rationalité dans l'Histoire de Sciences de la Vie*. Paris, J. Vrin.

CERTEAU, Michel de (2008). *A escrita da história*. Rio de Janeiro: Forense Universitária.
CONDORCET (1993). *Esboço de um quadro histórico dos progressos do espírito humano*. Trad. Carlos Alberto Ribeiro de Moura. Campinas: Editora da Unicamp.
DETIENNE, Marcel (1988). *Os mestres da verdade na Grécia Arcaica*. Rio de Janeiro: Jorge Zahar.
FOUCAULT, Michel (1996). *A ordem do discurso: aula inaugural no Collège de France, pronunciada em 02 de dezembro de 1970*. São Paulo: Edições Loyola.
FOUCAULT, Michel (2006). A vida dos homens infames. In: FOUCAULT, Michel. *Ditos e escritos: estratégia, poder-saber*. Rio de Janeiro: Forense universitária, v. 4, p. 203-222.
GINZBURG, Carlo (2002). *Relações de força: História, retórica, prova*. São Paulo: Companhia das Letras.
GINZBURG, Carlo (2017). *O fio e o rastro: verdadeiro, falso, fictício*. São Paulo: Companhia das Letras.
GREENBLATT, Stephen (1988). *Shakespearean Negotiations*. Berkeley: University of California Press.
HANSEN, João Adolfo (2000). Debate com Roger Chartier. In: CHARTIER, Roger. "Literatura e História". *Revista Topoi*, Rio de Janeiro, n. 1: 197-216. Disponível em: https://bit.ly/2Onk2rB.
HANSEN, João Adolfo (2008). Barroco, neobarroco e outras ruínas. In: *Destiempos*, México, Distrito Federal, año 3, n. 14: 169-215, mar./abr..
HARTOG, François (2013). Aristóteles e a história, mais uma vez. In: História da Historiografia: *International Journal of Theory and History of Historiography*, v. 6, n. 13: 14-23.
KANT, Immanuel (2005). Resposta à pergunta: que é esclarecimento? (*Aufklärung*). In: *Textos Seletos*. Trad.: Floriano de Sousa Fernandes. Petrópolis: Editora Vozes.
MICHON, Pierre (2004). *Vidas minúsculas*. São Paulo: Estação Liberdade.
NIETZSCHE, Friedrich (2007). *Sobre verdade e mentira*. São Paulo: Editora Hedra.
OLIVEIRA, Bernardo (2004). Uma conversa com Steven Shapin. In: *Revista da SBHC*, v. 2, n. 2: 158-162.
PLATÃO. *Górgias*, 465a.
RICŒUR, Paul (2003). *Memória, história, esquecimento*. Disponível em: https://bit.ly/3dDTjiO. Acesso em: 20 fev. 2019.
RICŒUR, Paul (2007). *A memória, a história, o esquecimento*. Campinas: Editora da Unicamp.
SCHWOB, Marcel (2011). *A cruzada das crianças e vidas imaginárias*. São Paulo: Hedra.
VERNANT, Jean-Pierre (1986). *As origens do pensamento grego*. Rio de Janeiro: Difel.
YERUSHALMI, Yosef Hayim (1992). *Zakhor: história judaica e memória judaica*. Rio de Janeiro: Imago.

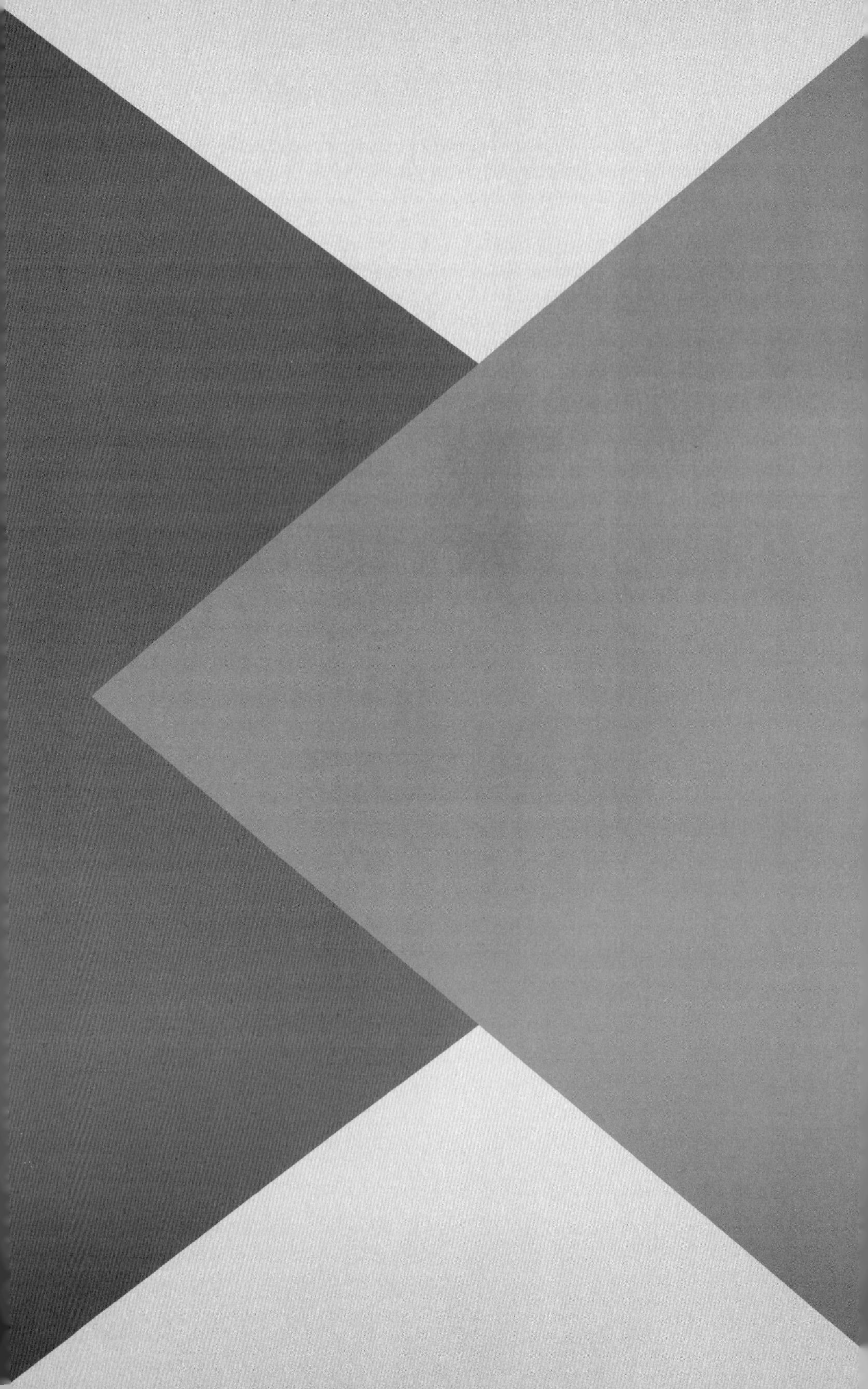

Ilusão, convicção e mentira
Linguagem e psicopolítica da pós-verdade[1]

Tales Ab'Sáber

A CABO DE lançar o livro intitulado *Michel Temer e o fascismo comum*, inteiramente dedicado à ideia da existência de uma modalidade prática, de razão contemporânea e antiga a um só tempo, de "fascismo comum" — comum entendido aqui tanto como partilhado, quanto como ordinário e cotidiano — e aos meios e modos de sua construção — porque ele também foi construído —, de sua confirmação — porque ele também é a reiteração de velhas manias autoritárias brasileiras — e de sua circulação em uma espécie contemporânea de processo de gestão psíquica do poder. É este o tema aqui abordado. Sabemos que a emergência política das ideias próprias dessa modalidade de vida autoritária comum é linguageira, composta tanto de certas estratégias de linguagem como também de afeto, envolvendo sistemas de comunicação contemporâneos que representam interesses de classe e atuam como verdadeiras máquinas de poder, movidas por interesses próprios. Conjugados, esses fatores resultam na emergência de uma legitimidade de um conjunto de visões, narrativas e posições nas relações humanas que não é legítima — do ponto de vista dos fundamentos e valores democráticos de base da vida social —, embora sua astúcia seja exatamente a de

---

[1] Gostaria de agradecer o convite para estar aqui neste evento tão conectado com o presente. Essa atenção tão fina com o processo histórico da atualidade não é muito comum na universidade, o que torna ainda mais relevante o que estamos discutindo aqui e que diz diretamente respeito ao nosso destino. Por isso, parabenizo os colegas da UFSCar, que organizaram este evento, Luzmara Curcino, Carlos Piovezani e Vanice Sargentini, e também ao Pedro Varoni, que gentilmente me contactou. Agradeço ainda a todos vocês que estão aqui presentes. Conferência transcrita por Jeniffer Aparecida Pereira da Silva. Transcrição revisada por Luzmara Curcino.

simular ser democraticamente legítima. Esse é um paradoxo do fenômeno: uma extrema direita de caráter autoritário e não democrático — que aparenta legitimidade e, por essa razão, é democraticamente aceita — emerge justamente no interior do sistema de uma democracia em crise e em um momento de crise econômica de grande porte. Certamente, trata-se de uma perversão do jogo político.

O livro *Michel Temer e o fascismo comum* é inteiramente dedicado ao fato de que o governo "pós-impeachment", ou "pós-golpe" — dependendo de onde nos posicionemos para avaliar o processo histórico — é muito fraco em seu real projeto de país, tanto de civilização quanto de liderança. Trata-se de um governo bastante rebaixado, com graves problemas morais, de gestão e de encaminhamento da vida nacional. É, na verdade, proveniente de uma solução de classe, de uma solução da elite, de uma espécie de nova linha dura de fundamento econômico das elites brasileiras. Um governo constituído em nome de uma encomenda, com o papel definido de intervir e de desorganizar a estrutura dos direitos trabalhistas no Brasil e que foi entregue muito rapidamente. Hoje a CLT — Consolidação das Leis do Trabalho —, que durou setenta anos, praticamente não tem mais validade. Ela pode ser suspensa a qualquer momento pelas negociações entre patrões e empregados, que a ela se superpõem, em pleno direito. Isso terá efeitos muito graves nas nossas vidas, nas de nossos filhos e netos, que, daqui para a frente, não contam mais com um projeto civilizatório para o trabalho, como a legislação que organizou o desenvolvimento econômico do século XX, dando valor ao trabalho em conjunto com a hipervalorização do capital. Vivemos um momento intenso de realização neoliberal, evitado estruturalmente desde a Constituição de 1988, com o estabelecimento dos pactos sociais presentes naquele documento, naquele contrato social, que previam algumas garantias estruturais de direito importantes. A CLT consistia em uma legislação trabalhista com suas condições e seu respeito ao mundo do trabalho, sua qualificação do mundo do trabalho e de outros direitos, inscritos na Constituição, tais como a saúde e a educação universal, que, juntos, configuravam um horizonte civilizatório de tipo social-democrata no Brasil.

A estrutura do pacto social da Constituição de 1988, segundo um horizonte social-democrata no Brasil, previa alguns dispositivos de controle político, coletivo e social de uma sociedade capitalista contemporânea. Essa era a ideia, e esta foi a pragmática constitucional: o Estado e a política garantiriam espaço para que o capitalismo fosse livre , gerando suas tradicionais —, e muitas vezes imorais — distâncias entre as classes sociais, mas, para isso, o país teria que respeitar alguns direitos sociais, entendidos como fundamentais. Esses eram os princípios genéricos da social-democracia, nunca inteira e efetivamente realizados na vida nacional, de algum modo sempre impedidos, acontecendo e não acontecendo ao mesmo tempo, até o golpe de 2016. O golpe, que foi de desestruturação do pacto que organizou o processo democrático no país durante trinta anos, é algo curioso, pois, apesar de destrutivo, é visto de modo muito natural. Esse golpe, que pareceu ser, tanto política quanto juridicamente, democrático — uma vez que foi realizado dentro das regras formais do jogo — colocou em xeque a estrutura do próprio pacto democrático, da própria estrutura da lei existente.

Esse é o quadro geral local em que todos estamos envolvidos e a partir do qual viveremos momentos decisivos da história nos próximos tempos. Dependendo do resultado da próxima eleição, poderá haver reação a esse processo. Ou não. É essa a guerra, por modelos mais sérios de entendimento de fundo do que é o Estado e o sentido da democracia, que vai se travar na esfera das eleições[2]. É essa a guerra aberta por um golpe de força, de muitas forças articuladas a interesses de classe da elite no Brasil. Dependendo do resultado, isso vai tentar se solidificar ou vai entrar numa nova ordem de questionamento. A história nunca está fechada.

Os novos fascistas, cuja psicopolítica vou descrever brevemente, constituem o movimento do "fascismo comum" no Brasil, sem o qual um governo fraco como o do Michel Temer jamais teria força. São duas as forças que sustentam o governo vazio de legitimidade e de força política, de um político rebaixado como é Michel Temer: os interesses antipopulares do capital no Brasil e o nosso amplo e cotidiano "fascismo comum".

Inicio o trabalho discutindo a diferença entre Michel Temer e Lula como produtores de energia política, a partir de si mesmos. Na sociologia clássica, se convencionou chamar essa força de "carisma", uma forma real de produção de poder, entre outras. O poder advém tanto da estrutura burocrática e técnico-científica das estruturas sociais e econômicas tradicionais, das estruturas econômicas e sociais e de seus senhores, quanto também do

---

[2] Nas eleições realizadas pouco tempo depois da realização desta conferência, e como resultado da energia política gestada com o golpe, é eleito o candidato da extrema-direita, Jair Bolsonaro.

carisma, uma forma de produção de sentido orientado para a política a partir dos movimentos da linguagem e do corpo de um político. Nesse aspecto, Michel Temer é um personagem vazio de imaginação, de desejo, de projeto e de sonho. Não existe civilização sonhada na perspectiva política de Michel Temer e de seu corpo político. Seu governo tende a ser uma máquina de reprodução do mesmo, de um mesmo já intolerável. Mais do que isso, seu governo é também uma máquina de regressão, de ataque à estrutura de direitos acordados historicamente: a Constituição de 1988.

Vimos o Ministério do Trabalho cair com o golpe de 2016 e, com ele, a estrutura de proteção e de entendimento do que representa o trabalho na vida social. Corremos o risco, numa próxima rodada dessa mesma política, de ver, por exemplo, a universidade pública cair. Isso já está sendo anunciado. Os movimentos de compromisso com as estruturas formadoras do país são esses. Esse é o avanço neoliberal radical, articulado ao desejo político dessas forças que representam os interesses do capitalismo contemporâneo no poder, que busca operar sem mediação da dimensão política.

O trabalho que fazemos agora mesmo, assim como tudo o que fazemos aqui, na universidade pública, evidentemente não tem interesse para esse modo de ver o país e a sociedade. É espaço público, espaço de liberdade de expressão e espaço crítico trabalhado. A pergunta simples e redundante do neoliberal no poder é: "Por que se deve pagar por isso?". Do ponto de vista neoliberal, não tem cabimento que o país pague para sustentar um espaço de civilidade, de utopia e de crítica, protegido do mercado por valores críticos modernos, não mercantis. O único ponto na estrutura dos grandes aparelhos ideológicos de Estado que não está sob o controle ideológico de mercado é a universidade pública. Por isso, estamos diretamente na linha de frente desse desmonte.

É possível, se esse processo prosseguir na mesma direção que, daqui a alguns anos, não existam mais espaços como este e não se possa mais refletir coletiva e pausadamente como fazemos agora. É muito sério o que está em jogo. Evidentemente, a classe média brasileira, que participou do jogo simbólico fantástico responsável pela emergência desse "fascismo comum" e que forjou, junto à opinião pública, no processo político brasileiro, a legitimidade de uma extrema direita ilegítima, não sabe mais localizar seus próprios interesses. Ela faz parte da elaboração dessa grande crise política e desconhece o que está em jogo em relação à sua própria vida. Acha que vai ganhar com a dissolução dos compromissos sociais do Estado. E isso não é possível. Não há nenhum ganho em liquidar as poucas dimensões do compromisso público do Estado com a sociedade. Não há nenhum ganho em entregar as pessoas diretamente à vida do mercado e à violência da vida do mercado sem mediação política. Não há nenhum tipo de proteção social nessa lógica. É isso que está em jogo.

O processo de elevação desse grupo se deu através de um golpe da democracia. Trata-se de um golpe "da" democracia porque não é apenas um golpe "na" democracia, uma vez que se inventou um dispositivo "dentro" da democracia para a produção de um resultado político que não é legítimo, que significou exatamente a destruição de uma eleição. Isso só foi possível porque houve um lastro de produção de opinião pública muito importante, como um desdobramento dos movimentos de 2013, que de 2014 a 2016 viriam a ser os responsáveis pelo questionamento e pela recusa do resultado das eleições de 2014, configurando-se como um movimento aparentemente democrático, de festa cívica nas ruas, à direita, visando à derrubada do último governo petista. A baliza democrática desses movimentos foi a crítica incisiva da corrupção atribuída com ênfase e exclusividade ao governo petista. Atribuir a responsabilidade da tradicional corrupção brasileira ao governo petista, exclusivamente, é a mais pura manipulação ideológica do discurso. Isso significou depositar a energia total de problemas sociais e políticos importantes, muito amplos e complexos, em apenas algumas palavras, e não em outras, igualmente verdadeiras.

Nesse nível, vimos emergir um sistema de intensidades psicopolíticas e de certos circuitos simbólicos que produziram uma configuração extremada e distorcida da realidade política brasileira. Disso decorre a emergência de um extremismo que tem determinadas formas de intensidade e determinadas formas retóricas, imagens de mundo e da política, que produziram a energia política do movimento da opinião pública à direita.

A minha ideia, expressa no livro sobre o governo Temer, é a de que a extrema direita, que tinha um sistema de ilusões que nós podemos quase chamar de delírio — e que agora está sustentando o bolsonarismo —, manteve constante a sua presença e cresceu nesse processo histórico. Não por acaso, mas exatamente porque ela serviu fortemente à construção da opinião pública à direita, à própria produção original do golpe da democracia, uma vez que a direita liberal, sem vínculos populares, não tinha condição de construir um discurso de eficácia política e de identificação populares. Assim, a eficácia formal e a energia política da nova ordem buscada pelas elites vieram do discurso da extrema direita. Foi a extrema direita que ordenou o teatro político das massas à direita. Ela foi pequena: o Datafolha, na época posterior à eleição, em 2015, estimou entre 12% a 15% o número de manifestantes contra o governo Dilma que eram favoráveis ao intervencionismo militar e que vinham do campo da extrema direita. E, no entanto, ela se aproxima hoje de ganhar as eleições. Isso porque sempre foi vital a todo o movimento, desde o primeiro instante.

À época das manifestações por intervenção militar, em meio às manifestações por *impeachment*, fiz um documentário sobre o modo como viam o mundo. Esses 15% representam um número muito pequeno do ponto de vista da quantidade, mas, do ponto de vista da qualidade da estruturação do discurso e do posicionamento emocional e de concepção de mundo — que é uma concepção de história, que é uma concepção do outro, que é uma fantasia sobre o próprio eu —, foram extremamente importantes no processo de guinada à direita da política brasileira. Eles modularam todo o movimento, desde o começo de todo processo da crise do *impeachment*. Foi a energia produzida por eles, de discurso e de afetos, que organizou toda a posição à direita e produziu, de fato, poder popular. Todo o campo da direita foi, de algum modo, desenhado e comprometido com a extrema direita durante todo aquele processo. Isso porque, para dar o seu novo tipo de golpe, o capital brasileiro necessitou da ativa produtividade emocional e política da extrema direita brasileira.

Ela tinha uma função e, embora fosse composta por poucos, era dela que emanava a força política, bem como a estratégia, desconhecida na democracia. É preciso nos darmos conta da função do fascismo num certo momento de crise do capitalismo, pois ele tem função política poderosa e eficaz. Para termos uma ideia da configuração do ideário, da visão de mundo fascista, darei alguns exemplos:

> Não por acaso, o candidato dessa extrema direita é chamado de "mito", o que aponta para o sentido de atividades discursivas não racionais, não checadas, não acordadas, não históricas. O grito de mito e seu afeto totalizante são tudo de que a política necessita no mundo da vida. Essas atividades discursivas são antes intensidades emocionais, ações emocionais e identidades de desejo que conhecemos bem, porque todos temos exemplos próximos que representam esse fascismo comum.

As raízes do fascismo comum brasileiro — as raízes do Brasil, como dizia Sérgio Buarque de Holanda — têm uma historicidade profunda. Qual era a equação imaginária ideológica, mítica, subjetiva e subjetivante, produtora de energia política do grupo da extrema direita, que hoje chega a 25% de intenção de votos em um candidato que nem sequer representa a liderança que desejaram? Isso porque, originalmente, eles queriam uma intervenção dos generais, que se recusaram a cumprir esse papel. É importante observar isso em relação à história do Brasil, pois o exército adotou uma postura diferente em relação à sua tradição de recusa democrática, em momentos de crise como este. Recusou a intervenção que era intensamente desejada, demandada e proposta por essa gente. Tal postura, no entanto, com o tempo, pode ser corroída. Essa posição do exército, legalista e republicana, mantida durante o processo do *impeachment*, pode se deteriorar com a continuação da crise de gestão do país. Se Bolsonaro for eleito, manter essa posição se torna tarefa difícil, porque se elegeria um político de tendências fascistas, muito desqualificado e muito ignorante. Sua eleição representaria, ao mesmo tempo, rasgar o pacto democrático representado nas eleições, o que poderia significar que o exército brasileiro aceitaria simplesmente qualquer coisa, inclusive a não democracia, uma vez que o presidente não é um democrata. Assim, por que razão o exército não ocuparia tal lugar?

Esse é um dos cenários possíveis — o do fim da democracia — a que essa direita nos levaria. Já há uma semente disso, que está na estrutura do golpe de 2016. Então, vamos ao ponto: como esses sujeitos reanimados e politicamente produtivos da extrema direita brasileira veem o mundo? Qual é a cosmologia política que orienta a atividade agressiva e estúpida dos fascistas comuns brasileiros? Nós sabemos. Todos convivemos com eles enquanto querem hegemonizar a vida política no Brasil. Como disse, fiz um documentário recentemente, em parceria com o cineasta Rubens Rewald, professor de dramaturgia e roteiro no curso de Cinema da ECA-USP, e o jornalista livre, Gustavo Aranda. Ele se intitula *Intervenção: amor não quer dizer grande coisa*, e coloca a câmera dentro dos *chats* e grupos de produção de linguagem de intensidade política da extrema direita na internet.

Este é um problema novo com que temos de lidar: as novas organizações de comunicação, em escala industrial, massivas, que têm articulações globalizadas e serviram para reativar a presença pública de uma direita que, com a Constituição de 1988 e com o fim da ditadura militar, estava afastada da política brasileira. Essa direita voltou, fundamentalmente pela internet. Ela voltou porque a democracia não fez a crítica, a elaboração e a cobrança histórica da atuação da própria direita no período ditatorial e, com isso, permitiu que as pessoas atravessassem todo o processo democrático mantendo suas convicções fixas de desrespeito pela própria democracia.

As seis eleições de Bolsonaro como deputado federal não se deram porque ele tinha alguma coisa de decente para oferecer à democracia brasileira. Todos sabem que não. Suas posições antidemocráticas acintosas sempre deixaram isso muito claro. O único motivo de ele ser repetidamente eleito é fazer parte de um dispositivo de proteção do baixo clero do exército, o pessoal envolvido diretamente com a repressão e a tortura durante a ditadura militar. Ele foi o representante desses interesses e da sua proteção. A manutenção da Lei de Anistia funcionou como barragem do julgamento, da elaboração das violências e dos crimes contra a humanidade na ditadura militar, cometidos pelos eleitores tradicionais de Bolsonaro. Foi em função disso que ele foi eleito seis vezes, por isso não tem projetos aprovados em todos esses anos. Seu único objetivo foi, de fato, manter a aparência de legitimidade da violência extremada do autoritarismo brasileiro dentro da democracia. Daí exatamente veio o estímulo para pessoas identificadas com esse programa político saírem às ruas para produzir energia política intensa em favor do golpe de 2016.

Estamos diante do que os psicanalistas chamam de retorno do recalcado, ou seja, um não conhecido muito conhecido que volta; um impensado, mas presente, que retorna de algum modo à representação. A democracia brasileira fez exatamente isso: afastou uma força, deixou-a de lado, como se ela não existisse. Mas a deixou viva, trabalhando em silêncio, numa sub-representação pública. A nossa falência do sistema político atual resulta disso. Agora, estamos pagando o preço, pois essa força tinha que ter sido efetivamente trabalhada e transformada. Não existe democracia preservando o fascismo e seus representantes, que podem ser localizados como os inimigos explícitos dos direitos humanos. Como a democracia brasileira pôde permitir a circulação de um discurso de ataque aos direitos humanos, por décadas? Em meu livro, discuto essa permissibilidade que se deu de modo cotidiano, normalizando a barbárie. Ora, não existe democracia de fato sem direitos humanos.

E no Brasil, como sabemos, essas cisões profundas, essas impossibilidades de compromisso civilizatório com aspectos da democracia, próprias da cultura e da história brasileira, têm raízes na escravidão. As raízes dessas cisões vêm da possibilidade de um humano não ser reconhecido como humano, mas como coisa disponível a um senhor absoluto, conforme a longa tradição escravocrata brasileira. É a fratura do conceito e do sentido do direito do outro que está sendo mantida entre nós ao longo do tempo. Isso é reativado historicamente em determinados momentos de crise nacional, foi reativado e reaparece no sistema de linguagem e nas razões expressas nos *chats*, grupos e canais de internet da extrema direita intervencionista à época do *impeachment*.

Foi essa mesma extrema direita que construiu coletivamente a ideia de "intervenção", de um golpe militar disfarçado de intervenção constitucional. É isso que esse documentário que realizamos mostra: o sistema de leitura da realidade e da história, o posicionamento desses homens sobre o presente, uma espécie de mitologia política que serviu ao golpe como energia. Embora seja completamente absurda, foi amplamente divulgada e assumida por milhões de brasileiros, nos seguintes termos:

> Desde a existência de um encontro de partidos e políticos de esquerda latino-americana, acontecido em meados da década de 90 chamado foro de São Paulo, se estabeleceu um plano amplo para tomada do poder pela esquerda em toda a América Latina, visando a criação de uma grande Pátria unificada socialista cujo nome primeiro era UNASUL ou URSAL. Lula e o PT eram agentes avançados desse processo e estavam em contato com forças revolucionárias e movimentos de guerrilha latino-americanos com as FARC da Colômbia de modo a investir e ajudar no processo revolucionário mais amplo e importado para o Brasil. O vínculo com o intervencionismo chavista na Venezuela era real, orgânico e meta final do lulopetismo no Brasil. As mínimas políticas de reconhecimento e identitárias contemporâneas do governo, as políticas de reconhecimento da diversidade visavam, segundo eles, a criação de uma hegemonia política e cultural da esquerda no país com vistas a facilitar a revolução comunista que estava no horizonte próximo. As mínimas políticas de recebimento de imigrantes pelo Brasil, de refugiados haitianos, palestinos, africanos, e os médicos cubanos convidados pelo programa Mais Médicos do Governo Federal, eram na verdade, segundo eles, a importação de um exército guerrilheiro internacional que receberia armas enviadas pelas FARC e pela China pelas fronteiras desprotegidas do país para fazer a guerra revolucionária no Brasil. Os acordos comerciais com a China e uma plataforma

genérica de intenções para a construção de uma estrada de ferro do Brasil ao Pacífico eram, na verdade, um acordo de submissão e entrega do Brasil à China, que após a revolução comunista no lulopetismo entregariam o país a milhões de chineses que chegariam através da estrada de ferro prevista e ocupariam as nossas casas. As armas estavam entrando no país e estariam entocadas em fazendas no interior para alimentar o exército do MST e dos guerrilheiros estrangeiros trazidos ao país pelo governo. A presidente Dilma estava prestes a deflagrar a ofensiva revolucionária do governo. O roubo e a corrupção petistas eram de fato uma forma de produzir o dinheiro necessário para a guerra revolucionária.

O roubo e a corrupção daquele governo petista seriam, segundo essa visão, sistemáticos e motivados por razões políticas de caráter revolucionário. Para eles, isso é diferente do roubo tradicional dos partidos de direita no Brasil, porque, nesse caso, se trata de um projeto revolucionário, para o qual é preciso de dinheiro, com vistas a financiar a guerra revolucionária, já em curso, apesar de todos os parceiros petistas no jogo tradicional da corrupção política brasileira serem os próprios partidos de direita brasileiros, explicitamente o PMDB de Michel Temer, e as grandes empreiteiras — as empresas mais ricas do país —, como reza a tradição. Diante dessa especialidade única da corrupção petista, que não se verifica nesses termos de nenhum modo, o exército brasileiro seria a única alternativa real e eticamente sólida para barrar a revolução comunista iminente e já em curso, presente nas instituições, na cultura e na política brasileira, visando à desestabilização e à constituição de um país socialista.

Para aqueles estranhos sujeitos políticos, a corrida contra a iminência do ataque comunista deveria ser urgente, e o exército brasileiro seria a única salvaguarda moral e institucional disponível que poderia intervir e impedir a destruição da nação pela revolução esquerdista em curso. Por isso, a intervenção militar também seria iminente, segundo o próprio desejo do grupo. A lógica é a de uma escalada excitada dos sentidos rumo a um presente absoluto, no qual o destino e as forças redentoras nacionais se encontrariam na iminência de um acontecimento: ou a catástrofe da civilização ou a salvação da civilização, sua redenção. É uma escatologia teleológica, de fundamento paranoico, com premissas falsas. Tudo ou nada. Excessivamente contrastado, sem matizes, sem história factual ou dados científicos comprovadores. Tudo é narrativa, desejo e identificação grupal. De seu ponto de vista, a intervenção militar deveria ser iminente, diante da ruína do país que já havia acontecido. Todos deveriam se preparar para sustentá-la politicamente nas ruas e nos espaços públicos necessários. A guerra de salvação nacional aconteceria a qualquer instante.

De fato, essa guerra já estava acontecendo para eles, porque o que nós observamos nessas declarações é um evidente sistema delirante que não tem correspondência com o fato histórico. O governo de esquerda democrático lulopetista foi de desenvolvimento de mercado e de capitalismo nacional, com grande integração social de mercado. Era um governo em que toda a elite detentora de capital no país ganhou e esteve envolvida nas ações de Estado, pois sua política manteve aquecida a economia capitalista de mercado, que gerava lucro generalizado. No caso do governo Lula, ele manteve aquecida a economia de modo que, durante seis anos, dos oito de governo, o país cresceu acima do PIB mundial e com ampliação sistemática do emprego. Assim, no último ano do governo Dilma, em 2014, com o mundo inteiro produzindo desemprego em massa, o Brasil era o país que mais empregava no mundo, mas não segundo um projeto de gestão socialista da vida; empregava no mercado de produção de bens, de serviços e de comércio, uma vez que o grande mercado do dinheiro nacional estava produzindo constantemente. É isso que quis dizer "crescer acima do PIB mundial", ao modo lulista. Trata-se de um governo de esquerda que adotou e aperfeiçoou um modelo de capitalismo, o que seria uma obviedade histórica, um truísmo reconhecido em todo o mundo, se a política da nova direita não tivesse se especializado em negar dados e pactos simbólicos acordados. Isso é difícil para a esquerda nomear com clareza, mas o que se implementou foi um modelo de capitalismo por meio da integração de massas na cultura de mercado, via ampliação do mercado de consumo interno do país.

No meu primeiro livro da série de três obras, *Lulismo, carisma pop e cultura anticrítica*, observo exatamente isso e acrescento que esse modelo também produziu uma cultura anticrítica, que corroeu a vida ao seu modo, rebaixando o espírito geral das exigências políticas. A cultura de mercado tem o seu próprio fascismo, inerente ao modo de produzir subjetivação: individualista, maníaco excitado e fetichista. Hoje nós vemos um duplo desse fascismo alucinatório político, violento e delirante da nova direita no país, o "fascismo do consumo", as irresponsabilidades gerais da vida de mercado individual e seu grande rebaixamento dos sentidos que não coincidem com a vida da mercadoria e com o seu encantamento, como disse o grande Pier Paolo Pasolini, antes de morrer. Para ele, a nova ordem do fascismo seria o fascismo do consumo, que é aquele que diz: "Nós não queremos saber do Chico Buarque de Holanda. Não precisamos dele. Nós temos nossa música sertaneja, nosso *shopping center*. Para que serve o Chico Buarque de Holanda? Para que serve a poesia e a crítica, diante de um Big Mac?". Reconhecem o fenômeno? Dizer isso é a mesma coisa e continuará sendo o mesmo que dizer: "Para que serve a universidade?", "Para que serve o trabalho do espírito?", "Para que serve a cultura?", "Para que serve a política?". E será até mesmo para uma parte da população a mesma coisa de dizer: "Para que serve a aposentadoria social?". Trata-se de outro grau de fascismo, o da subjetivação radical para o consumo, com suas imensas dissociações humanas de tudo o que não reproduza a própria vida de consumo. Uma transformação antropológica pela escala universal da vida industrial e de mercado.

O problema, portanto, é que o governo de esquerda não se pôs, como tarefa, enfrentar essa cultura anticrítica. Ao contrário, transformando a política em propaganda e orientando todas as práticas de governo para o aumento do consumo, o próprio sistema geral da propaganda produziu e reproduziu as práticas do consumo. Isso se pode observar nas citações aqui sintetizadas e que se encontram no filme, de uma hora e vinte minutos, que nos deu ocasião de registrar o que essas pessoas têm, de fato, para falar umas para as outras. E elas falam, todo o tempo, de modo obsessivo e contínuo, que há uma revolução comunista acontecendo, que todos os vínculos geopolíticos que o país criou são, na verdade, mecanismos de uma grande guerra mundial — o que é absolutamente irresponsável em relação à história.

Em todo esse discurso — é preciso reconhecer — existe um único significante político verdadeiro, embora totalmente deformado em seu sentido, em seu conteúdo histórico e em sua finalidade: o problema da corrupção. Esse é o único ponto em que essas pessoas falam uma verdade histórica com a qual temos de concordar, a da existência do problema da corrupção geral do sistema da política no Brasil. Todas as outras interpretações existentes ali, toda a outra hermenêutica, é falsificação histórica, delírio, mentira política, estruturada segundo uma lógica da produção contemporânea da mentira. Como se sabe, esse pessoal moveu muito o processo político com a produção de mentira. É curioso quando chamamos de *fake news* ou quando empregamos um conceito edulcorado como o de *pós-verdade*. Deslocamos a linguagem em direção a uma espécie de eufemismo, também facilitador dos criminosos sociais. O que é *pós-verdade*? Por que não falamos simplesmente "mentira"? É preciso compreender que retiramos a energia crítica do conceito ao enunciarmos assim. Chamar as mentiras de *fake news* ou *pós-verdade* é um modo de legitimar a mentira política, como se ela fosse outra coisa. Chamá-la assim é agir como se a verdade histórica não existisse.

Esse é um problema de teoria da configuração da história. Esses sujeitos dizem assim: "Quem disse que o que nós estamos construindo como verdade da história não é a verdade da história?". Quando apresentamos dados históricos, científicos, eles dizem: "Mas os dados históricos são construídos pelos nossos inimigos: então são mentiras". Um exemplo claro disso é Trump, nos Estados Unidos, dizendo que o *New York Times* é produtor de *fake news*. Isso significa que eles se sentem com força suficiente para atacar as estruturas reguladoras, institucionais e históricas que criam a intensidade da verdade partilhada, que criam o pacto simbólico existente. Eles simplesmente as recusam e as contestam. Se você os adverte lembrando que o governo petista foi um governo de mercado, que o país cresceu por vários anos, que integrou muitas pessoas para o trabalho formal, assim como para o mercado de consumo, que as pessoas tiveram emprego e salário, e que isso tem mais a ver com o capitalismo do que com o comunismo, eles respondem: "Não quero saber, comunista". Isso chega ao ponto de o candidato Fernando Haddad, em um programa da GloboNews na semana passada[3], ouvir de uma jornalista a seguinte frase: "Você vai continuar o governo catastrófico economicamente do PT?", ao que ele responde: "Durante oito anos o país cresceu imensamente e houve um desenvolvimento com integração de classes pobres". A jornalista o interpela dizendo: "Eu não quero saber desses oito anos, eu quero só saber do último ano, da crise". Não há interesse na história, ela está sendo desconstruída, e a única ação de sentido que importa é agregar força humana e desejo ao próprio sistema de referências, numa grande rede de mentiras.

É a mesma razão ou a mesma forma de racionalizar: "Não me interessa a história, só me interessa a história que me interessa". Essa forma funciona tanto mais quanto mais agrega pessoas a ela, quanto mais convoca identificações. De fato, ela é uma máquina simbólica mentirosa, reproduzida com estruturas contemporâneas de circulação de dados, carregada de afetos que

---

[3] Participação do candidato Fernando Haddad em uma entrevista ao canal jornalístico *GloboNews* em 6 de setembro de 2018.

convidam à identificação. O seu segredo são as forças inconscientes que ela porta, de modo a produzir, fundamentalmente, a identificação. Esse sistema de produção de discursos e de vida política não trabalha com a verdade, mas com a intensidade rixosa da identificação inconsciente.

Estamos diante de uma luta pela historicidade, pela dissolução do sentido — ou dos sentidos — que a história tem. E essa é uma questão de filosofia da história. O que é a história? Quem enuncia a história? A história é a história do poder ou do contrapoder? Como se sabe, esses são problemas que Walter Benjamin (1996) enfrentou, em torno de qual seria a legitimidade da narrativa da história. A resposta dele foi a de que existe apenas uma verdade narrativa da história, a do compromisso com os sacrificados pela história e pela violência e a do compromisso com os violentados. Todo o resto é mentira. A única verdade é que a história produz violência. É aí que o historiador deve estar, segundo o filósofo.

O que essas pessoas da nova direita neofascista no Brasil estão tentando fazer é uma história em que o poder determina qual é a narrativa de seu interesse. É essa alucinação que estamos vivendo, a da dissolução da história acordada até ontem. É evidente que o poder não vai dizer isso de si próprio, porque é muito grotesco. Ele vai dizer que houve uma crise econômica gigantesca, por culpa da esquerda, que nada tem a ver com a crise econômica mundial, que a esquerda criou sozinha a corrupção brasileira e que isso foi reparado pela classe dominante quando retomou o poder para a construção de uma civilização melhor. O mesmo se pode dizer de todas as violências, de todos os terrores — que é o que eu estudo neste livro sobre os dois anos de golpe no Brasil, nos quais o grau de violência na vida social equivale à violência do tempo da ditadura militar de 1964-1984. Eu era criança nesse tempo. Como meu pai era professor universitário, eu tinha contato com a presença da violência na cultura. Com exceção dos desaparecimentos de homens de esquerda da classe média, de pessoas como eu e tantos outros aqui, não existe muita diferença entre o modo desse governo golpista lidar com a sociedade civil hoje e o modo como o Estado se portava naquela época: repressão, violência e ideologia pesada, controle ideológico, censura, censura e censura.

Há um retorno da violência à vida pública, que, com a eleição iminente — seja lá qual for o resultado, dada a cisão do país —, tende a permanecer. Tendo em vista que o tempo apaga o que passou — como se o que está ocorrendo nunca tivesse existido, como se a política, hoje, não estivesse sendo movida pela violência simbólica que de fato a move, como violência do poder e no poder — eu escrevi esse livro para que não nos esqueçamos do que estamos passando. Foram dois anos de terror no Brasil. Em que limite? Para termos uma ideia da degradação dos pactos que essa violência da tomada do poder significou, o governo Temer chegou a propor a liberalização do trabalho escravo no Brasil. Mais violência do que isso não existe. Descobre-se, por uma portaria do Ministério do Trabalho, que o governo estava impedindo o acesso às fazendas do Norte para o controle do trabalho escravo, de modo a liberar o trabalho análogo à escravidão.

Nesse caso, estamos falando de violência real. A tempestade ideológica que vivenciamos visa à perda de referências da história. Para que essa violência possa acontecer, é preciso uma fachada ideológica para os interesses muito violentos, de ganho, que são interesses de classe, do capital, para o qual o governo Temer trabalha diuturnamente. Esse governo foi uma encomenda de tais interesses. Ele conta com esse duplo que é a opinião pública, alucinada na psicopolítica de massas, rompida com o sentido da história recente do país.

Como explicar que as pessoas alucinem desse jeito, muitas vezes contra os próprios interesses de classe? Essas são as questões que os psicanalistas devem formular e se fazer. Não basta dizer apenas que existe uma potência alucinatória da própria realidade psíquica. Isso está na esfera do que os psicanalistas chamam de estruturas esquizoparanoides de construção de paranoia, e ela é um mundo em conflito total, no qual existe o inimigo absoluto contra alguém é inteiramente puro, perfeitamente bom. O outro é completamente mal, de modo que tudo justifica o ataque total ao inimigo, até as raias do próprio delírio, porque esse inimigo, tudo o que existe, coloca o paranoico em risco. Goebbels dizia, com conhecimento de causa a esse respeito, que, para fazer um povo lutar, deve-se convencê-lo de que ele está sendo atacado...

Isso que está ocorrendo é uma organização da vida emocional produtora de paranoia, em especial de paranoia anticomunista, uma falácia fantástica, dada a real ausência de comunismo no governo de mercado da esquerda petista. De início, os manifestantes de direita não tinham mais os comunistas como um álibi quando foram para as ruas em 2014. Foi preciso reinventar esse inimigo, reafirmar que se tratava de um governo comunista, nestes termos: um governo que roubava para fazer a revolução comunista iminente.

55

Isso acabou, porque nunca encontraram nenhum comunista. Nenhuma arma da revolução iminente petista. Eles então relançaram a paranoia em outros termos: a guerra cultural, fundamentalmente antidemocrática. O comunista passou a ser o artista "pedófilo", inventado, o professor crítico, odiado, o artista crítico, como Chico Buarque, desprezado, e se iniciou um ataque geral à cultura. A própria cultura democrática seria, então, o novo comunismo. Para entendermos a lógica desses sujeitos, qualquer forma de manifestação cultural que dê trabalho e que exija movimento, dúvida e crítica é o novo comunismo. Uma saída genial do espírito da paranoia: como tudo é cultura, ter a cultura por inimigo é perpetuar a força da própria persecutoriedade. Tudo é cultura, tudo é comunismo, como se a sociedade precisasse dos neofascistas para enfrentar tudo. Tudo isso é muito bárbaro.

Esses são os motivos da realidade psíquica regressiva e de estruturas emocionais arcaicas que uma crise social pode reativar. Há ainda os motivos históricos da realidade brasileira, como a longa e profunda tradição autoritária de setores arcaizantes da elite que nunca reparou a escravidão, tampouco nenhuma ditadura nacional. Não por acaso a crise começou a acontecer no primeiro momento histórico em que surgiu a significante Comissão da Verdade, relativa aos crimes do passado. Essa comissão — que institucionalmente não era quase nada, cujo poder foi esvaziado e que o exército não deixou de fato trabalhar, desautorizando-a constantemente nos bastidores da política — incomodou demais só pelo fato de existir. Sua criação sequer foi uma iniciativa do governo. O Brasil se viu obrigado a criá-la porque foi processado e condenado na Organização dos Estados Americanos [OEA], em função de sua demora e inação a esse respeito. O fato histórico escandaloso é o de não ter havido nenhuma justiça de transição e julgamento da ditadura militar pela democracia brasileira, reiniciada em 1984. Depois de seis governos do período democrático, surge a tardia Comissão da Verdade de avaliação dos crimes da ditadura, quase 25 anos depois do fim farsesco da ditadura. O Brasil foi derrotado no tribunal internacional de direitos humanos da OEA e, por essa razão, foi criada nossa Comissão da Verdade. Daqui de dentro, jamais partiria essa iniciativa. Bolsonaro era a prova do pacto de democracia e de proteção à violência de Estado.

Esse episódio enfureceu um setor da sociedade, pequeno, mas que se arvora o direito de tutela sobre o todo da vida nacional, o que nos permite observar o autoritarismo brasileiro e sua longa tradição e nos obriga a lembrar que somos um país com raízes autoritárias, reacionárias, e isso se encontra na origem do que vivemos hoje. Uma elite que controlava inteiramente a concentração de poder de então — tal como ocorre na vida contemporânea — dispunha de um poder baseado na acumulação total a partir da organização de uma nação escravocrata, de modo que a produção da nação, de uma cultura nacional, de uma civilização brasileira não precisava, nesse contexto, garantir direitos para quem produzia, para quem trabalhava no país, exatamente porque quem trabalhava era escravo.

Isso tem impacto no capitalismo contemporâneo do país, já que o capitalismo aqui se reaproxima, muitas vezes, de sua forma original. O presente é o passado, e o passado, a origem. Esse é o segredo do grande filme de Glauber Rocha *Terra em transe* (1967), que aborda o golpe de 1964. O Brasil se atualiza no problemático capitalismo contemporâneo com o golpe político antissocial atual, reafirmando suas estruturas originais uma sociedade cindida, privativa, na qual riqueza e vida social não têm relação. Não por acaso, em dado momento pós-golpe, o governo Temer quis tentar reativar o trabalho escravo.

O governo brasileiro que chegou ao poder através de todas aquelas intensidades sem lastro de verdade não tem relação com a vida do trabalho, tampouco com a vida pública comum e social. Esse governo tem seus próprios interesses como pauta geral. Há uma cisão clara: o governo brasileiro adotou uma política de inimizade em relação à vida social, reiterada com golpe de 2016. Por essa razão, o extremismo radical, alucinatório e violento acabou por significar alguma coisa relevante no processo político nacional. Isso se deu porque o governo estava mais próximo desse extremismo do que da democracia, e esses modelos governamentais resultam do arcaísmo brasileiro hoje a favor do neoliberalismo contemporâneo. O que está acontecendo com a sociedade brasileira atualmente é o encontro do autoritarismo arcaico, ao nosso modo, com o neoliberalismo globalizante, ao modo de *Wall Street*. Contra isso, é preciso que reativemos outro projeto de integridade da sociedade democrática.

REFERÊNCIAS

AB' SABER, Tales (2011). *Lulismo: carisma pop e cultura anticrítica*. São Paulo: Hedra.
AB' SABER, Tales (2015). *Dilma Rousseff e o ódio político*. São Paulo: Hedra.
AB' SABER, Tales (2018). *Michel Temer e o fascismo comum*. São Paulo: Hedra.
BENJAMIN, Walter (1996). *Magia e técnica, arte e política: ensaios sobre literatura e história da cultura*. São Paulo: Editora Brasiliense.

Jogos de verdade
Uma questão para a análise do discurso

Sírio Possenti

> E, acima de tudo, precisamos proteger a verdade
> — pilar da democracia liberal (*Ilona Szabó*).

INTRODUÇÃO

NESTE ENSAIO, vou analisar brevemente um pequeno conjunto de textos de diversos campos sobre temas diversos. O objetivo é surpreender os discursos de saber ou de verdade em textos não científicos, que não são oriundos das disciplinas, em sentido foucaultiano.

Na aparentemente simples leitura de jornais, pode-se perceber que a questão da verdade é de enorme relevância. Digo "aparentemente simples" porque, se o olhar não estiver teoricamente armado, o fato pode não ser percebido. Mas não se trata, como poderia parecer óbvio atualmente, da distinção entre *fake news* e fatos (aquelas são invenções, estes são eventos reais). Também não se trata, como também poderia parecer a alguns e por outras razões, da tese corrente segundo a qual as mídias constroem verdades (no sentido de Foucault).

Sustento que se deve distinguir as "verdades" que a mídia constrói (que certa região do mundo é problemática, que certo governo é ditatorial, que há uma epidemia ou uma crise, que algum agrupamento é corrupto etc.) das verdadeiras verdades sobre as quais os jornais se apoiam para construir as "suas" verdades.

Explicitando: vou defender que, especialmente no jornalismo (com este termo, hoje vago, me refiro a todos os meios de comunicação), a questão da verdade pode ser encarada de duas maneiras. Uma é a distinção (que darei como óbvia) entre verdade e mentira ou falsidade. Neste caso, uma notícia falsa pode ser desmentida por meio de uma pesquisa jornalística que revele um equívoco (não foi fulano, foi beltrano; não ocorreu X, ocorreu Y). Eventualmente, jornais confessam seus enganos e os corrigem na edição seguinte.

Outra coisa — outro discurso — são os meios técnicos, os recursos com base nos quais uma matéria jornalística é confirmada ou desmentida. É apenas este o caso que interessa aqui.

A distinção entre as duas verdades pode ficar mais clara, considerando um exemplo que recrio mais ou menos livremente, mas que pode ser confirmado na mídia em suas linhas gerais. A imprensa noticia que um cidadão desfere uma facada em um candidato durante uma passeata (assumo que é uma verdade, isto é, que não é uma *fake news* — embora surjam controvérsias). Os jornais noticiam o fato, os repórteres investigam o passado do acusado (ouvem membros da família, colegas e vizinhos), os empregos em que trabalhou, sua renda, sua residência (custo, forma de pagamento etc.). Destaque-se que depoimentos informam que seu comportamento parecia estranho para os que o conheceram e com ele conviveram. Trata-se de verdades.

A notícia desaparece dos jornais, vencida por outros acontecimentos, e volta quando há novos elementos: surgem notícias ou especulações sobre os advogados que assumiram sua defesa, sobre o andamento das investigações, sobre o local da prisão etc.

Entre esses desdobramentos, noticia-se enfim que laudos médicos e psiquiátricos fazem do preso uma avaliação específica, baseada em determinados tipos de saberes, os dos especialistas[1]. Trata-se agora de outro tipo de verdade. Precisemos: de um lado, há depoimentos de familiares e conhecidos sobre o comportamento do cidadão, que permitem hipóteses ou especulações "leigas" sobre sua saúde mental. Do outro lado, estão os pareceres médicos e psiquiátricos, os laudos. Diferença fundamental: um juiz não profere uma sentença com base nos depoimentos de parentes sobre o comportamento (a saúde mental) do cidadão. Mas o faz — ou pode fazê-lo — com base em laudos de psiquiatras.

Acrescento outro caso, que narro brevemente, que tanto serve para ilustrar a tese aqui defendida quanto a afirmação de que os jornais estão

---

[1] **Laudo feito por peritos** indicados pela Justiça Federal apontam que Adélio Bispo de Oliveira, autor do ataque a faca contra o presidente Jair Bolsonaro (PSL) na campanha eleitoral de 2018, **sofre de doença mental e não pode ser punido criminalmente pelo fato.** Disponível em: https://bit.ly/3d8cZeG.

cheios de casos semelhantes. Quando veio à luz a gravação de uma conversa do Presidente Temer com Joesley Batista no porão do Palácio do Jaburu, pareceu a todos que se tratava de prova incontestável de um tipo de infração que poderia levá-lo à renúncia ou ao impedimento. Aparentemente — ou do ponto de vista jornalístico — não havia dúvida alguma: as vozes eram reconhecíveis, as falas comprometedoras eram audíveis e a interpretação parecia óbvia. No entanto, em pouquíssimo tempo, noticiou-se que o laudo de um perito punha as certezas anteriores em dúvida: a nova questão era se a conversa tinha sido ou não editada. É que, se a autenticidade da "prova" pudesse ser questionada, seu valor em juízo seria menor ou nulo. Dois discursos, portanto: o do "senso comum", que aceita os "fatos" tais como são expostos por meio de certos recursos; o dos saberes, que aquilatam a natureza das pausas, entre outros fatores físicos, e mesmo a interpretação de um anafórico ("tem que manter ISSO AÍ, viu?") e assim confirma ou lança dúvida sobre a "realidade" do que se ouviu. É como se as pessoas — e a máquina judiciária — não pudessem acreditar no que ouvem: precisam que um perito lhes garanta que ouvem o que foi dito.

Eis o tipo de questão de que tratarei, à luz de Foucault.

FOUCAULT E A VERDADE

Uma das questões centrais da obra de Michel Foucault é certamente a da verdade: sua historicidade, as condições de acesso a ela ou de sua produção, *a tendência de sua penetração em todos os domínios* (grifo meu). Em Foucault (1971: 15), a questão está apresentada de forma sucinta e clara: a verdade não é concebida da mesma forma e sobretudo não é "atingida" pelos mesmos métodos em todas as épocas e em todos os campos. A primeira lição do autor é relativa a um deslocamento fundamental, que teria ocorrido "entre Hesíodo e Platão": agora, a verdade não reside mais "no que *era* o discurso, ou no que ele *fazia*, mas residia no que ele *dizia*" (Foucault, 1971: 15). A segunda é a colocação em perspectiva da questão da verdade: uma coisa é considerar uma proposição no interior de um discurso; sua verdade ou sua falsidade pode ser facilmente atestada. Outra coisa é considerar a vontade de verdade que "atravessou tantos séculos: então se vê desenhado um sistema de exclusão — histórico, institucionalmente constrangedor" (p. 14).

O autor expõe outros efeitos da vontade de verdade. Entre eles, o que interessa aqui é a tese segundo a qual a vontade de verdade "tende a exercer sobre os outros discursos uma espécie de pressão e como que um poder de coerção" (p. 18).

Considerando essa tese aparentemente simples[2], se não banal, este trabalho pretende, repito, fazer a descrição de um pequeno conjunto de discursos que, teoricamente, estariam isentos da questão da verdade (ou já estiveram isentos dela em certa época, ou ainda o são em certos discursos), destacando neles os enunciados nos quais um saber que se apresenta como científico (para simplificar) é invocado para fundamentar teses ou mesmo para justificar práticas (por exemplo, determinada legislação para proteger crianças de comidas prejudiciais).

* * *

Tem havido leituras do conceito de verdade em Foucault que, a meu ver, se deixam enganar pela palavra (sendo que o que importa é o conceito). Por exemplo, verificar as "verdades" construídas pela mídia ou as veiculadas pelos provérbios.

Ora, em Foucault (1971), entre outras obras, está absolutamente clara a posição do autor sobre a questão, e ela impede essa leitura. Pode-se dizer sem medo de errar que as verdades a que Foucault se refere em sua obra são as produzidas segundo dispositivos disciplinares — e não as consensuais, fundadas em ideologias, preferências ou crenças ou mesmo em observações e práticas "leigas". É Foucault quem diz que uma disciplina

> se define por um domínio de objetos, um conjunto de métodos, um *corpus* de proposições consideradas verdadeiras, um jogo de regras e de definições, de técnicas e de instrumentos (1971: 30).

Quando ele se refere às verdades, não se trata de qualquer verdade. Não se trata nem mesmo das verdades da filosofia, do direito ou do jornalismo (mesmo quando ele, eventualmente, é tratado como história do presente). Trata-se sempre das verdades produzidas segundo regimes discursivos especiais, os dos saberes ou os das ciências — que exigem delimitações, métodos, sujeitos de conhecimento "treinados" etc.

---

[2] De alguma forma exercitada em Possenti (2009) e em Cestari e Possenti (2011).

Aliás, se essa distinção não for mantida, corre-se o risco de perder de vista um dos fenômenos certamente mais importantes para as análises de discurso, exatamente o da invasão, pelas verdades, de campos cujo funcionamento poderia parecer (e foi durante assim muito tempo) completamente alheio a esta característica.

É preciso separar claramente os discursos que se constituíram sob o regime da vontade de verdade (saberes, ciências) dos outros discursos, por mais que eles não sejam produzidos, evidentemente, no vazio. A diferença entre os dois regimes de "verdade" fica bem clara nos trabalhos em que Foucault (1977) trata da sexualidade. O autor, por exemplo, opõe claramente o que se "sabia" sobre sexo ao que se passou a *querer saber* sobre sexo a partir de certo momento, fenômeno idêntico, e não por coincidência, ao que faz com que se constituam as ciências humanas, cujos discursos, como se sabe, foram o principal objeto de análise de Foucault.

Expressões como *análise, contabilidade, classificação, especificação, racionalidade, objeto de análise e alvo de intervenção, teia de observações, discurso racional, preceitos, pareceres, observações, advertências médicas* e outras povoam o livro para deixar claro que se trata, agora, de fazer do sexo e das pessoas que eventualmente incidissem em um comportamento de alguma forma problemático, "um puro objeto da medicina e de saber... através de uma análise detalhada" (p. 33). Além disso, Foucault esclarece que se trata menos "de *um* discurso sobre o sexo do que de uma multiplicidade de discursos, produzidos por toda uma série de mecanismos que funcionam em diferentes instituições" (p. 35) — desde a demografia até os "desvios"...

* * *

Voltando à *Ordem do discurso*: depois de expor a divisão entre verdadeiro e falso, Foucault acrescenta que "essa vontade de verdade [...] tende a exercer sobre *outros discursos* (ênfase minha) [...] uma espécie de pressão e como que um poder de coerção" (p. 18).

Exemplifica o fenômeno com o que ocorreu com a literatura ocidental — que teve de buscar apoio no natural, no verossímil, na sinceridade, na ciência também; com o que ocorreu com as práticas econômicas — antes codificadas como preceitos ou receitas, mas que procuraram, "desde o séc. XVI, fundamentar-se, racionalizar-se e justificar-se a partir de uma teoria das riquezas e da produção"; e com o que ocorreu até mesmo com o sistema penal — por definição prescritivo, mas que procurou seus suportes ou sua justificação ... em um saber sociológico, psicológico, médico, psiquiátrico, "como se a própria palavra da lei não pudesse mais ser autorizada, em nossa sociedade, senão por um discurso de verdade" (p. 18-19).

Para ilustrar o último tópico, não seria necessário acrescentar — por ser fato notório — que atualmente, nos tribunais, grande número de casos é decidido com base em exames de balística ou de DNA, o que ilustra muito claramente a tese de Foucault.

Este é o quadro a partir do qual farei a seguir um conjunto de observações (mais do que análises propriamente ditas) sobre textos nos quais se faz apelo a saberes, a teses ou a "fatos" de ciência, no interior ou em contraponto com outros discursos.

ANÁLISES

Comecei dizendo que, adequadamente armados de um ponto de vista ou de uma teoria, podemos ver que os jornais evocam constantemente os discursos de saber, que podem ser separados dos outros discursos. Essa evocação constante pode ser vista como uma indicação do prestígio da ciência ou da verdade. Nesse sentido, vale uma menção a Timothy Snyder, citado pela autora de quem copiei a epígrafe:

> Acredite na verdade: abandonar os fatos é abandonar a liberdade. Se nada é verdade, então ninguém pode criticar o poder, porque não há base sobre a qual fazê-lo. Se nada é verdade, então tudo é espetáculo (*apud* Carvalho, 2019).

A coluna de Julio Abramczyk, "O problema da ressaca", de 03/3/2019, é um exemplo entre centenas que podem ser encontrados em cada edição de jornal. Diz o colunista:

> *No dia seguinte, surgem dor de cabeça que demora a passar, náuseas, vômitos, sede, cansaço e sonolência.* Estudos de Jöran Köchling e colaboradores [...] referem que **a causa da ressaca não é clara** [...]. O pesquisador cita uma longa lista que inclui vários mecanismos como a **desidratação, alterações endócrinas e metabólicas e a presença de outras substâncias além do álcool**, produzidas durante a produção (*sic*) da bebida e que dão cor e aroma ao líquido[3].

---

[3] Disponível em: https://bit.ly/31oqu4i.

Observe-se a diferença entre os dois trechos destacados: o primeiro (em itálico) é um enunciado que qualquer um pode proferir e que é de fato proferido diversas vezes por ano por inúmeras pessoas, especialmente depois das datas festivas mais tradicionais ou dos feriados prolongados, que tradicionalmente são ocasiões nas quais ocorre ingestão de bebida e de comida em "excesso". O léxico é formal (especialmente "náuseas"), mas não é científico. O segundo segmento (em negrito) é citação de trabalho de pesquisadores (primeiro dado a destacar), cujo líder é nomeado, e que contém outro tipo de avaliação da ressaca, no caso, uma explicação científica que cita quais são os elementos que a provocam (segundo fato relevante). O que mais chama a atenção é o cuidado na comunicação das causas da ressaca (a causa não é clara) e o léxico tipicamente científico. Num caso, trata-se de uma pesquisa, que deve ter sido conduzida segundo os protocolos. No outro, trata-se do que todos "sabem" e ouvem nessas ocasiões. O fato, facilmente verificável, de que as TVs ouvem nutricionistas — e eventualmente médicos — que sugerem certos cuidados antes das festas e algum tipo de alimentação especial durante esses períodos ou depois deles é outra evidência de que certos discursos (os de saber) são evocados com destaque especial.

Compare-se o artigo com "dicas" como as seguintes, que não citam cientistas nem empregam vocabulário técnico:

> Para curar a ressaca é interessante ter uma alimentação leve durante o dia, tomar café preto sem açúcar e remédio para ressaca, como o Engov, por exemplo. Assim, é possível evitar que os sintomas de ressaca interfiram no dia a dia. [...] **Beber bastante água**, porque o álcool causa desidratação, por isso deve-se beber vários copos de água ao longo do dia; **beber um suco de frutas natural**, porque estes sucos possuem um tipo de açúcar chamado frutose que ajuda o corpo a queimar o álcool mais depressa. Um copo grande de suco de laranja ou tomate ajuda também a acelerar a remoção de álcool do organismo[4].

Na mesma página do mesmo jornal, pequena matéria ensina "como clarear a pele". Cita um dermatologista segundo o qual uma mancha pode ser uma comum, cujo nome é melasma (um dermatologista a chama pelo nome técnico e não de mancha escura), ou, em casos mais graves, pode ser um sinal de câncer. Segue-se uma descrição de como pode surgir um

---

[4] Disponível em: https://bit.ly/3dbvUoH.

melasma (aumento de melanina) e de como usualmente ele é tratado (com cremes ou géis contendo hidroquinona, com derivados de ácido retinoico...). Se comparamos esses enunciados com "passe bronzeador" e "cuidado com o sol forte", a diferença pode ser considerada clara (passe o trocadilho).

* * *

Sem entrar em detalhes, até porque acima se mencionou o caso Adélio, compensa comentar que, no campo jurídico (um dos campos nos quais Foucault mais claramente justificou sua tese), importa evocar, seja no cinema, seja nos livros, seja nos seriados, seja no noticiário, o número de vezes em que a ciência "resolve" problemas / crimes / processos, por meio de exame de sangue, de DNA etc. Os CSI de diversas cidades americanas, embora ficcionais — ou por isso mesmo —, são exemplos de como a tese de Foucault continua cada vez mais sólida.

Voltando aos casos domésticos e reais: valeria a pena deter-se no tratamento dado pela mídia ao caso do ejaculador, considerando especialmente o início do "caso", quando parecia tratar-se apenas de um assediador, e o noticiário posterior, quando se soube que ele tivera episódios de saúde que alteraram seu comportamento. Digitando "o caso do ejaculador" no Google, pode-se ter acesso a uma grande quantidade de textos, sejam notícias, sejam teses e artigos. Aqui, menciono apenas uma passagem e uma fonte: "Se a investigação entender que ele não é imputável ou semi-imputável, não podendo responder por seus atos, ele, em tese, pode ser internado em hospital psiquiátrico ou passar por tratamento. Isso porque ele alegou, em depoimento informal à polícia, que os delitos começaram após ele sofrer um acidente em 2006, que o deixou duas semanas em coma"[5]. Em suma: um é o tratamento do caso quando ele é considerado a partir do senso comum (ou da moral comum, ou do comportamento normal esperado); outro é quando entra em cena um saber que "explica cientificamente" tal comportamento.

* * *

Em **20 fatos excepcionais sobre culinária e ciência**[6], o analista de discurso pode ficar dividido: por um lado, as explicações em negrito, nos

---

[5] Disponível em: https://glo.bo/39kCfgK.
[6] Disponível em: https://bit.ly/3fdKD5m.

quatro conselhos abaixo, podem parecer oriundas da ordem do saber, o que parece confirmado por alguns traços da linguagem de divulgação científica. Por outro lado, é possível se tratar de discurso "da experiência", como os das mães ou avós. A ausência de referências a pesquisas ou a pesquisadores e de uma explicação dos processos físico-químicos em questão indica se tratar de um discurso do segundo tipo, decorrente de práticas cotidianas e da sabedoria decorrente da experiência que elas acabam gerando (e que passa de geração a geração). A experiência das pessoas é distinta dos experimentos dos cientistas.

> Vai preparar *cookies*? Ao invés de colocar a manteiga gelada ou em temperatura ambiente, derreta-a para incluir na receita. Assim, ela **libera a água e se mistura com muito mais facilidade à farinha**, deixando o *cookie* mais macio.
>
> Ninguém escapa do "choro" na hora de cortar cebola. Para evitar que isso aconteça, coloque-a na geladeira um pouco antes de cortá-la, ou até mesmo no congelador por alguns minutos. Isso vai **evitar que ela solte a substância que provoca as lágrimas**.
>
> Sempre adicionamos açúcar no molho de tomate para diminuir a acidez, mas na verdade não é tão eficaz. Uma pitada de **bicarbonato de sódio é muito mais efetivo** para isso.
>
> Se você colocar um pouco de suco de limão em um molho, sopa ou creme de queijo, vai realçar o cálcio e vai deixar a consistência mais cremosa e evitar grumos.

* * *

Um tema constante quando se fala de churrasco é o do ponto da carne — bem ou malpassada. Há os adeptos da carne "sangrando", há os que a recusam ("credo, carne crua"), há os que discutem se é sangue ou se são sucos, e há os "especialistas", que sustentam que o ponto da carne depende do corte: uma coisa é a picanha, outra é a costela etc. Todos esses enunciados são correntes e baseados no gosto, nos hábitos familiares ou na experiência prévia com ingestão de carnes (a discussão pode ser a propósito do filé mignon, mas neste caso ela não se torna "popular").

Já os "verdadeiros" especialistas proferem outro tipo de discurso, recheado de termos científicos, e supostamente eliminam os erros e mal-entendidos do senso comum. Vejamos algumas passagens no "ensaio" publicado em uma revista de divulgação científica ligada à SBPC, *Ciência Hoje* 328[7]:

> "... carne sangrando não existe. O corte mal passado é vermelho porque **contém uma proteína chamada mioglobina** — e não a hemoglobina encontrada no sangue. "Essa cor é devido ao líquido que sai do músculo da carne que, **quanto menos cozida, mais abundante se mantém**. A mioglobina é um **pigmento natural do músculo**: a coloração se assemelha, mas ela vai ter praticamente **zero sangue** porque ele é drenado no frigorífico", ensina Marco Antonio Trindade, professor da Faculdade de Zootecnia e Engenharia de Alimentos da Universidade de São Paulo (USP), em Pirassununga.

O parágrafo começa com uma afirmação peremptória (carne sangrando não existe). No entanto, como é característico da divulgação científica, logo se cita uma autoridade, no caso, um professor universitário que atua em engenharia de alimentos em uma universidade de prestígio. Sua explicação "anatômica" e físico-química pode não fazer com que um adepto da carne bem passada mude de hábitos, mas deveria convencê-lo de que persiste em seus costumes apenas por "nojo", por exemplo, mas não porque estaria ingerindo sangue (que, no fundo, é um alimento tabu).

A explicação do especialista continua:

> "Quando a carne é passada acima dos 70 graus, o alimento já **começa a ficar marrom porque o músculo passa a ficar contraído e o líquido evapora**', explica o doutor em tecnologia de alimentos. "Uma carne bem passada **desidrata** e acontece o **encolhimento das fibras** musculares", afirma.

Outra questão que o mesmo tema suscita é a dos eventuais problemas para a saúde decorrentes da ingestão de carne malcozida. O especialista é muito claro:

> "De maneira alguma. É um pigmento natural da carne e é **excelente em questão de ferro** [...]. **A mioglobina tem cores diferentes, como marrom ou vermelho,** conforme o estado em que ela está [no cozimento]", reforça o professor. **O perigo, diz ele, é**

---

[7] Disponível em: https://bit.ly/3lUuinh.

comer a carne crua, sem assar. Em seguida, comenta a diferença entre carne mal passada e carne mal manipulada: "Por que comer picanha mal passada não faz mal e hambúrguer traz risco? Porque a carne moída é diferente da integral. [...] E insiste: "Carne mal passada é diferente de carne crua. Como o fogo mata facilmente micro-organismos na superfície, a carne mal passada não traz riscos à saúde".

O especialista também oferece informações sobre a qualidade das carnes. Segundo ele,

> O primeiro critério a ser observado é a **data de validade**. O segundo é o **suco que a carne solta**. Quando você pega uma carne a vácuo, com **muito líquido** em volta, mesmo dentro da validade, pode estar acontecendo um **abuso de temperatura**, o que significa que ela está **envelhecendo** antes da hora. A carne maturada é uma degradação natural das proteínas, mas se ela sofre esse processo em exagero ou demasia na gôndola, ela vai perder o suco antes da hora.

A informação é certamente útil, mas o que importa aqui é a descrição do fenômeno. "Envelhecer antes da hora" e "perder o suco antes da hora", especialmente pela insistência no emprego da palavra "suco" (e nunca de "sangue"), definem o caráter de saber deste discurso (em contraposição à grande possibilidade de que o trabalhador da casa de carnes ouça "mas não tem muito sangue?").

※ ※ ※

A seguir, permanecendo no campo da culinária, apresento anotações colhidas durante um programa culinário de TV (*Giada em casa*) aleatoriamente selecionado. Giada (personagem de um programa de culinária televisão italiana) preparava uma massa e, durante as diversas fases do procedimento, proferia enunciados que uma analista dividiria em dois grupos: os que falam de gosto / sabor e os que falam de "ciência". Entre os primeiros estão "receita que agrada a todo mundo / é delicioso / a água do macarrão tem que ficar saborosa / que refeição incrível / fica macia; eu adoro / é também muito boa". Entre os "científicos" — ou que soam como tais, ou que derivam de longa observação e escondem explicações científicas — estão: "O calor da frigideira derrete o queijo / mel dá essa liga no recheio / é muito saudável / faz muito bem / 8 a 10 minutos para a massa cozinhar / o ovo protege a massa". Em alguns desses casos, pode tratar-se apenas de uma prática, de um saber menos organizado do que aqueles de que trata Foucault. Pode-se dizer, sem medo de errar, que qualquer programa culinário apresentado na TV apresenta essa mescla de discursos de origem diferente.

* * *

Apresento a seguir um pequeno esboço, quase uma notícia, de uma polêmica que vem ocorrendo em diversas mídias. Seu interesse — mereceria um estudo à parte — deriva principalmente de três fatos:

(a) há uma polêmica entre discursos que se pretendem científicos;

(b) outros discursos também são evocados;

(c) um dos discursos pode ser apresentado como argumento em favor do outro.

O tema são os chamados cigarros eletrônicos. A questão é sua capacidade de produzir ou de diminuir os danos à saúde dos fumantes. Segundo um discurso, eles produzem menos nicotina, **porque as substâncias não queimam**, só evaporam; por isso, os **efeitos negativos** são **menores**. Já o outro sustenta que é necessário aguardar mais tempo (e estudos) para saber quais serão os efeitos a longo prazo (pode parecer que seu dano é menor hoje, mas...). De natureza diferente, um terceiro discurso entra em cena, sustentando que a propagação do cigarro eletrônico pode inibir campanhas contra o fumo, até então bem-sucedidas. Este discurso milita ao lado dos que desconfiam da tese dos "danos menores", mas o tema é de outra natureza: não se trataria de diminuir os prejuízos para a saúde, e sim de uma estratégia para manter ou aumentar o número de fumantes, que diminuíram nos últimos tempos.

É relevante destacar uma espécie de aliança de discursos. Por exemplo, só os críticos do cigarro eletrônico temem seu efeito negativo contra o combate ao fumo. O outro discurso não toma posição sobe este tema[8].

CONCLUSÕES

Brevemente, quero enfatizar que a análise desses tipos de discursos, se levada a efeito a partir da ótica aqui proposta — a "mistura" de discursos

---

[8] A *Folha de S.Paulo* organizou um fórum sobre a questão; o caderno especial publicado em seguida é um excelente *corpus* disponível para quem deseje analisar o embate — cf. *Folha de S.Paulo*, 26/08/2017.

de saber (de verdade) com outros tipos de discursos, que se poderia chamar genericamente de ideológicos —, não só daria mais corpo a uma tese de Foucault raramente evocada, como permitiria uma adequada compreensão da "retórica" atualmente dominante em muitos campos. De modo sucinto, pode-se dizer que muitas ações nas quais se manifesta algum tipo de poder (ou de desejo de poder) e de resistência pretendem sustentar-se em discursos de verdade.

Para acrescentar mais um exemplo, que por si só mereceria uma análise nos termos aqui sugeridos, considerem-se as propostas de reforma da Previdência: por um lado, enuncia-se um discurso "ideológico" (da justiça, da igualdade, do fim dos privilégios); para sustentá-lo, apela-se para dois discursos de saber:

(a) o das mudanças demográficas (especialmente o aumento da expectativa de vida);

(b) um discurso econômico (contábil?), destinado a demonstrar a inviabilidade do modelo atual (cujos números são contestados pelos adversários da reforma, pelo menos nas versões mais recentemente conhecidas).

Por outro lado, junto a esses dois grandes núcleos, há discursos sobre a necessidade de cobrar dívidas acumuladas, por exemplo (é pertinente verificar quem o enuncia...), e sobre a necessidade (ou não) de regras diversas para grupos diversos (mulheres, policiais, professores). Em cada caso, é relevante distinguir de que lugar deriva cada tipo de argumento, bem como o debate interno que eventualmente se faz em cada campo. Também é de interesse considerar certos jogos de palavras (privilégios, direitos, justiça, igualdade). E que nenhuma das partes ousa defender "injustiças". Se o fizer, será com outro nome.

REFERÊNCIAS

CARVALHO, Ilona Szabó de. Ode à democracia. In: *Folha de S.Paulo*, 12/03/2019. P. B4. Disponível em: https://bit.ly/31OwELu.

CESTARI, Mariana Jafet e POSSENTI, Sírio (2011). Dieta da sexualidade: sexo e verdade. In: POSSENTI, Sírio; BENITES, Sônia Aparecida Lopes (org.). *Estudos do texto e do discurso: materialidades diversas*. São Carlos: Pedro e João Editores, p. 151-171.

FOUCAULT, Michel (1971). *A ordem do discurso*. São Paulo: Edições Loyola.

FOUCAULT, Michel (1977). *História da sexualidade I: a vontade de saber*. Rio de Janeiro: Graal.

POSSENTI, Sírio (2009). Ler embalagens. In: POSSENTI, Sírio. *Questões para analistas do discurso*. São Paulo: Parábola Editorial, p. 39-50.

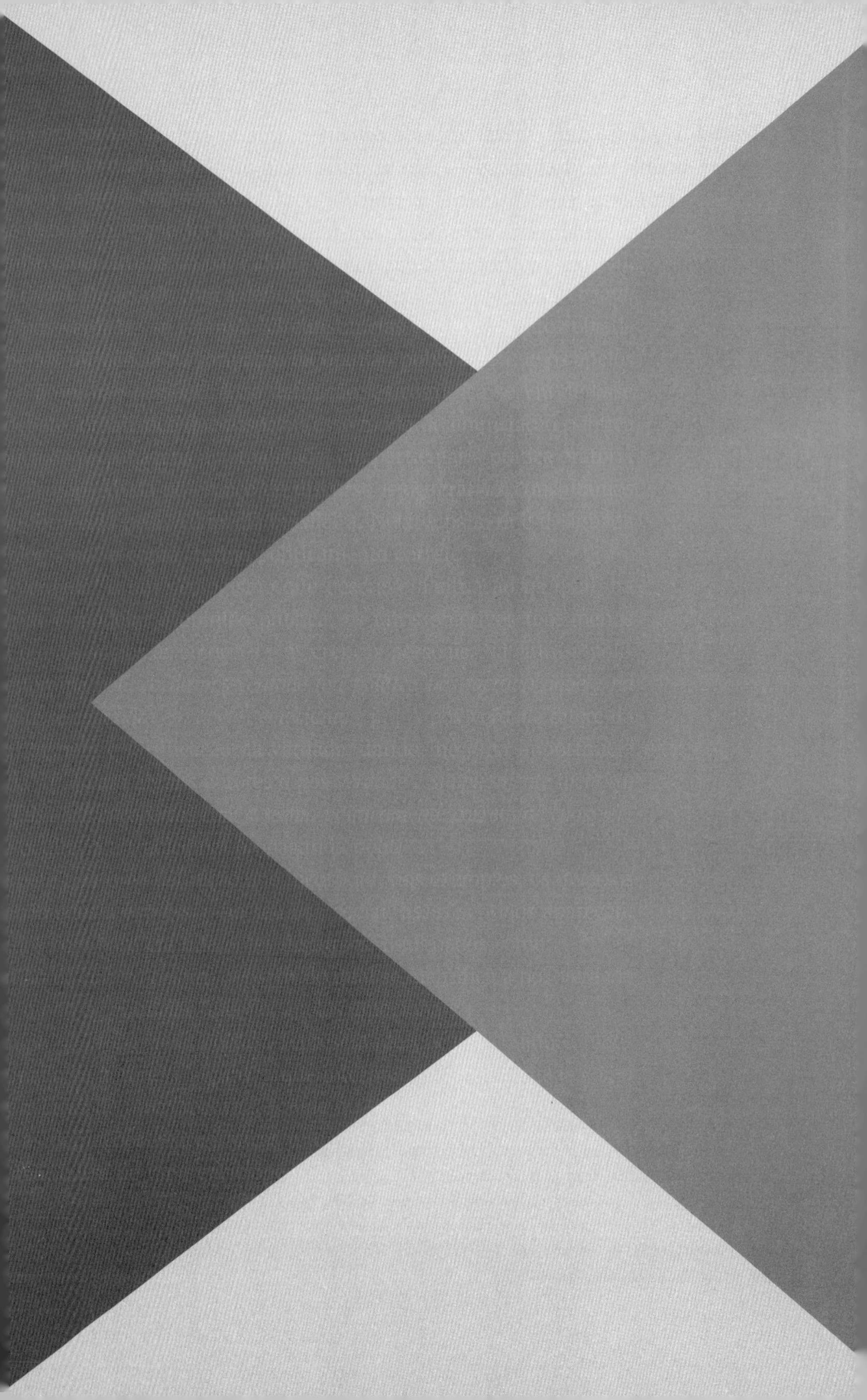

A vontade de verdade nos discursos
Os contornos das *fake news*

Vanice Sargentini
Pedro Henrique Varoni de Carvalho

A DIFUSÃO DA internet nos anos 1990 parecia anunciar uma era de liberdade de expressão sem precedente na história da humanidade. Os sujeitos conectados, livres dos filtros e das conduções ideológicas da chamada mídia de massa, poderiam, enfim, não só selecionar os conteúdos do seu interesse, como também produzir e compartilhar esses conteúdos em texto escrito, em vídeo ou em áudio. Ainda que essa promessa tenha sido cumprida em parte, o contexto contemporâneo das chamadas redes sociais revelou sua face obscura, que colocou em xeque a visão otimista da ordem do discurso digital: da comercialização dos dados pessoais aos algoritmos curadores que escrutinam nossos hábitos para direcionar informações, sem esquecer a dificuldade de reconhecer se nossas interações se dão com pessoas ou robôs, são variados e complexos os motivos de nossa desconfiança e insegurança.

Não se trata apenas de uma dimensão de nossas vidas. A fratura que essa ordem promove nas democracias representativas é cada vez mais evidente. A produção de discursos e suas formas de circulação são elementos centrais na construção das notícias, sejam falsas ou não. Entretanto, distinguir o funcionamento da construção da notícia — analisando quem a enuncia, em que circunstâncias, de que lugar ela provém e por onde e circula — é um ato indispensável para a interpretação dos textos que sustentam ou, em contrapartida, colaboram para derrubar os paradigmas que sustentam as sociedades democráticas. Neste capítulo, pretendemos problematizar as noções de verdade na pós-modernidade e apontar como as *fake news* são construídas, como funcionam e, consequentemente, fragilizam as democracias.

VERDADE, VONTADE DE VERDADE, CONSTRUÇÃO DOS JOGOS DE VERDADE

"Entendo por verdade o conjunto dos procedimentos que permitem pronunciar, a cada instante e a cada um, enunciados que serão considerados como verdadeiros. Não há absolutamente uma instância suprema"[1] (Foucault, 2001: 407). Com essa afirmação, propomos problematizar, amparados nas discussões filosóficas provenientes das reflexões de Michel Foucault, como a verdade não se localiza em uma instância que lhe permita ser absoluta. Ela é de fato inexistente, uma vez que se edifica a partir de enunciados produzidos em diferentes quadros históricos, sociais e culturais.

O estudo da verdade articula-se aos processos de subjetivação. A pesquisa sobre as práticas de constituição do sujeito — sobre os modos de subjetivação/objetivação do ser humano em nossa cultura — exibem as formas de atividade do sujeito sobre si mesmo, que mantém sua busca pela verdade. Os questionamentos sobre a verdade remontam à antiguidade greco-romana, isto é, às sociedades que compreendiam a busca da verdade como uma prática de si, que pudesse levar o sujeito ao cuidado de si.

Foucault, em seus cursos do Collège de France nos anos de 1983 e 1984 — *Governo de si e dos outros* (2010) e *A coragem da verdade* (2011a) —, faz uma incursão às práticas de si conforme ocorreram na antiguidade, a fim de cotejá-las com a contemporaneidade. O que se vê é uma passagem do *cuidado de si* para o *conhece-te a ti mesmo*. O sujeito na Grécia Antiga avalia-se na sua relação com a cidade e com o outro, apoiando-se em suas experimentações para chegar à verdade — acredita que só estará habilitado a governar o outro se souber governar a si mesmo — e, finalmente, atingir as práticas de liberdade alimentadas por uma estética da existência. O crescimento da cultura cristã, segundo a leitura de Foucault, modifica a forma de compreender a verdade. Cria-se o sujeito moral, para quem a verdade não se estabelece pela experimentação, mas por um processo de acúmulo

---
[1] Tradução nossa.

de verdades predefinidas nas normas, nas leis e nas condutas. Elas passam a ser interiorizadas por um processo de subjetivação, que faz o sujeito se acreditar como empoderado, pois suas verdades são aquelas que ele acredita estarem na origem dos seus pensamentos e não produzidas de forma relacional com o outro. *Conhece-te a ti mesmo* é a expressão do cristianismo que alimenta a oposição entre o bem e o mal na sociedade e faz crer que a verdade não vem da experimentação, mas do alinhamento com as práticas e os poderes dominantes. O poder pastoral, cuja autoridade supostamente o habilita a dizer a verdade, faz o sujeito seguir o rebanho e sentir-se parte dele. A pertença a esse rebanho torna o sujeito normalizado, alguém que segue o comando e a verdade alheios, alguém que aguarda que o outro — a quem segue — lhe traga a verdade.

Nessa complexidade que cerca a problemática da verdade, observamos que as instituições seculares e dominantes atuam no processo de subjetivação, conduzindo os sujeitos a se alinharem às verdades estabelecidas pelo mercado (política neoliberal), pelos aconselhadores religiosos (gurus), filósofos e pelas autoridades jurídicas e civis.

Por todo esse processo de objetivação/subjetivação, vemos que o que se atinge é uma vontade de verdade ou uma política da verdade estabelecida por uma história dos jogos de verdade.

> Foucault distingue entre duas histórias da verdade: por um lado, uma história interna da verdade, de uma verdade que se corrige a partir de seus próprios princípios de regulação; por outro, uma história externa da verdade. A primeira é a que se leva a cabo na história das ciências; a segunda, a que parte das regras de jogo que, em uma sociedade, fazem nascer determinadas formas de subjetividade, determinados domínios de objetos, determinados tipos de saber (Castro, 2009: 217).

Admitir que a verdade venha a se estabelecer por uma vontade de verdade é recusar a existência de uma relação binária que opõe o verdadeiro ao falso — são as condições de possibilidade que definem e sustentam os discursos verdadeiros. O científico é posto em relações de força estabelecidas também pelas relações exteriores. Os jogos de verdade submetidos à ordem do saber e do poder também estão presentes na constituição dos sujeitos como expressão do "homem de desejo". Cada sociedade tem seu regime de verdade definido pelos tipos de discurso que ela aceita e faz funcionar como verdadeiros; os mecanismos e as instâncias que permitem distinguir os enunciados verdadeiros ou falsos" e ainda, "as técnicas e os procedimentos que são valorizados para a obtenção da verdade; o estatuto daqueles que têm a função de dizer o que funciona como verdadeiro" (Foucault, 2011b: 214).

Nos últimos anos, os regimes de verdade passam por mudanças referentes sobretudo aos mecanismos e às instâncias de verificação da veracidade dos discursos. A proliferação de notícias contestáveis, de enunciados produzidos em situação de falso contexto ou de falsas conexões atendem a vontades de verdade sustentadas pelo mercado, pelos grupos religiosos, pelos poderes dominantes. As mídias de grande alcance investiram em projetos de *fact-checking*, com o objetivo de reduzir a desinformação. Entretanto, parece não se tratar apenas de uma incorreção das notícias; flagra-se em especial que, na produção dos regimes de verdade, o desejo do sujeito alinhado às instituições dominantes e seculares assegura a distribuição das notícias falsas.

FAKE NEWS E AS SOCIEDADES DEMOCRÁTICAS: INIMIGOS ÍNTIMOS

O epicentro do fenômeno desencadeador das chamadas *fake news* foram as eleições de Donald Trump nos Estados Unidos, quando emergiu a ideia de pós-verdade e de *fake news*. Esses aspectos igualmente se verificaram nas últimas eleições presidenciais no Brasil.

A repórter Daniela Pinheiro (2016), em matéria sobre a eleição de Trump publicada na revista *piauí*, aponta algumas características que explicam os resultados das urnas, todas relacionados à cobertura midiática:

(a) o alto número de compartilhamento de informações falsas divulgadas por *sites* de notícias (muitos criados no calor da campanha), por exemplo, sobre um possível apoio do papa Francisco a Donald Trump (com quase um milhão de compartilhamentos) ou sobre a suposta morte de um investigador que trabalhava na apuração da denúncia de que a candidata adversária, Hillary Clinton, teria se utilizado de *e-mail* pessoal para divulgar informações de Estado;

(b) a busca pelo efeito da imparcialidade, que fez com que os jornais tratassem com o mesmo peso a denúncia sobre os *e-mails* de Hillary e as notícias falsas atribuídas à equipe de Trump: "Nunca um candidato mentiu tanto", disse um editor de política do *Washington Post* (Pinheiro, 2016: 20), e a imprensa não foi capaz de demonstrar essa situação;

(c) a intensa participação de Trump, desde as primárias, em programas de entrevistas muito populares nos Estados Unidos, nos quais o então candidato desfrutava de grande liberdade para falar o que quisesse, com base na valorização de seu aspecto caricato: "Encarando a candidatura dele como uma piada e não como um fato consumado" (*ibid.*). Em livro autobiográfico, ele próprio revelara suas táticas de manipulação da imprensa: "Se você for um pouco diferente, ou um pouco ofensivo, ou se você fizer coisas meio audaciosas e polêmicas eles vão escrever sobre você [...]. Eu mexo com a fantasia das pessoas [...] é por isso que exagero nunca faz mal. Elas querem acreditar no grande, no espetacular, chamo isso de hipérbole verdadeira" (Trump; Schwartz, 1988 *apud* Pinheiro, 2016: 22)[2].

Publicada dois anos antes da eleição que escolheu Jair Bolsonaro como presidente do Brasil, a reportagem de Daniela Pinheiro parece antecipar o que também se verificou por aqui: disparo de mensagens falsas em redes sociais, criação de *sites* de ocasião mimetizando o jornalismo tradicional, naturalização de um discurso marcado por preconceitos e retrocessos. Essa nova ordem convive com uma mudança disruptiva no modelo de negócios do jornalismo tradicional.

Há, portanto, dois possíveis sentidos para a emergência do enunciado da pós-verdade. Um se refere à incapacidade de diferenciação, nos fluxos de informação nas redes, dos relatos baseados em acontecimentos daqueles inventados, sobretudo com finalidades políticas e de luta pelo poder. Diante desse contexto, caberia ao jornalismo se reconfigurar — mas, agora, em outra perspectiva — tanto nos procedimentos deontológicos quanto nos epistemológicos, a fim de legitimar esse lugar que, em alguma medida, foi seu nos séculos XIX e XX.

De um ponto de vista discursivo, sempre se problematizaram as conduções ideológicas do jornalismo, seja por silenciamentos, seja por diferentes pesos e medidas ou pelo uso da linguagem. O seu capital social, entretanto, está ligado à confirmação dos fatos: houve o acidente? Aconteceu um desvio

---

[2] Donald Trump; Tony Schwartz. *Trump, a arte da negociação*. Rio de Janeiro: Editora Campus, 1988.

de dinheiro? A informação, ainda que constituída pelos diferentes sujeitos que falam a partir de sua filiação discursiva, é o atributo que historicamente garantiu o *ethos* do jornalismo. Os sinais de uma mudança nesse *status* se tornam mais visíveis a partir da eleição de Donald Trump e mais perceptíveis no Brasil de Bolsonaro e em outros países que vivenciam a ascensão da extrema direita ao poder.

O segundo sentido da pós-verdade se refere à circulação e à recepção desse conteúdo, diante do qual as crenças e ideologias do sujeito — que não é mais apenas o receptor passivo de informações no modelo da mídia tradicional — determinam o que ele vai considerar, avaliar, compartilhar, comentar ou, em outras palavras, (re)colocar em circulação. É esse novo ecossistema de mídia que trouxe à tona algo já praticado na relação das pessoas com as informações. No entanto, como eram reduzidas as possibilidades de o receptor se manifestar, as reações eram até então restritas aos ambientes físicos onde essas pessoas se inseriam.

Os abalos inevitáveis na indústria da comunicação de massa afetaram em cheio a instituição jornalística, com fechamentos de jornais e demissões em massa em várias partes do mundo. Junto com ela, a emergência de expressões como pós-verdade, *fake news* e desinformação tentavam dar sentido a uma mudança nas sociedades democráticas, anunciando a crise nas conquistas do Iluminismo: a crença na ciência, na razão, na informação. Esse fenômeno foi acompanhado pela emergência de líderes de extrema direita — Donald Trump (Estados Unidos), Vitor Órkban (Hungria), Recept Tayypi Ergodan (Turquia), Jair Bolsonaro (Brasil).

O fenômeno do pós-digital, na concepção de Cramer (2015), descreve o desencanto com os sistemas de informação digital, revelando redes obscuras e de refinamento da vigilância. A concentração de dados nas mãos das grandes corporações que operam as redes sociais — empresas transnacionais que não se responsabilizam pelo conteúdo — é um dos principais fatores. "O governo, as corporações, as economias, a cultura, a vida, nossos pensamentos, nossos hábitos e nosso eu, as coisas, o tempo e o espaço estão submetidos à governabilidade algorítmica" (Santaella, 2016: 90).

Ao considerar que "nessa versão renovada da sociedade de controle do capitalismo digital, tudo virou dados mercantilizados" (Santaella, 2016: 90), a autora aborda a necessidade de metodologias que deem conta dos novos tempos e sugere três focos principais: examinar a materialidade do digital em perspectiva geofísica e geopolítica; prestar atenção no que entra pela porta dos fundos do digital (hackativismo, *deep web*); e analisar as implicações dessa nova ordem sobre identidades e sexualidade como meios de reflexão acerca da política e da cultura.

Os abalos nos negócios do jornalismo fazem parte desse contexto na medida em que, entre as estratégias da emergência da extrema direita, estão o compartilhamento de desinformação em redes de WhatsApp, a compra de dados de usuários, as criações de perfis falsos na rede, a mimetização do formato jornalístico para produzir desinformação, além de outras estratégias que minam a relação entre ética e política institucional.

De um ponto de vista reativo, setores da sociedade preocupados com a degradação das democracias se esforçam para buscar saídas para a crise, entre elas o reconhecimento potencial do jornalismo como instituição reguladora do processo democrático — embora historicamente quase nunca o seja, sobretudo se levarmos em consideração a realidade brasileira.

Para Cristofoletti (2019: 12), "sentir-se desinformado aumenta a angústia existencial, como se pairássemos num nada e estivéssemos perdendo algo precioso". É insuportável essa distância, uma vez que "estar a par do que acontece é estar ligado a algo maior, é fazer parte de um todo, um grupo, uma comunidade, um país" (*ibid.*: 12).

O fato é que o cenário cria condições potenciais para a emergência de um jornalismo comprometido com setores historicamente silenciados no Brasil. De maneira paradoxal, foi na ordem do digital que surgiram as experiências capazes de provocar uma onda de questionamento em torno da grande mídia, como se deu na cobertura da Lava Jato, a partir, por exemplo, do conteúdo do *The Intercept Brasil*[3], chamado de *Vaza Jato*. Ao explicitar, por meio do vazamento de informações, a condução política do julgamento do ex-presidente Lula por parte da equipe comandada pelo Juiz Sérgio Moro (que viria a se tornar ministro da Justiça de Bolsonaro), o *The Intercept* revelou um acontecimento discursivo que interferiu nas narrativas jornalísticas da mídia *mainstream* (as mesmas que erigiram a figura do ex- juiz como paladino anticorrupção).

Claire Wardle, pesquisadora de mídia que coordena, desde 2015, na Universidade Harvard, o projeto First Draft News[4], busca desenvolver diretrizes

---

[3] Disponível em: https://theintercept.com/brasil/.
[4] Dados sobre o projeto podem ser acessados em: https://firstdraftnews.org/.

éticas para o jornalismo e para o compartilhamento de informações nas redes digitais. Durante as eleições francesas de 2017, o First Draft coordenou uma colaboração conjunta de 37 redações francesas, iniciativa com financiamento das grandes corporações da *web*, como Google e Facebook. O projeto serviu de inspiração para a criação do Comprova[5] — uma coalizão de 24 veículos nacionais também unidos em torno da ideia de combater a desinformação nas eleições presidenciais de 2018, no Brasil.

O Comprova faz parte de iniciativas dedicadas a mapear atributos de confiabilidade próprios da reportagem jornalística e, com isso, instituir critérios de verificação e checagem de fatos capazes de distinguir informações qualificadas de boatos, notícias falsas e outros gêneros de conteúdo enganoso que passaram a proliferar no ambiente caótico das mídias sociais e das redes em geral.

Josenildo Guerra (2019), professor do curso de Jornalismo da Universidade de Sergipe, reconhece o valor de iniciativas como o Comprova. Contudo, busca alertar para a necessidade do que denomina "Comprova Reverso", isto é, um esforço crítico para melhorar o ambiente informativo no Brasil, na medida em que a difusão de desinformação não é prerrogativa apenas da classe política, embora seja a que mais dela se beneficia:

> O olhar para as notícias, para seu conteúdo e sua cobertura, permite-nos perguntar sobre as limitações, falhas, imprecisões e padrões editoriais existentes, que põem em risco a credibilidade tão reivindicada por elas. Essa tarefa, entretanto, é muito mais complexa do que a do projeto original. O Comprova Reverso é uma metáfora para a necessidade de um esforço articulado entre diferentes atores preocupados e empenhados em construir um ambiente jornalístico forte, sustentável e socialmente relevante. Trata-se de um esforço estratégico, de efeito a médio e longo prazo, mas cujo início não pode tardar no Brasil. (Guerra, 2019: s.p.).

Embora se reconheça o esforço coordenado de combate à desinformação nas chamadas agências de *fact-checking*, o seu alcance parece menor do que a onda de desinformação que se vale de estratégias sem limites éticos implantadas pela extrema direita. Em outras palavras, a luta parece desigual. Clara Wardle (2017)[6] recorre a uma metáfora relacionada à limpeza pública para

---

[5] Dados sobre o projeto podem ser acessados em : https://projetocomprova.com.br/.
[6] Disponível em: https://bit.ly/3flmda3.

dimensionar a questão: "Combater a desinformação é como varrer as ruas". A pesquisadora pede mais transparência algorítmica, trabalho colaborativo entre a sociedade civil, as empresas e o governo, entre outros aspectos. A ênfase na educação midiática parece ser também uma tendência. Se o contexto atual tornou cada cidadão uma mídia — na medida em que produz e faz circular conteúdo — torna-se necessário tratar o tema da desinformação pelo aspecto educativo.

Para entender o contexto, Claire Wardle (2017) criou um modelo que busca dar conta da complexidade dos ecossistemas da desinformação.

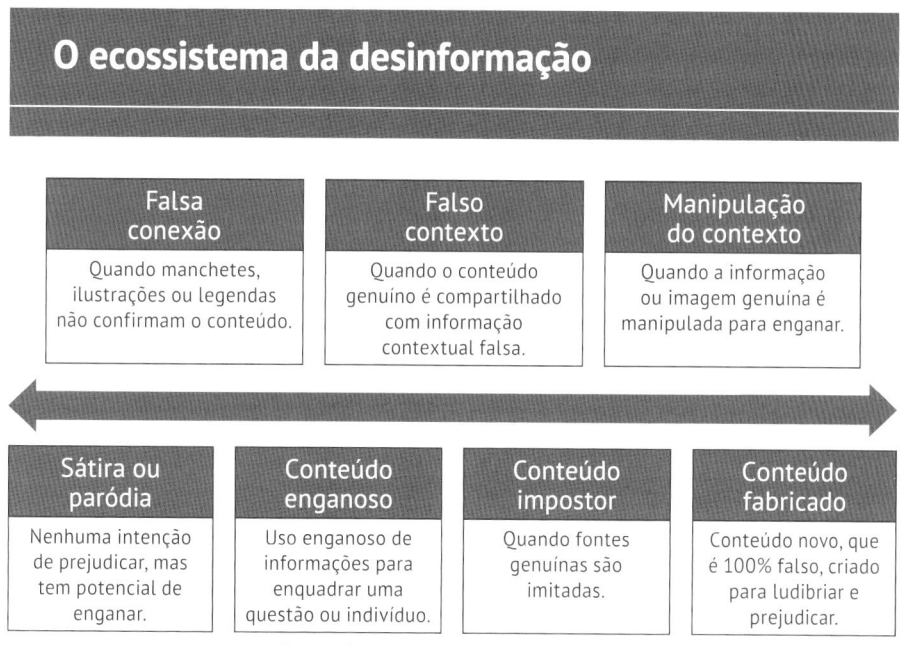

O ecossistema da desinformação

Falsa conexão	Falso contexto	Manipulação do contexto
Quando manchetes, ilustrações ou legendas não confirmam o conteúdo.	Quando o conteúdo genuíno é compartilhado com informação contextual falsa.	Quando a informação ou imagem genuína é manipulada para enganar.

Sátira ou paródia	Conteúdo enganoso	Conteúdo impostor	Conteúdo fabricado
Nenhuma intenção de prejudicar, mas tem potencial de enganar.	Uso enganoso de informações para enquadrar uma questão ou indivíduo.	Quando fontes genuínas são imitadas.	Conteúdo novo, que é 100% falso, criado para ludibriar e prejudicar.

Fonte: Claire Wardle/First Draft News.

Não faltam exemplos de cada uma das categorias elencadas por Wardle, mas ainda assim eles continuam imperceptíveis para grande parte da população que consome conteúdo das redes sociais e não dispõe de recursos para identificar as diferentes estratégias da desinformação: falsa conexão, falso contexto, manipulação de contexto, sátira ou paródia, conteúdo enganoso, conteúdo impostor e conteúdo fabricado. Cada uma delas supõe diferentes gradações manipulativas presentes tanto no campo do jornalismo quanto naqueles que o atacam e estão por trás do processo de desidratação das democracias, tal como se constituíram no pós-guerra.

QUANDO A VERDADE FACTUAL SE DEFRONTA COM AFIRMAÇÕES ENGANOSAS: UM EPISÓDIO DE ATAQUE À DEMOCRACIA

Num dos episódios envolvendo Jair Bolsonaro, é possível verificar o funcionamento do que Wardle chama de ecossistema de desinformação. A jornalista Vera Magalhães noticiou que o presidente disparou, em grupos de WhatsApp, um vídeo chamando a população para se manifestar no dia 15 de março de 2020 contra o Congresso Nacional e o Supremo Tribunal Federal. Diante dos apontamentos da irregularidade constitucional do gesto, o presidente argumentou, de maneira falaciosa, que se tratava de um vídeo antigo de 2015 e que, portanto, a informação da jornalista estaria fora de contexto. Mas a justificativa incorreu em uma contradição relacionada à cronologia dos fatos. O vídeo, divulgado pelo WhatsApp, fazia referência à facada da qual o então candidato Jair Bolsonaro fora vítima durante a campanha presidencial em 2018. O assunto mobilizou os jornalistas comprometidos com a verdade factual, e a agência de *fact-checking* Aos Fatos[7] demonstrou que, ao contrário do que anunciava o presidente em suas redes, o vídeo não era de 2015.

Apesar das evidências da mentira, houve farta difusão de conteúdo contra a jornalista Vera Magalhães, acusando-a de "pilantra" e de divulgar informações descontextualizadas. Conforme publicação de Aos Fatos, esse episódio constitui uma estratégia de esvaziamento da credibilidade jornalística e da informação. O fato foi potencializado por outros conteúdos como o *site* Estudos Nacionais, cujo expediente indica a presença de jornalistas e historiadores que, em comum, cursaram os conteúdos oferecidos pelo guru do bolsonarismo, Olavo de Carvalho. O *site* publicou o artigo "Imprensa se converteu em maior ameaça à democracia", assinado por Cristian Derosa[8]:

> Os brasileiros já não suportam os ataques diários do jornalismo contra seus valores mais caros e contra um governo eleito democraticamente. Sem qualquer razão, jornais inventam, falsificam e fraudam os fatos mais elementares, cinicamente em nome de uma liberdade de expressão que negam a todos os que discordam. Quem discorda dos colunistas da moda não está apenas fora de moda. Está fora da normalidade, da civilidade e da legalidade. Os grandes jornais brasileiros atuam

---

[7] Aos Fatos é uma plataforma de checagem de notícias disponível em: https://www.aosfatos.org/.
[8] Disponível em: https://bit.ly/39eoKyP.

claramente com objetivo de criminalizar a opinião. E por isso estão sendo chamados de extrema-imprensa. [...] Assim, cabe seguir em um sentido mais amplo a sugestão do general Augusto Heleno, para que o povo se una em favor de Jair Bolsonaro e contra a velha política feita pelo Congresso, em conluio com a imprensa, para engessar o governo e sabotar ações para as quais Bolsonaro foi eleito e que vem avançando a passos largos [...] **Estudos Nacionais** conclama a mídia independente, intelectuais e políticos que se preocupam com a verdade e com a justiça em sua dimensão concreta — e não a dos abstratistas isentos do oportunismo — para que se unam contra o ódio extremista, persecutório e violento dos terroristas que ora ocupam o lugar de meios de comunicação.

O conteúdo faz pensar no segundo sentido da expressão "pós-verdade": o de que as crenças e ideologias do sujeito determinam o que ele toma como verdadeiro. É a partir desse sentido da expressão que se pode pensar numa aproximação entre a ideia nietzschiana de vontade de verdade, conforme tratada por Foucault, e a pós-verdade como significante das lutas de saber e poder travadas, no campo jornalístico, tanto nas últimas eleições norte-americanas, quanto no processo político brasileiro mais recente e que, de certa forma, atravessam a história das relações entre produção e recepção de conteúdo no âmbito da comunicação midiática. Para o eleitor de Bolsonaro, que se informa por conteúdos como o *site* https://www.estudosnacionais.com/, o jornalismo propaga desinformação e se torna o inimigo da democracia, assim como o congresso ou o STF, que impedem que o mandatário da nação faça o que foi lhe legado pelo poder do voto.

Esses acontecimentos exemplificam o modo de funcionamento dos ecossistemas de desinformação que buscam, sobretudo, descredenciar o outro, apesar das evidências lógicas de que o vídeo original postado por Bolsonaro tinha referências explicitas posteriores a 2015.

A questão que se levanta é como reforçar os ecossistemas de informação — seja no campo da ciência, do jornalismo ético ou dos dispositivos educacionais. Os ataques à democracia, em várias partes do mundo, demonstram uma orquestração em que a tecnologia, o uso de dados a favor do capital e dos mercados atropela os princípios éticos que constituíram a democracia representativa do século XX e as conquistas do pós-guerra. É contra esse estado de coisas que serão erigidas as novas lutas de resistência no século XXI, e elas dizem respeito à forma como os discursos circulam.

CONSIDERAÇÕES FINAIS

Tivemos a oportunidade de avaliar como a "ordem do discurso digital" tem impacto nas democracias representativas com ascensão de forças políticas de extrema direita. As formas de circulação de conteúdo em rede, envolvendo atores humanos e não humanos, sinalizam um contexto em que as evidências científicas ou informativas dos fatos têm sua importância histórica relativizada, diante da construção discursiva e da estratégica da desinformação. Essa realidade afeta não só o jornalismo, mas também a ciência e outros campos, indicando uma mudança em relação às conquistas do iluminismo.

As técnicas do poder pastoral persistem na sociedade ocidental contemporânea. Da prática de conduzir o rebanho deriva, na atualidade, a ação de seguir grupos que alimentam a continuidade e o crescimento das redes de desinformação. Há verdades sustentadas pelos interesses econômicos e outras provenientes de crenças religiosas fartamente distribuídas. Essas verdades são confrontadas com aquelas gestadas por filósofos, autoridades jurídicas e pesquisas científicas, todas imersas em jogos de verdade, notícias ora credibilizadas, ora vulnerabilizadas, de acordo com as relações de poder em confronto. Muitos sujeitos simplesmente as seguem; é esse, afinal, o objetivo do exercício do poder pastoral. Outros questionam, não sem esbarrar nas relações de obediência dadas pelas formas de subordinação, conformismo, consentimento (Gros, 2018) que conduzem o sujeito a obedecer.

A ideia de que a desinformação se funda em estratégias refinadas que se repetem em diferentes contextos culturais, como o provam as semelhanças entre a eleição de Donald Trump nos Estados Unidos e de Jair Bolsonaro no Brasil, revela o momento de desqualificação recorrente da informação e a aposta em conteúdo impostor ou fabricado como mecanismo de ascensão ao poder. É contra esse estado de coisas, contra a "verdade deste tempo" que serão organizadas as novas lutas de resistência no século XXI, e elas dizem respeito, sobretudo, à forma como os discursos circulam e quem os enuncia.

REFERÊNCIAS

CASTRO, Edgardo (2009). *Vocabulário de Foucault: um percurso pelos seus temas, conceitos e autores.* Trad.: Ingrid Müller Xavier. Belo Horizonte: Autêntica Editora.

CRAMER, Florian (2015). What Is Post-digital? In: BERRY, David M; DIETER Michaels (eds). *Post Digital Aesthetics, Art, Computation and Design.* Londres: Palgrave Macmillan, p. 12-26.

CRISTOFOLETTI, Rogério (2019). *A crise do jornalismo tem solução?* Barueri: São Paulo, Estação das Letras e Cores.

FOUCAULT, Michel (2001). Pouvoir et savoir; entretien avec S. Hasumi enregistré à Paris le 13 octobre 1977, UMI, décembre, 1977. In: *Dits et Écrits, II* (1976-1988). Paris: Éditions Gallimard.

FOUCAULT, Michel (2010). *O governo de si e dos outros: curso no Collège de France* |(1982-1983). Trad.: Eduardo Brandão. São Paulo: Editora WMF Martins Fontes.

FOUCAULT, Michel (2011a). *A coragem da verdade: o governo de si e dos outros II: curso no Collège de France |(1983-1984)*. Trad.: Eduardo Brandão. São Paulo: Editora WMF Martins Fontes.

FOUCAULT, Michel (2011b). A função política do intelectual In: *Ditos e Escritos VII. Foucault, Arte, Epistemologia, Filosofia e História da Medicina.* Trad.: Vera Lúcia Avellar Ribeiro. Rio de Janeiro: Forense Universitária, p. 213-219.

GROS, Frédéric (2018). *Desobedecer.* Trad.: Célia Euvaldo. São Paulo: Ubu Editora.

PINHEIRO, Daniela (2016). O jornalismo Pós-Trump. In: *Piauí*, n. 123, dez. 2016, p.18-27.

SANTAELLA, Lúcia (2016). *Temas e dilemas do pós-digital: a voz da política*. São Paulo: Paulus.

Pós-verdade e enunciação política
Entre a mentira e o rumor[1]

Mónica Zoppi Fontana

Se quisermos pensar o funcionamento do discurso da política no Brasil de hoje, dois funcionamentos discursivos se apresentam como dimensões que caracterizam a enunciação dos atores políticos e da circulação pública dessa enunciação no momento atual: aqueles que são designados na mídia e na academia com as denominações de *pós-verdade* e *fake news*.

A questão da pós-verdade foi posta em debate na agenda política global devido à escolha desse termo como palavra do ano pelo dicionário britânico *Oxford*. Desde então, tem acontecido uma intensa discussão na academia, na mídia e no campo político, em que a questão de pós-verdade é associada quase rotineiramente ao aparecimento e à circulação crescente das *fake news*. Na maioria dos textos que tratam dessas questões, as palavras "pós-verdade" e "*fake news*" aparecem em contiguidade, geralmente em estruturas coordenadas "*pós-verdade e fake news*", e os seus sentidos oscilam entre a sinonímia (sendo, portanto, tratadas como mutuamente substituíveis) e a hiperonímia (sendo organizadas hierarquicamente, de maneira que as *fake news* são apresentadas como um tipo de funcionamento da pós-verdade).

Neste trabalho, desenvolvemos uma análise da circulação do discurso político na sociedade brasileira, considerando sua relação com outros discursos e com o lugar de enunciação a partir do qual ele é proferido. Para tanto, constituímos um *corpus* que reúne matérias jornalísticas de diverso teor (notícias, reportagens, artigos de opinião, colunas assinadas, crônicas),

---

[1] Este trabalho faz parte da pesquisa desenvolvida com financiamento do Conselho Nacional de Desenvolvimento Científico e Tecnológico — CNPq, processo 307842/2017-7.

cuja temática está centrada na circulação de *fake news* e na sua relação com as práticas discursivas de atores políticos de primeiro escalão (presidente, parlamentares, ministros, desembargadores). Como tentaremos demonstrar, compreendemos que, embora relacionados e às vezes até sobrepostos na sua circulação nos meios de comunicação, os funcionamentos discursivos nomeados como "pós-verdade" e "*fake news*" podem ser diferenciados analiticamente, a partir de seu modo de circulação e, principalmente, a partir do funcionamento da enunciação.

Inscrevemos nossa reflexão no campo de uma problemática mais ampla: a questão da *formulação e circulação da fala pública* e suas mutações históricas (Courtine; Piovezani, 2015) nas sociedades contemporâneas. Os autores propõem "ressituar *o ato de falar em público no centro do campo político* concebido em sentido amplo como relações sociais de força que se processam em diversos âmbitos de uma sociedade", analisando "a profundidade de sua história complexa e toda a espessura material e social dos dispositivos que o tornaram possível" (Courtine; Piovezani, 2015: 14-15).

> Trata-se antes aqui de uma história dos dispositivos materiais que produzem, transmitem e registram o exercício da fala pública; é também uma história do corpo, da voz e dos gestos dos oradores de distintos campos, épocas e lugares; consiste, ainda, numa história que trata tanto das falas quanto dos diferentes silêncios que as atravessam, frequentam e constituem (Courtine; Piovezani, 2015: 15).

Para os autores, o exercício de falar em público é um fato social e um objeto privilegiado da materialização e do desenvolvimento das relações sociais e das lutas de poder. Assim, os instrumentos e os rituais envolvidos na produção da fala pública apresentam singularidade histórica e se modificam conforme as condições de produção da enunciação.

PÓS-VERDADE, MENTIRAS E INVERDADES

Como já dissemos, em novembro de 2016, "pós-verdade" foi escolhida como a palavra do ano pelo *British Oxford Dictionary*. Os principais jornais do mundo divulgaram amplamente a notícia, que se tornou o foco da atenção de mídias de referência e redes sociais. Essa notícia deu lugar também à discussão acadêmica, o que permitiu a aparição e circulação de textos de especialistas em jornalismo, comunicação, política e filosofia sobre o tema. No centro do debate midiático — e também acadêmico[2] — podemos encontrar uma discussão sobre a enunciação política e sua circulação na sociedade.

Nesse debate, o termo foi usado como sinônimo de pronunciamentos políticos falsos/mentirosos ou para aludir a um discurso de tipo emocional, carente de razão. De acordo com a definição proposta pelo dicionário *Oxford*, a palavra "pós-verdade" se refere a "circunstâncias em que os fatos objetivos têm menos influência na formação da opinião pública do que os apelos à emoção e à opinião pessoal". Essa definição lexicográfica serviu de base para um debate jornalístico que associou esse modo de enunciação política à fala pública de personagens da atualidade, em particular à pratica oratória de Donald Trump. Ainda no espaço do discurso lexicográfico, consultamos a definição fornecida pela Wikipédia brasileira. Nela, a palavra é designada como "neologismo" e como "termo politicamente correto".

"Pós-verdade" é um neologismo que descreve a situação na qual, na hora de criar e modelar a opinião pública, os fatos objetivos têm menos influência que os apelos às emoções e às crenças pessoais. Na cultura política, se denomina *política da pós-verdade (ou política pós-factual) aquela na qual o debate se enquadra em apelos emocionais*, [...] A pós-verdade difere da tradicional disputa e falsificação da verdade, dando-lhe uma importância "secundária". [...] Para alguns autores *a pós-verdade é simplesmente mentira, fraude ou falsidade encobertas com o termo politicamente correto de "pós-verdade"* que ocultaria a tradicional propaganda política[3].

O verbete traz uma definição que incorpora, nos exemplos, os diversos sentidos atribuídos à expressão no seu uso social. Esses sentidos aparecem interpretados com base em diferentes discursos, designados como:
— o campo da *cultura política,* a partir do qual se identifica a pós-verdade a um modo de enunciar "que faz apelos emocionais";
— o campo da *propaganda política,* representado por um conjunto indeterminado de autores ("alguns"), que interpretam a pós-verdade como a enunciação de uma "mentira, fraude ou falsidade".

As duas definições lexicográficas (uma de um reconhecido dicionário internacional, outra de uma enciclopédia informal colaborativa brasileira)

---

[2] Cf., por exemplo, Dunker *et alii* (2017) e o dossiê *Pós-verdade*, organizado pela revista *ComCiência* (mar/2017).
[3] Disponível em: https://bit.ly/3dlDFsB. Acesso em: 15 mar. 2019; destaques nossos.

apontam para um aspecto que nos interessa explorar: a pós-verdade é interpretada como um *modo de dizer* no campo da política, ou seja, como uma forma histórica particular da enunciação política[4].

Compreendemos a enunciação como prática de um sujeito historicamente constituído pela língua e pela ideologia em relações sociais sobredeterminadas pela contradição que estrutura uma formação social. Enquanto *forma histórica da enunciação*, a prática enunciativa se organiza como um ritual estabilizado pela regularidade de modos de dizer que se repetem na história e se relacionam com determinados lugares de enunciação. Em relação às práticas designadas recentemente pela academia e pela mídia como "pós-verdade", nos perguntamos, então, que rituais enunciativos produzem os efeitos de sentido assim designados.

(a) Seria um enunciar sem evidência suficiente que sustente um dizer assertivo, ou seja, consistiria em afirmar aquilo sobre o que o locutor não tem certeza? Tratar-se-ia de um dizer que funcionaria como um *simulacro de certeza*, sustentado numa *crença excessiva* que afeta os participantes da interlocução? Nesse caso, a designação *pós-verdade* nomearia *um modo de dizer que privilegia a desinformação*?

(b) Consistiria em um enunciar aquilo que o locutor considera/sabe ser falso, ou seja, consistiria simplesmente em *mentir*? Tratar-se-ia de uma enunciação afetada por um *modo de dizer próximo ao da fraude*, destinado a enganar e a ludibriar o interlocutor?

(c) Apontaria para um enunciar *fora da razão* fazendo apelo às emoções? Tratar-se-ia de um *modo de dizer emotivo que instaura a desrazão* como espaço de legitimação?

Perceba-se que, ao ser definida nos verbetes mencionados como uma fala emocional e irracional e, ainda, como uma fala mentirosa e fraudulenta, a palavra "pós-verdade" é associada implicitamente à *figura de um locutor* a quem se imputariam a emoção, a falta de razão e a falta de ética de uma enunciação mentirosa ou incerta. Essa associação da pós-verdade à mentira e à fraude define para nós o funcionamento discursivo da prática enunciativa assim nomeada.

Definimos, então, a "pós-verdade" como uma forma histórica particular da enunciação política caracterizada por ser a *fala pública de um locutor autorizado,*

---

[4] Cf. Zoppi Fontana (1997) e Guilhaumou (1989) para uma análise de formas históricas da enunciação em relação à língua política.

identificado por um nome próprio e inscrito em um lugar institucional de destaque no campo político, a quem lhe seria atribuído um modo de dizer emocional e irracional e uma vontade de enganar e ludibriar a opinião pública. A pós-verdade designaria, portanto, o *modo de dizer* de atores políticos no poder nas condições atuais de exercício da fala pública no Brasil e em diversas regiões do mundo. É com esses sentidos que a palavra "pós-verdade" aparece recorrentemente no *corpus* que analisamos, do qual recortamos as seguintes sequências discursivas[5]:

(1) **O Brasil entre a pós-verdade e o teatro do absurdo**. O país precisa de um *banho de realidade contra as mentiras dos políticos,* cujo desejo é *enganar a grande massa de pessoas* fascinadas pelos discursos messiânicos. O Brasil, às vésperas da eleição presidencial de 2018, está vivendo uma mistura explosiva entre a *mentira emotiva da pós-verdade* e a obra de teatro do absurdo, materializada na genial peça "Esperando Godot", do dramaturgo Samuel Beckett. [...] Podemos observar, se ainda tivermos paciência para ouvir, *o vazio da linguagem de suas senhorias,* a oferta de seu voto às suas famílias, *a mentira da pós-verdade coberta pela emoção da pobreza de suas palavras.* [...] O Brasil precisa hoje de um banho de realidade contra *as mentiras da pós-verdade, manuseadas pela linguagem dos políticos* que é mais perigosa do que jocosa, porque, em sua grosseria está escondido o *desejo de enganar* principalmente a grande massa de pessoas com pouca cultura, fascinadas pelos discursos messiânicos dos novos ou velhos Godot, que são na verdade mais um fantasma da mídia do que uma realidade e uma solução[6].

(2) Eram *profissionais da "pós-verdade". Essa prática deliberada da mentira,* diz ele, destrói a confiança pública no sistema político e desvia a atenção desse público de temas como a regulação legal. Para completar, *a enxurrada de mentiras manufaturadas* cria uma balcanização da cultura política, tornando impossível qualquer consenso ideológico[7].

(3) *Mentiras contadas por políticos* são mais graves que *fake news,* diz pesquisador americano. O professor Jason Reifler, da Universidade de Exeter, no Reino Unido, é um dos palestrantes do Congresso Internacional de Jornalismo Investigativo[8].

---

[5] Em todos os recortes do *corpus* e citações reproduzidos no texto, os destaques são nossos, salvo indicação explícita em contrário.
[6] *El País*, Opinião, Coluna de Juan Arias, 21-10-2017, in: https://bit.ly/3d7hbLC.
[7] *Revista ComCiência*, 8/5/2017. disponível em: https://bit.ly/3dAKMxd.
[8] Alessandra Monnerat, *Estadão*, 28 Junho 2018 | 08h06; disponível em: https://bit.ly/2NU1dfd.

Nesse recorte, a palavra "pós-verdade" se refere à enunciação dos políticos. Ela aparece reescrita[9] como *prática deliberada da mentira; mentira manufacturada; mentira emotiva da pós-verdade; fraude; desejo de enganar.* Desse modo, a prática enunciativa designada como "pós-verdade" é significada como a ação de linguagem de um locutor que mente deliberadamente: não se trata simplesmente de enunciar o falso, mas de enunciar aquilo que se sabe ser falso, o que destaca a dimensão ética reprovável dessa prática enunciativa. Em contrapartida, a *mentira da pós-verdade* aparece reescrita como *vazio da linguagem* e predicada por *emoção da pobreza de suas palavras,* associando o funcionamento da "pós-verdade" a um processo de esvaziamento e empobrecimento da fala pública. No recorte, destacamos ainda a distinção entre *mentiras dos políticos* e *fake news* (na sequência discursiva 3, por exemplo), sobre a qual voltaremos analiticamente, dado que sustentamos que se trata de dois funcionamentos discursivos diferentes.

No mesmo esteio e a partir do cinismo da enunciação política do governo de Michel Temer, ainda é posta a circular outra designação: a *inverdade,* cujos sentidos trabalham no entremeio do campo de determinações semânticas que opõe as designações "mentira deliberada" e "notícia falsa". Observamos esse funcionamento no recorte que segue:

(4) BRASÍLIA (Reuters) — Em discurso com *tom bastante irritado,* o presidente Michel Temer disse nesta segunda-feira que é preciso "desmistificar" *inverdades* que são divulgadas sobre a reforma da Previdência e coragem para aprovar a proposta. Em solenidade no Palácio do Planalto, Temer afirmou que os parlamentares que terão problemas nas eleições serão os que votarem contra a reforma. Acrescentou ainda que se a reforma não for aprovada isso trará "malefícios" ao país[10].

A *inverdade* é também atribuída explicitamente à enunciação de um — ou mais —locutor/es, reconhecidos como figuras destacadas do campo político (*os parlamentares*); nesse sentido, tal como a *mentira,* supõe uma ação deliberada de dizer aquilo que não é verdadeiro. Contudo, ao nomear esse modo de dizer como *inverdade* — e não *mentira* —, fica silenciada a dimensão moral e ética dessa enunciação. Assim, uma *inverdade* seria uma

---

[9] Mobilizamos, na análise, os procedimentos de reescritura e articulação que propostos por Guimarães (2007) para a descrição da determinação semântica do sentido das palavras nos enunciados e nas suas relações de integração com o texto.

[10] Disponível em: https://bit.ly/3lTsdbc (18/12/17).

afirmação equivocada — porém não mentirosa —, assumida por um locutor identificado como político — e adversário.

Os recortes analisados permitem defender nossa descrição do funcionamento da "pós-verdade" como uma forma histórica particular da enunciação política, cuja performatividade está ancorada no nome próprio e no lugar institucional ocupado por um locutor no campo político, a quem se atribui um modo de dizer irracional e fraudulento, porém fortemente filiado a regiões do interdiscurso que circulam hegemonicamente como senso comum.

FAKE NEWS, DESINFORMAÇÃO E BOATOS

As referências à pós-verdade e às *fake news* aparecem recorrentemente juntas no *corpus*. As *fake news* são definidas como notícias falsas ou, no mínimo, não verificadas ou verificáveis, que circulam largamente nas redes sociais e se multiplicam rapidamente pelo mecanismo de compartilhamento desses aplicativos, viralizando quase de forma imediata a sua publicação. À diferença do recorte anterior, nos trechos seguintes, observamos que as *fake news* não são atribuídas a nenhum locutor definido; a menção às *fake news* ou notícias falsas é feita no interior de nominalizações ou construções passivas que permitem apagar qualquer alusão a um locutor a quem se poderia imputar sua origem e circulação (*profusão de notícias falsas; disseminação de boatos; a proliferação de notícias falsas e dos "fatos alternativos"; as informações falsas ou ao menos distorcidas espalhadas nas redes sociais*):

(5) Na era da "pos-verdade", uma semana tem profusão de notícias falsas. É preciso combater disseminação de boatos com informação de qualidade, dizem especialistas[11].

(6) As chamadas *fake news*, as informações falsas ou ao menos distorcidas espalhadas nas redes sociais, se tornaram uma epidemia que percorre o mundo inteiro. Elas fazem parte de uma nova modalidade de guerra informativa, usada com objetivos políticos, que já rendeu grandes benefícios nas últimas eleições dos EUA. O Brasil aparece agora como um perfeito campo de batalha, no qual as *fake news*, que já estão contaminando o debate político no país há algum tempo, sobretudo desde o processo que acabou no impeachment da presidenta Dilma Rousseff,

---

[11] *O Globo*, 17/12/2016. Disponível em: https://glo.bo/3lUI9dn.

podem jogar um papel decisivo. Os elementos estão prontos: um país muito ativo nas redes sociais, com uma forte polarização ideológica que se reflete claramente na internet e com umas eleições acirradas demais daqui a poucos meses[12].

De forma indireta, as *fake news* são relacionadas à prática jornalística; uma falha no fazer jornalístico "*favorece*" que as notícias falsas se espalhem exponencialmente na sociedade e produzam algum consenso e crença. Nesse sentido, elas são interpretadas como *desinformação* ou *miséria do jornalismo* e associadas a um uso político do jornalismo: *campanha de desinformação russa; uso político de campanhas de desinformação.*

(7) A pós-verdade e a miséria do jornalismo contemporâneo. Ao não informar ou informar mal, os veículos de comunicação favorecem a proliferação das notícias falsas e dos "fatos alternativos"[13].

(8) O desafio das *fake news* na América Latina. A região tem eleições em seis países em 2018 e precisa lidar com o problema da difusão de notícias falsas. Mas não pode simplesmente importar soluções de outros países. Na França e na Alemanha, preocupações com os impactos das *fake news* em processos democráticos se seguiram à campanha de desinformação russa, que marcou a disputa eleitoral de 2016 nos Estados Unidos. [...] Apesar de sua difusão como ferramenta política ser um fenômeno antigo, as *fake news* se diferenciam pela escala, velocidade e alcance das informações, alimentados pelo avanço de novas tecnologias. [...] O uso político de campanhas de desinformação é uma estratégia comum na política latino-americana e contribui para moldar o debate regional sobre o tema. Por meio delas, grupos políticos e monopólios de mídia em toda a região buscam influenciar a opinião pública. A novidade é o encontro entre velhas estratégias e novas tecnologias[14].

A partir do discurso sobre as *fake news* que se espalha nos meios de comunicação e no debate acadêmico, há dois aspectos do seu funcionamento discursivo que nos interessa destacar: a relação de sinonímia estabelecida nos textos entre *fake news* e *boatos* e a relação de causalidade estabelecida entre o uso das novas tecnologias e o aumento do impacto das *fake news*.

---

[12] *El País*, Tom C. Avendaño e Felipe Betim, São Paulo, 11/2/2018. Disponível em: https://bit.ly/2P0o1L3.
[13] *Carta Capital*, 8/2/2017. Disponível em: https://bit.ly/3dbilFU.
[14] *Nexo Jornal*, Eleições, artigo de Luisa Lobato e Louise Marie Hurel, 21/4/2018. Disponível em: https://bit.ly/3ssdNkT.

(9) De fato, *as novas tecnologias* elevaram a um novo patamar *o uso da mentira e do boato como armas de manipulação política* (*Carta Capital*, 8/2/2017. Disponível em: https://bit.ly/3lVDQhO. Acesso em: 4 set. 2018).

Estarem configuradas na forma de boatos e serem principalmente divulgadas nas redes sociais e páginas da *web* são dois aspectos que definem a circulação discursiva das *fake news*, o que produz impacto no modo como elas participam da reprodução e transformação dos sentidos no campo político. Como aponta Orlandi: "Os modos de circulação determinados pelas tecnologias disponíveis fazem parte dos sentidos dados ao próprio conhecimento" (Orlandi, 2004: 132).

Circular como boato na rede configura a forma material[15] das *fake news*. Em primeiro lugar, afeta o modo como essa discursividade se organiza enunciativamente, dado que seu funcionamento não supõe *um nome próprio que assegure e sirva de ancoragem a sua circulação*. Pelo contrário, é no regime do anonimato, de uma voz sem nome, que as *fake news* são produzidas e postas a circular, apagando também as circunstâncias concretas de sua enunciação. Enquanto boatos, as *fake news* se caracterizam por *sua circulação na forma de murmúrio indeterminado*, que se espalha rapidamente, penetra em todas as instâncias, produz eco e ressonância, ganhando legitimidade pela repetição. É por efeito do excesso de enunciações que as *fake news* se acumulam, ganhando visibilidade e credibilidade. Conforme Orlandi (2001), *o boato é um fato público de linguagem*:

> À procura de um dizer possível, em suas diferentes posições, os sujeitos produzem *versões plausíveis, explorando um espaço de significações*. Tenta se produzir um efeito de verdade a partir de palavras não asseveradas. *Não há um responsável pelo dizer*, mas uma figura autor imaginada que joga no seu lugar, lugar presumido de sua responsabilidade. Sem autor, ainda que fantasma, o boato não funciona. Há sempre um suposto responsável numa cadeia de "autores" que não se definem positivamente. *O autor se mantém no anonimato e é substituído/simulado por um encadeamento de citações, de menções: é sempre um outro que disse*. No silêncio,

---

[15] Orlandi (1996) propõe a noção de *forma material* para referir o modo como as formas linguísticas são afetadas pela historicidade dos processos discursivos, fazendo com que seja necessário considerá-las sempre na articulação do simbólico e o histórico. A autora afirma que se deve distinguir "a forma abstrata (com sua transparência e o efeito de literalidade) e a forma material, que é histórica (com sua opacidade e seus equívocos)" (Orlandi, 1996: 31).

o autor trabalha no anonimato. Desde que há um autor socialmente visível, e assumido, o boato deixa de ser boato, o comentário passa a palavra autorizada (verdadeira ou falsa) (Orlandi, 2001: 145).

A definição e a análise propostas pela autora antecedem em cinco anos o debate instalado globalmente sobre a pós-verdade e as *fake news*, como consequência das eleições presidenciais nos Estados Unidos, que deram o mandato a Donald Trump, e da campanha pelo Brexit no Reino Unido. Contudo, a análise já apontava as principais características desse funcionamento discursivo: sua circulação pública em regime de anonimato, sua dispersão e repetição excessiva, os efeitos de eco produzidos pelo encadeamento das citações e, principalmente, a natureza política do litígio por impor uma interpretação, uma versão que se estabilize como legítima para os fatos. O boato se movimenta no entremeio; no vão de sentido entre os discursos disponíveis, presentes na memória, e o silêncio[16]: os sentidos apagados nos trajetos de memória, os censurados pelo poder ou os não realizados historicamente. Ainda conforme Orlandi (2001: 146):

> Há o fato, há a necessidade de significá-lo socialmente — na ordem do sentido público — e há uma disputa pelo sentido "verdadeiro". O boato anuncia essa necessidade e "mostra" que o sentido está em processo de legitimação, mobilização do poder da/na palavra. Ao sabor do vento, assoprados aos ouvidos, os sentidos voam, fazem seus trajetos, cartografando o político, excluindo, incluindo, tergiversando, legitimando.

Embora trabalhem a relação com os fatos históricos e se inscrevam no acontecimento discursivo, em uma disputa por legitimar uma versão/interpretação para os eventos, consideramos que o impacto das *fake news* sobre os processos de produção de sentido não se dá por causa do pretenso fundo de verdade no qual estariam ancoradas, numa relação contraditória com a suposta objetividade do fato. Pelo contrário, consideramos que, mais do que uma ordem de correspondência aos fatos, o que impera é uma *vontade de crença*, de reforço de percursos de memória que produzem identificação. Dito de outra maneira, não se trata de uma relação com os fatos objetivos,

---

[16] Cf. Orlandi (1992) para uma reflexão original sobre os diversos funcionamentos do silêncio na linguagem e principalmente sobre os processos de silenciamento no discurso.

como a prática do *fact-checking* que combate a reprodução das *fake news* leva a entender, mas de uma relação com a memória e o modo como os sujeitos se inscrevem no imaginário politicamente dividido e ideologicamente determinado, que dá sustentação aos processos de identificação. Nesse sentido, concordamos com a proposta de Silveira (2015; 2016), que, dando continuidade à análise do boato proposta por Orlandi, traz a noção de *efeito de rumor* para definir a circulação de sentidos do *discurso ordinário no digital*. A autora, ao se debruçar na sua análise sobre o funcionamento discursivo das mensagens trocadas no Twitter, reconhece:

> Um funcionamento que se distancia da "ordem informacional", a partir do qual a ideia de "transmitir uma informação verdadeira" deixa de ser a função principal. A ordem rumoral prescinde da noção de informação, uma vez que vem, justamente, desestabilizar aquilo que em nossa sociedade consideramos por "informação". [...] A capacidade de rumor do Twitter está na possibilidade que os sujeitos ordinários têm de colocar em relação, por meio da midiatização de versões "não autorizadas" em uma mesma timeline, as versões sistematicamente silenciadas de um e de outro lado do discurso político-midiático (Silveira, 2015: 131).

CRENÇA, VONTADE DE VERDADE E ENUNCIAÇÃO

Com base nas análises apresentadas, defendemos a tese de que a pós--verdade e as *fake news* podem ser diferenciadas pelo seu funcionamento discursivo como duas formas distintas de formulação e circulação do discurso no campo político e no espaço das mídias digitais. Trata-se de duas formas distintas da enunciação política, que se distinguem em relação ao modo como um nome próprio e uma função-autor são mobilizados na formulação dos enunciados. Como vimos, as *fake news* se caracterizam por circular como boatos, produzindo o *efeito de rumor*; um efeito pelo qual um fato histórico ocorrido se esfacela no acontecimento discursivo em uma pluralidade de versões anônimas, plausíveis (pela sua ancoragem na memória), embora dificilmente verificáveis no espaço da experiência e do conhecimento individual cotidiano. Em contrapartida, como já afirmamos, a enunciação da pós-verdade é atribuída a um locutor identificável por um nome próprio que ocupa um lugar social de destaque no campo político. É justamente por serem enunciadas do lugar social de um locutor-político[17] autorizado que as ditas "inverdades" ou "meias verdades" ganham rapidamente ampla circulação na grande mídia e nas redes sociais, o que faz ecoarem os enunciados, naturalizando seus sentidos como gestos hegemônicos de interpretação dos fatos da atualidade.

Porém, como já apontamos, no debate social sobre o discurso político e a chamada *era da pós-verdade,* os dois funcionamentos discursivos que descrevemos, diferenciando-os analiticamente, aparecem confundidos, se sobrepondo e se indistinguindo como enunciações não verdadeiras, por serem falsas ou mentirosas. Nesse sentido, podemos pensar, como faz Oswaldo Giacoia, em uma transformação nos regimes de verdade que sustentam a enunciação política. O filósofo afirma que

> Tanto pós-verdade quanto *fake news* parecem fazer parte do que se convencionou chamar de cultura pós-factual. Isso implicaria numa revisão do conceito de verdade ontológico, tradicional, como adequação entre as nossas declarações, nossas informações e o curso dos fatos, ou seja a realidade tal como ela se apresenta à observação. tudo se passa como se nós estivéssemos vivendo em um tempo em que a própria noção de verdade tenha passado por uma transformação[18].

Neste trabalho, enquanto analistas do discurso, descrevemos como essa transformação dos regimes de verdade se sustenta em um deslocamento das práticas de autoria, ressignificadas pelo funcionamento material das novas tecnologias de linguagem, em particular das redes sociais. Desse modo, o *efeito de rumor* e *o efeito de eco ou ressonância* que essas enunciações produzem são, para nós, a condição material que propicia o conflito de interpretação e a disputa pela imposição de uma versão sobre os fatos.

RUMOR E RESISTÊNCIA

Diversos autores — entre eles Michel Pêcheux (1989 [1982]) e Michel Foucault (1985) — já demonstraram que não há poder sem resistência,

---

[17] Na nossa análise, mobilizamos a descrição da cena enunciativa proposta por Guimarães (2002), que propõe considerar que a figura do locutor funciona afetada constitutivamente pelo lugar social, a partir do qual se dá o agenciamento enunciativo.

[18] O. Giacoia, conferência no *Seminário sobre a pós-verdade*, organizado pelo *Idéa-Unicamp*, em 11 set. 2018. Vídeo integral da conferência de abertura do seminário ministrada pelo prof. Oswaldo Giacoia disponível em: https://youtu.be/SYDSO_zAXMo .

evidência sem falta, saturação sem rachadura e ritual sem falha. Assim, as mesmas redes sociais e os mesmos trajetos de circulação social dos sentidos que permitem a dispersão de boatos e *fake news* podem servir como arma de resistência ao poder da mídia corporativa e do aparelho jurídico e político do Estado, que agem conjuntamente para reforçar o monopólio da informação. Se, por um lado, a prática do *fact-checking* surge como panaceia que permitiria detectar e combater o vírus das notícias falsas, por outro, confiar essa tarefa exclusivamente aos próprios meios corporativos de informação pode contribuir a aumentar o cinismo desses setores político-midiáticos, que seriam ao mesmo tempo produtores e verificadores de pós-verdade.

O caso das *fake news* difundidas logo após o assassinato de Marielle Franco é representativo das relações complexas dos funcionamentos discursivos da pós-verdade (que envolve uma enunciação "autorizada"), das *fake news* (no seu funcionamento viral e anônimo) e do *efeito de rumor* como arma de resistência. A repercussão da execução da vereadora foi sem precedentes nas redes sociais, onde se desenvolveu uma verdadeira batalha digital entre *fake news* e ondas de protesto:

(10) No mundo digital, o alcance do episódio também foi enorme e surpreendeu, inclusive, quem atua na área. Para se ter uma ideia, até as 15 horas da sexta-feira 16, dois dias após o assassinato, 3,6 milhões de tuítes haviam sido disparados, de acordo com levantamento do professor Fábio Malini, coordenador do Laboratório de Estudos de Internet e Cultura, o Labic, da Universidade Federal do Espírito Santo. "Nunca vi nada igual. Foi uma repercussão altíssima, que não para de crescer, inclusive" (*Carta Capital*, 24-3-2018; disponível em: https://bit.ly/39g3qsM. Acesso em: 4 set. 2018).

(11) O caso Marielle deu uma aula de *fake news* — e como combater essa doença das redes sociais. Nunca se expôs com tanta clareza os propagadores de mentiras, numa inédita mobilização dos veículos de comunicação responsáveis (*Catraca Livre*, 18-3-2018; disponível em: https://bit.ly/3d8IzZM Acesso em: 4 set. 2018).

Menos de vinte e quatro horas após seu assassinato, as primeiras *fake news* associando-a ao crime organizado e afirmando que seria casada com um traficante começaram a ser espalhadas pela internet:

Figura 1: Infográfico do *O Globo* mostrando o caminho da difamação.
Fonte: https://catracalivre.com.br/cidadania/marielle-3/. Acesso em: 4 set. 2018.

Um estudo da FGV-DAPP (Diretoria de Análise de Políticas Públicas da FGV) mostra esse intricado jogo de forças em que formas de enunciação e de circulação do discurso político se confrontam para impor uma narrativa.

Nesse episódio, a enunciação autorizada de uma desembargadora e de um deputado federal participaram da onda de difusão de *fake news*[19]. Para nós, esse evento representa bem a forma histórica de enunciação que denominamos e descrevemos acima como *pós-verdade*. Às enunciações "autorizadas" se somou rapidamente uma enxurrada de boatos que circularam no Twitter de forma anônima. Esse funcionamento complexo e ao mesmo tempo complementar de duas formas de enunciação diferente — a fala pública autorizada que espalha uma mentira e a circulação anônima do boato que difunde notícias falsas — apresenta a distinção e complexa articulação das práticas

---

[19] Conforme matéria do *site* Catraca Livre, a desembargadora do Rio de Janeiro, Marilia Castro Neves, e o deputado Alberto Fraga, presidente do DEM no Distrito Federal e presidente da Frente Parlamentar de Segurança Pública, publicaram nas suas redes sociais notícias falsas que vinculavam a vereadora Marielle Franco (PSOL) ao crime organizado (*Catraca Livre*, 18/3/2018; disponível em: https://bit.ly/3cMWnKu. Acesso em: 4 set. 2018).

BATALHA DE NARRATIVAS
Onda de *fake news* (em cinza) tem início na sexta e se estende pelo sábado, mas é contida pela onda de desmentido (em preto), que consegue barrar a propagação do conteúdo falso.

Fonte: https://bit.ly/3lW9Ke4. Acesso em: 4 set. 2018.

discursivas que acabamos de analisar. Trazemos um recorte de nosso *corpus*, que menciona esse jogo articulado de forças difamatórias:

(12) O mecanismo de propagação de *fake news* encontrou na desembargadora do Rio Marilia Castro Neves uma autoridade "respeitável" sobre Marielle Franco, vinculando-a ao crime organizado. Ela, porém, admitiu nunca ter ouvido falar na vereadora até o crime: Marilia tirou as "informações" do *blog* de uma amiga. [...] Na condição de "autoridade" no assunto e com um cargo importante, ela virou referência para a cadeia de falsidades espalhadas pelo Twitter, Facebook e WhatsApp. Foi aí que o *site* Ceticismo Político teve um papel fundamental ao servir de difusor para uma rede. [...] Nesse momento, entram milhares de robôs disseminando a informação, além de perfis falsos, ancorados numa opinião "respeitável" (*Catraca Livre*, 18/3/2018; disponível em: https://bit.ly/3sRiyEX. Acesso em: 4 set. 2018).

A resposta aos ataques mentirosos à figura de Marielle Franco também aconteceu de forma imediata e massiva, conseguindo parar e se sobrepor à campanha difamatória. O que nos interessa apontar é que a reação se deu nas mesmas mídias sociais e com a mesma intensidade dos ataques, e a batalha digital se travou em tempo real, como ficou atestado nos meios de comunicação, inclusive nas grandes corporações como a rede Globo e o grupo UOL de notícias, que participaram ativamente da campanha de desmentido das *fake news* e analisaram o episódio:

(13) O *Catraca Livre*, por exemplo, com seus 9 milhões de seguidores no Facebook, ficou de plantão 24 horas para desmentir os boatos, auxiliado por fontes como Boatos.org e Aos Fatos — plataformas especializadas em checagem de informações. O Catraca faz parte de uma articulação para criar a Rede da Verdade (ReVer): uma aliança de veículos de comunicação, empresas de tecnologia, grupos de checagem de fatos e entidades da sociedade civil para combater falsidades na internet[20].

(14) A análise da FGV DAPP revela, portanto, o sucesso de uma ação coletiva, que envolveu milhares de pessoas, de "contenção" da campanha difamatória a partir do desmentido das *fake news* que vinham se disseminando desde a sexta-feira[21].

Nesse caso emblemático, a resistência se deu nos mesmos espaços, utilizando as mesmas tecnologias do ataque[22]. Acreditamos que o sucesso dessa prática de resistência não se deve tanto ao desmentido da notícia falsa (gesto necessário no combate às *fake news*), mas principalmente ao fato de a resposta ter sido massiva, ultrapassando o número de mensagens difamatórias trocadas nas redes e conseguindo, dessa maneira, retirar de circulação as notícias falsas ou abafá-las. . Essa eficácia foi comprovada em um levantamento realizado pela Diretoria de Análise de Políticas Públicas da Fundação Getulio Vargas (FGV-DAPP)[23], que constatou que "entre 14 e 18 de março, o grupo que difundiu as respostas contra notícias falsas no Twitter era majoritário — 73% do total. O grupo que difundiu os boatos compunha 22% do total".

A reação dos internautas, capitaneada pela mulher e pela família de Marielle Franco e encampada por toda a mídia alternativa e independente,

---

[20] *Catraca Livre*, 18/3/2018. Disponível em: https://bit.ly/31m7xiL. Acesso em: 4 set. 2018.
[21] Disponível em: https://bit.ly/2QHx3wV. Acesso em: 4 set. 2018.
[22] Cf. a excelente coletânea organizada por Abrahão e Sousa, Ishimoto, Daróz e García (2018) para uma análise de diversas práticas de resistência à impunidade em relação ao assassinato Marielle Franco e à campanha difamatória movida nas redes sociais contra ela logo após seu assassinato.
[23] Disponível em: https://bit.ly/39dQmnZ/. Acesso em: 4 set. 2018.

conseguiu interromper o efeito de eco, abafar as ressonâncias das calúnias e lançar à arena sentidos outros que, pelo excesso de repetição, produziram efeito de rumor, permitindo impor uma nova versão/narrativa do fato e disputando a estabilização de outra interpretação para ele.

Nessa direção, retomamos um trabalho de Fábio Ramos Barbosa Filho, que analisou o funcionamento do rumor nas revoltas dos africanos na Bahia oitocentista. O autor mostra o *potencial disruptivo do boato* e o modo como ele pode suportar uma prática de resistência ao poder, assinalando os efeitos que a circulação dos rumores e boatos produz no discurso social.

> O rumor tem uma temporalidade e um ritmo próprios. Circula pela boca de muitos, não importa de onde tenha surgido. Pode ser uma intriga, um relato, um maldizer, uma boa-nova, uma profecia. Esses enunciados sem autor não conhecem limites e se alimentam de outros enunciados. Se encorpam e se modificam, desdobrando-se em outros infindáveis rumores. A questão não é, então, situá-lo entre o verdadeiro e o falso, mas como uma discursividade que tem uma história e cujo funcionamento reclama a compreensão não da sua verdade, mas de seus sentidos, dos seus efeitos de vinculação, das discursividades que ele suscita e das formas de significação que ele mobiliza (Barbosa, 2018: 253).

Se a enunciação da pós-verdade e das *fake news* pode — como já se evidenciou nos últimos três anos da história política brasileira e mundial — impor versões para os fatos, trabalhando os limites porosos entre verdade e verossimilhança, falsidade e mentira, rumor e palavra autorizada, é possível também que outras narrativas, postas a circular massivamente no espaço digital e midiático, disputem a estabilização de outro consenso capaz de denunciar a fabricação deliberada de mentiras. Contra a eficácia mecânica dos *bots*[24] e dos perfis falsos, é necessária a ação de sujeitos que se identifiquem contra o cinismo daqueles que apostam nas línguas de vento. O que o relatório da FGV-DAPP mostra é que a resistência à distopia das *fake news* e da pós-verdade está presente e ativa na nossa sociedade. São esses os sentidos que gostaríamos de deixar aqui ressoando, à guisa de conclusão deste trabalho.

---

[24] Robôs cibernéticos que multiplicam exponencialmente mensagens publicadas nas redes sociais.

REFERÊNCIAS

ABRAÃO SOUSA, L.; ISHIMOTO,A.; DRÓZ, E. e GARCIA, D. (2018). *Resistirmos, a que será que se destina?* São Carlos: Pedro & João Editores.

BARBOSA F., Fábio R (2018). *O discurso antiafricano na Bahia do século XIX*. São Carlos: Pedro & João Editores.

COURTINE, Jean-Jacques; PIOVEZANI, Carlos (2015). *História da fala pública. Uma arqueologia dos poderes do discurso*. Petrópolis: Vozes.

Dossiê 186 Pós-verdade. In: *Revista ComCiência*, março/2017. Disponível em: https://bit.ly/3fen9Nz.

FOUCAULT, Michel (1995). O sujeito e o poder. In: DREYFUS, Hubert L; RABINOW, Paul. *Michel Foucault, uma trajetória filosófica: para além do estruturalismo e da hermenêutica*. Rio de Janeiro: Forense Universitária, 1995, p. 231-251.

DUNKER, Christian; TEZZA, Cristóvão; FUKS, Julián; TIBURI, Márcia; SAFATLE, Vladimir (2017). *Ética e pós-verdade*. Porto Alegre: Dublinense.

GIACOIA, Oswaldo. *Seminário Pós-verdade*. Instituto de Estudos Avançados UNICAMP e Folha de São Paulo. YouTube, 11 de setembro de 2018. Disponível em https://youtu.be/SYDSO_zAXMo. Acesso em: 23 jul. 2020.

GUILHAUMOU, Jacques (1989). *La langue politique et la Révolution Française. De l'événement à la raison linguistique*. Paris: Méridiens Klincksieck.

GUIMARÃES, Eduardo (2002). *Semântica do acontecimento*. Campinas: Pontes.

GUIMARÃES, Eduardo (2007). Domínio semântico de determinação. In: GUIMARÃES, Eduardo; MOLLICA, Maria Cecília (org.). *A palavra: forma e sentido*. Campinas: Pontes, p. 79-96.

ORLANDI, Eni (1992). *As formas do silêncio: no movimento dos sentidos*. Campinas: Editora da Unicamp.

ORLANDI, Eni (2001). *Discurso e texto: formulação e circulação dos sentidos*. Campinas: Pontes.

ORLANDI, Eni (2004). *Cidade dos sentidos*. Campinas: Pontes.

PÊCHEUX, Michel (1989 [1982]). Delimitações, inversões, deslocamentos. Trad.: José H. Nunes. In: *Cadernos de Estudos Linguísticos*, v. 19, p. 7-24.

ZOPPI FONTANA, Mónica G. (1997) *Cidadãos modernos: discurso e representação política*. Campinas: Editora da Unicamp.

ZOPPI FONTANA, Mónica G. (2018). Pós-verdade: léxico, enunciação e política. In: OLIVEIRA, R. R.; OLIVEIRA, S. E.; RODRIGUES, M. L. e KARIM, T. M. *Linguagem e significação*: práticas sociais, v. 2. Campinas: Pontes, p. 133-166.

Lives e livros
Versículos e verdade na eleição presidencial brasileira

Luzmara Curcino

"CONHECEREIS A Verdade e a Verdade vos libertará" (João, 8: 32). Ironicamente, este versículo bíblico se tornou o *slogan* da campanha presidencial de 2018 do candidato da extrema direita, Jair Bolsonaro, posteriormente eleito presidente do Brasil. Desde então, esse tem sido o bordão reproduzido em várias ocasiões pelo atual presidente. Ele não apenas abusa de sua repetição[1], como também se apropria desse versículo de forma distorcida, politicamente motivada e indigna. Na rotina do exercício de seu mandato, Bolsonaro se aferra a essa estratégia retórica de sucesso de sua campanha: a de mentir sob os auspícios de seu bordão e a de sugerir ser vítima da mentira de seus adversários[2]. Não é segredo de estado que sua eleição tem uma dívida, entre outros fatores, com o uso sistemático, profissional e inescrupuloso da falsa notícia ou notícia fraudulenta, mais conhecida como *fake news*[3], apelido estrangeiro popularizado na eleição de 2018, graças ao então candidato.

---

[1] Sua necessidade frequente de se afirmar do lado da "verdade" parece ser um indício bastante eloquente não de uma compulsão de ordem patológica ou de uma denegação em termos psicanalíticos. Sua sistematicidade indicia, antes, um uso estratégico e rasteiro da mentira "vestida" e "protegida" com o manto autodesignativo da "verdade". Como potente instrumento de poder, ela viceja sem escrúpulos diante da falta, da incipiência ou da lentidão de mecanismos jurídicos, legislativos e fiscalizadores para seu controle, bem como diante de seu encontro com crenças coletivas, simples e antigas, instrumentalizadas de modo a tornarem credíveis mentiras, algumas até bastante esdrúxulas.
[2] Essa estratégia é articulada a outras, de sedução e produção do efeito de verdade, tal como constatou Piovezani (2019).
[3] O epicentro da crise política do governo Bolsonaro, envolvendo a saída de seu ministro "amuleto", Sérgio Moro, refere-se a uma investigação da Polícia Federal que aponta Carlos Bolsonaro, filho do presidente, como principal responsável pelo esquema criminoso de *fake news*, conforme divulgado pelo jornalista Leandro Colon, em notícia da *Folha de S.Paulo*, publicada em 25 de abril de 2020.

Ele não inova ao recorrer à mentira, ao boato, à alusão sugestionável enganosa e à "boa" e velha teoria da conspiração. O uso de alguns desses recursos retóricos é tão antigo quanto a própria política[4]. No entanto, sua campanha eleitoral e sua gestão inovam na escala com que deles se vale e nas formas de sua produção e circulação. O apelo operacional e banalizado da mentira encontrou solo fértil tanto nas novas tecnologias de informação e comunicação[5] quanto na certeza de impunidade imediata, da falta de legislação competente, da inércia jurídica[6] e da expectativa de uma recepção desavisada e suscetível[7].

Aliada ao uso tecnológico e sistemático da mentira, sua campanha e seu mandato também exortam, em plena luz do dia, a fera do "fascismo comum"[8] que nos espreitava, não tão distante quanto imaginávamos e gostaríamos. Esse nosso fascismo "à brasileira"[9] é irmão siamês de nosso bestial e mal disfarçado "ódio de classe"[10], gestado por nossa atipicamente longa e ainda não superada tradição escravagista. Nela, "a política da mentira na política" agrada a nossa elite nacional e internacional, que "nada de braçada" nesse caldo temperado à base de silenciamento da memória[11], inimputabilidade de crimes, manipulação midiática, alheamento social e cultural da maioria do povo e aplausos de boa parte de uma classe média deslumbrada com o esbanjamento cínico e sem culpa dessa elite, na esperança vil de poder fazer o mesmo, caso galgue alguns andares na hierarquia social. Uma parte

---

[4] Na política e nos seus desdobramentos, como a guerra, a circulação de "notícias falsas" desempenha importante papel. O historiador francês Marc Bloch (2012) testemunhou, na imediatez dos acontecimentos, a ocupação da França pelo exército alemão na 2ª Guerra mundial e descreveu com acuidade as condições de produção, de funcionamento e de circulação das "notícias falsas", assim como o seu impacto sobre o ânimo da população, do exército e da política, provocado por esse tipo de discurso.

[5] A maioria da população brasileira dispõe de telefone celular e 99% desses usuários faz uso do aplicativo WhatsApp, amplamente utilizado nas eleições de 2018 e pelo atual governo em sua comunicação oficial e extraoficial.

[6] Um ano após as eleições, conforme notícia publicada no portal *Uol*, em 19 de setembro de 2019, "a rede de *fake news* com robôs pró-bolsonaro mantém 80% das contas ativas", segundo dados obtidos por dois coletivos de ativistas digitais e checados pelos jornalistas responsáveis pela matéria, Eduardo Militão e Aiuri Rebello.

[7] Notícia assinada por Patrícia Pasquini, publicada no jornal *Folha de S.Paulo*, logo após as eleições presidenciais, em 2 de novembro de 2018, afirma que "90% dos eleitores de Bolsonaro acreditaram em *fake news*", conforme estudo realizado pela Avaaz.

[8] Cf. Tales Ab'Sáber (2018b) e Carlos Piovezani; Emilio Gentile (2020). Neste último, os autores analisam as principais características da linguagem fascista em discursos de Hitler, Mussolini e Bolsonaro.

[9] Em uma busca por esses termos via internet, são vários os textos atuais listados, em especial provenientes da mídia alternativa e progressista, que caracterizam a prática, os agentes e o *modus operandi* do fascismo "à brasileira". Cf., entre outros, Leandro Dias (2014).

[10] Cf. Jessé Souza (2017).

[11] Cf. Israel de Sá (2012).

significativa desses grupos compôs a horda do eleitorado bolsonarista e ainda atua como "leão de chácara" de seu desgoverno.

O apelo sórdido e regular à mentira também encontrou solo fértil na exploração covarde e mesquinha da boa-fé e da credulidade de parte da maioria pauperizada do povo brasileiro. Reféns de uma miséria material indecente e, em função dela, reféns de uma alienação cultural, intelectual e política, mantida de forma cruel e sistemática, esses membros das classes dos "batalhadores" e da "ralé"[12] foram sistematicamente bombardeados por um volume de textos que lhes chegavam regularmente à mão, aos olhos e aos ouvidos, em vídeos, em mensagens de áudio, ou sob a forma de notas ou de frases curtas digitadas, como se fossem "notícias", como se fossem "informação", como se fossem "verdade". Muitos foram seduzidos pelos dizeres incisivos, simplistas, "sem filtros", que mascaravam sua inverdade sob o tom de revelarem fatos secretos, chocantes, escandalosos e absurdos. De tão chocantes, escandalosas e absurdas, essas "notícias" encontraram o gosto popular, prenderam sua atenção, ecoaram valores e crenças comuns, profundamente arraigados — e em grande medida recalcados —, mas que puderam emergir sob o registro do indizível finalmente dito.

O papel do bombardeamento dessas mensagens era duplo: visava produzir o deleite ou o ódio, incitar ao riso ou à indignação. Essas duas reações serviam ao mesmo propósito: desacreditar a política e o Estado, para minar especialmente seu potencial democrático e amalgamar todos os políticos, como se fossem todos iguais. A fórmula é bem conhecida na nossa história, assim como as consequências nefastas dessa aposta irresponsável. A esquerda foi e continua sendo o alvo principal.

Essas mentiras circularam esbanjando exagero, ignorando princípios éticos com os implicados, e seus enunciadores permaneceram livres de punição imediata, na velocidade da típica "fofoca". Essas "fofocas" políticas mostraram sua habilidade de difusão, intensificada pela rápida popularização de dispositivos e aplicativos, amplamente acessíveis à população. Instada a ver e ler, com uma frequência até então inusitada, essas ditas "informações" sempre

---

[12] Em conjunto com "endinheirados" e "batalhadores", o termo "ralé" é adotado pelo sociólogo Jessé Souza (2018) para melhor categorizar as classes em nossa sociedade, com base não apenas no dado econômico (classes alta, média e baixa), mas no cruzamento deste com diferentes aspectos socioculturais (trabalho formal, moradia, capital cultural, capital social etc.). A "ralé" equivaleria aos novos escravos no Brasil moderno, ou seja, aos sujeitos historicamente abandonados pelo Estado, postos à margem pela sociedade, invisíveis, atuando como mão de obra ultraexplorada, desvalorizada, não formal e, por isso, sistematicamente humilhada, moralmente rebaixada, sem direito ao reconhecimento e à autoestima e sem consciência clara de sua condição de classe.

à mão, grande parte desse amplo conjunto da população foi, a contrapelo, surpreendida por essa indústria de mensagens que jogou com diferentes estratégias de construção de textos e explorou seus distintos graus de credibilidade. Notícias falsas circulavam junto a verdadeiras pelo mesmo meio e com o mesmo formato. Misturadas, tudo podia ser mentira, tudo podia ser verdade ou todas aquelas mentiras poderiam ter ao menos um fundo de verdade. Notícias verdadeiras com grande potencial polêmico e de esclarecimento eram rapidamente "neutralizadas"; seus efeitos eram enfraquecidos junto à opinião pública em função da concorrência com notícias falsas, mais escandalosas e impressionantes, mais "provocadoras" e pregnantes, em grande volume, fagocitando, assim, a notícia verdadeira. É nesse fluxo incessante de dizeres que se gesta sua indistinção e, com ela, uma espécie de cansaço, que acomoda e normaliza esse fluxo, e também de indiferença quanto ao seu valor de verdade por parte de seu destinatário. Uma parte dessa maioria de brasileiros expostos a essa maquinaria propagandística sem nenhuma ética ou controle jurídico compôs também as fileiras do eleitorado bolsonarista. Eles são ainda seus interlocutores visados.

Essa indústria inusitada de informações falsas encontrou solo fértil junto a uma população em sua maioria órfã de políticas de Estado, descrente quanto às chances de mudança de suas condições de vida, revoltada com "tudo isso que está aí", sem, no entanto, conhecer as causas de sua miséria ou o referente preciso desse "tudo isso que está aí" e sem atentar criticamente para as verdadeiras motivações daqueles que bradavam estar na contramão e no combate de "tudo isso que está aí". Sem pudor quanto ao processo de estelionato eleitoral, o uso intenso e sistemático da "mentira" como estratégia política viu-se renovado em seus meios e estratégias nesta última eleição brasileira e, na queda de braços política, demonstrou seu potencial eleitoral.

Com vistas a contribuir para o conjunto de reflexões deste livro sobre as questões da atualidade relativas à "verdade" e à "mentira" em nossa sociedade, bem como sobre o impacto que a ampla circulação dessa avalanche de mentiras produziu no âmbito da política nacional, descrevo um acontecimento bem pontual do conjunto de estratégias de comunicação política de campanha e de pós-eleição do atual presidente no Brasil. O fato se acomoda a essa lógica do dizer falseador, calunioso, que explora a relativização da verdade e que se vale de meios e formas de legitimação variados, como estratégia de campanha e de governo.

Em consonância com minhas pesquisas de análise de discursos sobre a leitura — e, mais especificamente, com minha pesquisa relativa aos usos simbólicos do livro e da leitura no âmbito da política brasileira —, empreendo, neste capítulo, uma análise de representações da leitura mobilizadas pelo então candidato e atual presidente da República, Jair Messias Bolsonaro, do PSL[13]. Mesmo seu anti-intelectualismo visceral não dispensa o poder simbólico do livro[14]. Seus posicionamentos radicais, equivocados e populistas exigem um lastro. Para isso, ele recorre a alguns livros e autores para garantir uma ancoragem de suas ideias, justificá-las e validá-las. A alusão aos livros, como fonte do que dizer, tem por função aportar um tipo de legitimidade, de veracidade ao que enuncia. Em seus vídeos de campanha e de posse, a presença de alguns livros é estrategicamente eloquente e apela para o valor de verdade do que se enuncia nas páginas desse objeto cultural de prestígio.

Com base em princípios da análise do discurso e da história cultural da leitura, abordo alguns efeitos de sentido visados com a alusão a livros e autores e com a ostentação desse objeto no cenário dos pronunciamentos de Bolsonaro. Reflito, ainda que brevemente, sobre os meios materiais segundo os quais certas ideias e princípios circulam, ganham força e legitimidade, gozam de valor de verdade, inauguram e orientam modos de ler em relação a um campo, como o da política, em um tempo em que a disputa por votos se vale tanto de diferentes e inusitados recursos técnicos de enunciação em redes sociais, quanto da flexibilidade ética que vimos ser exercida nesse meio, impulsionada pela lógica das "verdades alternativas", das "*fake news*" e da "desinformação".

A COMUNICAÇÃO POLÍTICA NA ERA DAS *LIVES*

Em 29 de outubro de 2018, nas telas de TV em rede nacional, era retransmitido o primeiro discurso do então vencedor do pleito eleitoral para a presidência, Jair Messias Bolsonaro, do Partido Social Liberal (PSL)[15].

---

[13] Estas reflexões foram parcialmente publicadas em Curcino (2019).
[14] Cf. Bourdieu (2001) e Chartier (2003).
[15] No gradiente político atual no Brasil, o PSL localiza-se na extrema direita. Em virtude da candidatura de Bolsonaro, assumiu um posicionamento ultraliberal e ultraconservador. Fazia parte dos partidos com bancadas muito pequenas e pouco expressivas. Depois das eleições de 2018, e como é próprio de uma

Diferentemente das tradicionais coletivas de imprensa, concedidas aos grandes veículos nacionais e internacionais de informação, o primeiro pronunciamento público do presidente eleito foi proferido sob a forma de uma *live*[16] gravada na sala de sua casa no Rio de Janeiro, ao lado de sua esposa e de uma intérprete de Libras. Essa escolha não diferiu do modo como foi realizada toda a sua comunicação política ao longo da campanha.

Esse gesto simbólico de rompimento com o protocolo oficial vinha corroborar a imagem, diversas vezes enunciada e reiterada ao longo de sua campanha, de autodeclarado *outsider* em relação à "velha política" — apesar de sua longa e inexpressiva carreira como parlamentar[17]. Essa estratégia de comunicação política obteve um sucesso imprevisto por parte de muitos setores da sociedade brasileira. A produção e divulgação virtual desses vídeos "amadores", de ampla circulação nas redes sociais, compuseram o carro-chefe de sua campanha. No 1º turno, quando o então candidato, pelas regras do Tribunal Superior Eleitoral (TSE), dispunha de apenas 15 segundos no Horário Gratuito de Propaganda Eleitoral (HGPE) no rádio e na TV aberta, sua equipe adotou como estratégia usar esse tempo, nesses canais, para se apresentar publicamente, para reiterar alguns bordões, mas principalmente para divulgar suas *lives*, transmitidas simultaneamente ao HGPE. De modo semelhante, optou por gravar e transmitir esses seus vídeos, assim como dar entrevistas exclusivas a algumas redes de TV aberta concomitantemente ao horário de realização dos debates televisivos entre os candidatos à presidência, em explícita disputa midiática de forças[18].

---

certa "dança das cadeiras", tornou-se o partido que mais recebeu filiações, tendo superado recentemente, em número, na Câmara dos Deputados, o Partido dos Trabalhadores (PT), que nas eleições contava com a maior bancada. Como presidente, Jair Bolsonaro rompeu com o PSL, tendo no horizonte criar seu próprio partido, o que até agora não foi possível, de modo que ele se encontra, no momento, no grupo dos políticos "sem partido".

[16] Vídeo gravado "ao vivo", daí o nome *live*, em geral de caráter amador, com captação por aparelho celular ou câmera de vídeo de computador, realizado pelo próprio internauta, cuja transmissão simultânea a sua produção é feita graças a aplicativos (WhatsApp), plataformas (YouTube) com vistas a circular em diferentes redes sociais (Facebook). Seu uso político popularizou-se imensamente na campanha de 2018 no Brasil.

[17] Foi deputado, ao longo de quase 3 décadas e 7 mandatos, tendo aprovado apenas dois projetos de sua lavra e integrado 7 legendas partidárias distintas. Apesar de sua rápida passagem pelo PTB (2005 a 2005) e pelo PFL (2005), sempre se filiou a partidos do "centrão" alcunhados como "nanicos", por seu baixo número de filiados e de eleitos: PDC (1988-1993), PPR (1993-1995), PPB (1995-2003), PSC (2005-2016), flertou com a sigla 'Patriotas' (2017) até filiar-se ao PSL (2018), pelo qual disputou e se elegeu à presidência da República.

[18] Ao longo do período oficial de campanha eleitoral, fez várias *lives*, algumas delas no hospital, durante o período em que esteve hospitalizado. Na reta final do 1º turno, fez *lives* diárias, de 01 a 04/10, no mesmo horário do HGPE e do último debate televisivo dessa rodada eleitoral, realizado e transmitido pela Rede Globo de TV, no dia 04/10. No 2º turno, fez 7 transmissões ao vivo, inclusive nos dias em que estava prevista a

Acessadas individualmente, essas transmissões em vídeo dispensam mediadores. Elas suprimem a possibilidade de diálogo que outras formas de comunicação política tradicionais garantiam ou simulavam garantir, tais como as entrevistas coletivas ou os debates televisivos. Essas duas modalidades pressupõem pergunta e resposta, preveem a troca de turnos, garantem a reversibilidade dialogal no teatro da representação entre o porta-voz que entrevista em nome do povo e o porta-voz que responde ao povo[19].

Intensificada nas duas últimas semanas anteriores à votação de 1º turno, a produção e transmissão desses seus vídeos no 2º turno, mesmo com o aumento do tempo de rádio e TV no HGPE, continuará sendo a tônica de sua campanha. Sua equipe não apenas investe na frequência dessa estratégia midiática como também convoca seus eleitores a se engajarem, valendo-se desse mesmo instrumento junto a suas redes sociais.

Por um lado, seu formato, sua extensão/duração, os temas explorados e o modo de enunciar condizem com aqueles aos quais temos sido expostos com relativa frequência na atualidade e com os quais nos habituamos num rápido espaço de tempo. Os vídeos "caseiros" se tornaram uma ferramenta constante para as interlocuções pessoais e familiares de diferentes ordens. De forte apelo entre os jovens e de fácil uso pelos mais idosos recém-convertidos ao uso dos *smartphones*, a gravação de vídeos ou a interlocução por áudio e vídeo por meio de diferentes aplicativos estabeleceram uma forma de contato e de proximidade alternativas. Numa sociedade como a nossa — em que grande parte da população não dispõe de acesso intensivo e extensivo à educação formal de qualidade e cuja relação com a cultura escrita é marcada por essa carência —, esses recursos técnicos de interlocução oral a distância, com interfaces amigáveis de fácil manejo e, até certo ponto, financeiramente acessíveis, encontram recepção ampla e entusiasmada, e um uso leigo e *naïf*.

A comunicação política, ao explorar esse recurso, vale-se do simulacro de familiaridade, de intimidade e de espontaneidade próprios dos usos amadores desses recursos técnicos nessas microinstâncias do convívio social. Esses efeitos resultam também (1) da escolha dos espaços, dos objetos, das circunstâncias em que são registrados esses vídeos da comunicação política; (2) da escolha do que neles se enuncia e do modo como é formulado o que se enuncia.

---

realização dos debates de 2º turno, entre os dois candidatos. Pela primeira vez depois da redemocratização, esses debates televisivos não ocorreram.
[19] Cf. Piovezani (2003).

Imagens desfocadas, movimentos imprevistos da câmera, oscilações no volume do áudio e falsos inícios atestam um amadorismo cuidadosa e profissionalmente planejado nessas transmissões em vídeo, durante a campanha de Bolsonaro[20]. Os cenários caseiros e as circunstâncias casuais, de estilo *reality show*, exploram os efeitos de improviso e de autenticidade que indiciariam certa falta de recursos financeiros. Essa "dificuldade" foi diversas vezes enunciada, tanto para atestar o traço épico/messiânico de sua candidatura quanto para criar e motivar uma militância convocada a se engajar em uma campanha corpo a corpo — ou melhor, tecla a tecla, tela a tela —, em prol de um candidato que se dizia "da nova política".

Essa ostentação de um "amadorismo" técnico em suas transmissões ao vivo visou indiciar o caráter precário, barato e "caseiro" dessas produções, além de construir e reforçar uma imagem mais popular do então candidato. Assim, coaduna-se com esse simulacro de amadorismo técnico a representação sistemática de Bolsonaro em situações banais, rotineiras e cotidianas[21]. Ele é representado como "pessoa comum", com hábitos e gostos simples, e avesso aos protocolos e formalidades em geral relacionados às classes privilegiadas.

Vídeos "amadores", cenários "caseiros", cenas do "dia a dia" em consonância com a formulação de discursos curtos, enfáticos, assertivos com uma linguagem estereotipada, contribuem para compor o *ethos*[22] "popular" visado pelo candidato. Esse caráter popular explorado em seus pronunciamentos se revela na convocação de temas do cotidiano, polêmicos e submetidos a crivos morais quase sempre atrelados a dogmas religiosos específicos (aborto, porte de armas, maioridade penal, corrupção, homossexualidade). Sobre esses

---

[20] Em algumas transmissões, esses profissionais que fazem a captação dessas imagens "invadem" a cena, se mostram na tela. Esses "lapsos" com ares de *making of* não anulam, no entanto, os efeitos de produção caseira, barata e improvisada pretendidos.

[21] Antes e depois de sua eleição, foi constante o apelo ao estilo "casual desleixado popularesco" que explora, de modo tosco e estereotipado, a representação do popular. Ele se apresentou de bermudas ou calças esportivas e chinelo, lavando roupa em sua casa no Rio de Janeiro ou recebendo ministros e outras autoridades políticas no Palácio da Alvorada com esse mesmo figurino. Fez-se filmar na barbearia, cortando cabelo e também tomando café da manhã em casa, inaugurando misturas incomuns como pão com leite condensado. Apareceu temperando carne para churrasco e, em alusão a seu atentado, brincou de esfaquear um prestador de serviço. Este mesmo espaço da churrasqueira, logo após a eleição, acolheria também a 1ª coletiva de imprensa, cuja mesa onde foram dispostos os microfones dos jornalistas foi improvisada com cavaletes e pranchas de *surf*. Na posse, ele decidiu assinar o diploma com uma caneta Bic e, durante sua participação na reunião do G20 em Davos, ele se fez fotografar almoçando em um *self-service* de um supermercado.

[22] Diz respeito à busca de construção de uma dada imagem, por parte daquele que enuncia, por meio do "que" diz, assim como do modo "como" o faz, tendo em vista o estabelecimento de identificação com aqueles para quem fala e eventualmente de quem fala (cf. Amossy, 2005).

temas, há uma injunção cultural que obriga todos a terem uma opinião, que não pode ser qualquer uma. Ela é forjada socialmente e circula sob a forma do senso comum, que, por sua vez, fornece as opiniões que se deve e que se pode ter sobre um dado tema, em geral conforme posicionamentos defendidos por instituições com grande ascendência popular: igrejas, associações, grande mídia etc.

Assegurado pela simplificação e pela amplitude de circulação de ideias do senso comum estrategicamente instrumentalizado para a produção de identificação com a sua candidatura, assim como simbolicamente blindado pelas frequentes exortações de viés religioso que dispõem de grande apelo em uma sociedade com a nossa vinculação histórica com a religião e com a igreja, Bolsonaro fala ao povo e o faz à moda do povo, explorando seus medos, exortando seus ódios morais e mimetizando suas formas de expressão. A política assim conduzida se restringe à abordagem de temas muito específicos, segundo um viés ultramoralizante.

Nessas transmissões diárias, o candidato não se dedica aos amplos e graves desafios da política nacional, refugiando-se em alguns temas tratados no "varejo" e de modo superficial, moralista e prescritivo. Nelas também se explora excessivamente a reprodução seletiva de temas trazidos pela grande mídia. Neste último caso, a campanha de Bolsonaro se beneficiou dos efeitos deletérios para a política nacional do "lavajatismo"[23] amplamente heroificado pelos grandes oligopólios midiáticos do Brasil. O candidato, em suas transmissões em vídeo ao vivo, adota uma retórica anticorrupção, de tom denuncista, falsamente legalista, revanchista e cheia de alusões conspiratórias, que configuram o *modus operandi* dos seus pronunciamentos[24].

Eivados pela repetição de bordões pregnantes e de afirmações do senso comum, algumas com potencial de polêmica e escândalo, seus pronunciamentos apresentam o formato perfeito para sua sobrevida nas redes sociais. Constituídos de enunciados facilmente reconhecíveis como "máximas" de

---

[23] Neologismo proveniente do nome dado a um conjunto de ações da Polícia Federal, iniciadas em março de 2014, nomeadas "Operação Lava-Jato". O seu principal personagem foi o então juiz Sérgio Moro que, de herói de capa da revista *Veja*, de pivô do *impeachment* da presidente Dilma e da prisão do presidente Lula, tornou-se ministro do governo do atual presidente Bolsonaro.

[24] Em 7 *lives* do segundo turno das eleições, entre os dias 7 e 27 de outubro de 2018, "quase 82% do tempo (111 dos 136 minutos) de transmissão foi dedicado a atacar o programa de governo do PT, Fernando Haddad e a rebater *fake news* supostamente divulgadas pelo rival", segundo Cadu Caldas, no artigo "O que os *lives* de Bolsonaro nas redes sociais dizem sobre o discurso do presidente eleito", publicado em 28 de setembro de 2018, no *site* do Jornal *Zero Hora*.

domínio coletivo — "Bandido bom é bandido morto", "Prefiro cadeia cheia de vagabundo do que cemitério cheio de inocentes", "Deus não escolhe os capacitados, mas capacita os escolhidos" —; de versículos bíblicos, tal como o que dá título a este texto; de "chavões" da política — "Nossa bandeira jamais será vermelha", "Brasil acima de tudo. Deus acima de todos" —, logo, de enunciados facilmente destacáveis, sua linguagem telegráfica nas *lives* fomenta a ordem do enunciável do dia. Esses vídeos fornecem a pauta do que difundir e multiplicar, os argumentos e o repertório de versões que deverão circular a conta-gotas, sob a forma de réplicas e tréplicas ainda mais breves, genéricas e passionais, dirigidas aos *followers* no Twitter, aos amigos no Facebook, ou aos membros de grupos de WhatsApp, de diferentes espécies — da família, do trabalho, do condomínio, da associação, dos formandos de 1976 etc. —, muitos deles apenas recentemente convertidos ao uso dessa tecnologia[25].

O tom assertivo e incisivo empreendido na maioria dos vídeos visa produzir os efeitos de certeza, de força, de decisão, bem como de ousadia e de coragem daquele que fala francamente. Esse tom se adequa perfeitamente ao clima de desencanto social com a política, irônica e sistematicamente fomentado nesses mesmos vídeos do candidato ao se referir à "velha política".

Descrença na "velha" política e aposta irrefletida em um "novo" azarão: essa foi a receita de uma campanha que se dirigiu a uma sociedade à mercê de si mesma, ao ver o desemprego aumentar, ao ter de aceitar a precarização do trabalho apresentada como única saída para o desemprego, ao se ver refém da debilidade da segurança pública e do abandono do Estado, e isso depois de meses a fio exposta à telenovela da "Lava-Jato", em sua aventureira e irresponsável descredibilização da política, em especial, do Partido dos Trabalhadores (PT) e da esquerda, cimentando a justificativa para o *impeachment* da presidente Dilma Rousseff e para a prisão do presidente Luiz Inácio Lula da Silva.

LIVROS SOBRE A MESA

Vitimado em plena campanha de 1º turno, o candidato Bolsonaro não participou dos debates televisivos com os outros candidatos à presidência em

---

[25] Facebook e WhatsApp dispõem de um contingente gigantesco de usuários no Brasil, se comparados com outros países.

rede aberta e nacional[26]. Escolheu se ausentar dos debates, mas, no mesmo horário, concedeu entrevistas[27] a jornalistas e a canais amigos, ou gravou *lives*[28], de um improviso cuidadosamente planejado, todas no conforto de seu lar, ladeadas por símbolos bastante expressivos.

Na parede da sala de seu apartamento, que atuou como pano de fundo para seus vídeos, um quadro decorativo, com pintura abstrata, cede lugar a uma bandeira do Brasil, pequena e não oficial, negligentemente fixada com fita adesiva, grosseiramente aparente. O efeito de improviso é ainda mais explorado em outro desses vídeos de campanha, quando essa mesma bandeira se descola parcialmente e ninguém, de toda uma equipe presente, "percebe" ou se dispõe a corrigir esse "erro", essa "falha"[29]. No cenário, o candidato sempre se apresenta sentado, tendo diante de si uma mesa despojadamente "decorada". Às vezes, coberta com um forro de chita, noutras sem forro, nela se encontram vários objetos esparramados, que se alternam de um vídeo a outro: canetas "bic", muitos papéis, celulares, apostilas, fitas adesivas, carregadores de celular, óculos, vez ou outra uma revista, copos, alguns de plástico, caneca do BOPE, uma moringa de barro e outros objetos menos previsíveis como uma raquete elétrica para matar mosquitos[30], uma

---

[26] Desde a redemocratização, a cada eleição presidencial, são realizados debates televisivos de 1º e de 2º turnos entre os candidatos. Eles são organizados e transmitidos pelos principais canais de TV do país. Em 2018, não houve debates de 2º turno. O candidato Bolsonaro participara de apenas um debate no 1º turno, em 17 de agosto de 2018 na Rede TV, com desempenho considerado prejudicial a sua campanha. Em seguida, se ausentou dos demais tanto em função do atentado a faca de que foi vítima em 6 de setembro, quanto em função de sua estratégia de campanha. Apesar de ter recebido aval da junta médica para participar dos debates de 2º turno, previstos em 6 canais de TV (Globo, Rede TV, Band, Record, TV Gazeta, SBT), o candidato se negou e admitiu valer-se estrategicamente dessa prerrogativa. Em função disso, foram suspensos todos os debates de 2º turno previstos com o outro candidato, Fernando Haddad.

[27] Em 04/09/2018, no mesmo horário do debate entre os candidatos de 1º turno na Rede Globo, o candidato do PSL participava de uma entrevista na Rede Record, de propriedade do bispo Edir Macedo, da Igreja Universal do Reino de Deus, que uma semana antes tinha declarado seu voto a Bolsonaro. Com a transmissão da entrevista, a Rede Record bateu seu recorde de audiência para o horário, ocupando o 2º lugar isolado.

[28] Não apenas o candidato se valeu desse recurso, como também solicitou a seus apoiadores e eleitores que fizessem o mesmo. Para essa convocação, o candidato usou seus 15 segundos do HGPE. Essa estratégia se mostrou bastante eficaz. Segundo pesquisa realizada pelo Instituto Datafolha, na última semana da eleição de 1º turno, constatou-se que "81% dos eleitores de Jair Bolsonaro (PSL) participam de alguma rede social [...] e entre os de Fernando Haddad (PT), 52%. O grupo com intenção de votar em Bolsonaro é também o que mais lê notícias pelo WhatsApp (57%) e Facebook (61%)". Ainda conforme o Datafolha: "As redes sociais têm grande penetração no Brasil. Na última divulgação, o WhatsApp afirmou ter mais de 120 milhões de usuários no país. Em julho, o Facebook informou em eventos com jornalistas ter alcançado 127 milhões de pessoas. As eleições deste ano terão 147 milhões de brasileiros aptos a votarem". Disponível em: https://bit.ly/2P8UJtD.

[29] Cf. vídeo de 14 de outubro de 2018, disponível no canal oficial de Jair Bolsonaro no YouTube.

[30] Cf. vídeo de 27 de outubro de 2018, disponível no canal oficial de Jair Bolsonaro no YouTube.

bola de tênis, um alicate, um *souvenir* de globo de cristal com neve[31], um candelabro de sete pontas e, por mais estranho que pareça, uma lata de leite condensado[32]. Além desses objetos, veem-se também livros.

Assim como se explora a simbologia desses objetos reunidos que se alternam "ao acaso" a cada vídeo, os livros compõem quase todos os cenários dessas "transmissões" de campanha e das primeiras *lives* gravadas logo após a eleição. A presença de livros como importante ornamento simbólico em pronunciamentos de outros políticos não é novidade[33]. Eles fazem parte de um protocolo que, em geral, tem por objetivo a ostensão de racionalidade que o cargo exigiria, mas também a afirmação de certos compromissos que se espera da ação política, gerais e inalienáveis, ou ainda a reiteração de ideias e valores específicos, em conformidade com o *ethos* partidário e individual do político e de segmentos de seu eleitorado.

Para uns, a presença de livros no cenário dos vídeos do então candidato e hoje presidente foi fonte de estranhamento, tanto quanto a presença da raquete elétrica para matar mosquitos. Para outros, essa biblioteca seleta, exposta livro a livro, dia após dia nas suas transmissões, fornecia certa ancoragem de suas ideias e atuava como fonte de argumentação comum para os segmentos a quem ele se dirigia. Estranhamento ou harmonização, os livros nas *lives* de Bolsonaro significam, ora por sua mera presença na mesa, ora por atuarem como fonte, prova, garantia e exemplo do que era tematizado em suas transmissões. Referências diretas ou indiretas à presença desses livros foram uma constante nessas transmissões e, de modo algum, inócuas.

O que é dito por meio de um livro conta com a aura de importância que a linguagem escrita e impressa adquire, sobretudo numa sociedade cuja história cultural é marcada pela rarefação daqueles que puderam aprender a ler e a escrever e, mais ainda, a publicar em livro. O que é enunciado pela palavra impressa se autolegitima e se transfere para quem disso se apropria, retroalimentando o processo recíproco de legitimação. Os livros estão lá na

---

[31] Cf. vídeo de 09 de novembro de 2018, disponível no canal oficial de Jair Bolsonaro no YouTube.
[32] Cf. vídeo de 10 de novembro de 2018, disponível no canal oficial de Jair Bolsonaro no YouTube.
[33] FHC se valeu constantemente da presença de livros em suas imagens públicas, inclusive em sua fotografia oficial como presidente, em seu 2º mandato, no melhor estilo do poder ilustrado à francesa (Cf. Curcino, 2017). O atual presidente eleito na França, Macron, reitera essa tradição francesa e reserva lugar especial ao livro aberto sobre a mesa em sua foto oficial da presidência. Entre as obras que estabeleceram essa relação entre a produção e circulação de livros como vetores políticos e sua ostentação como instrumento político, cf. Chartier, 2009.

mesa pelo que representam como objeto e como instituição[34], como registro concreto e como testemunho verídico. Eles também estão lá pelo valor simbólico específico de cada um, relativo ao que por meio deles é enunciado.

Entre os livros que compuseram o cenário de seus vídeos, encontram-se títulos e autores bastante distintos. Alguns compõem a biblioteca do candidato, outros, a do presidente eleito. Como candidato, estiveram mais presentes livros de seus adversários políticos ou a respeito deles. Grande parte dessas obras desempenhou o papel de "prova" inconteste, de evidência material das denúncias e críticas que o candidato lhes dirigia em seus pronunciamentos. Outros marcaram presença, de modo a responder a certos protocolos que as circunstâncias e cargos exigem, em especial quando aquele que enunciava já não era mais o candidato, e sim o presidente eleito. Outros tiveram por finalidade homenagear seus autores, apoiadores de primeira hora. Outros foram expostos, como em uma vitrine, como recomendação de leitura, para marcar presença física no cenário, sobre a mesa, ainda que nesses dois últimos casos não se tenha dedicado nenhum comentário específico, não se tenha verbalizado sua presença, justificando-a ou contextualizando-a.

LIVROS QUE TESTEMUNHAM

Sob a égide da denúncia, alguns livros atuaram nessas *lives* como prova material do que nelas se afirmava. É o caso do livro *A vida secreta de Fidel Castro*[35]. Por se tratar de um livro, de uma biografia não autorizada da vida de um personagem político internacionalmente conhecido, de um ícone da esquerda, e provir da declaração de uma testemunha que alega ter sofrido perseguição em função do que revela, o livro se tornou um *best-seller* imediato, ainda mais sob os auspícios da indústria editorial norte-americana e de sua força no circuito internacional desse mercado.

Livros podem ser uma prova convincente, seja por sua institucionalidade e seus usos ritualizados e rarefeitos, responsáveis por sua importância, sacralidade e valor de verdade, seja por seu caráter material e durável, que confere sua condição concreta de "prova". Esse estatuto de "prova" se legitima mais ainda quando se trata do gênero biografia não autorizada, cujo efeito produzido e explorado publicitariamente é o de relatar fatos que o

---

[34] Cf. Curcino, 2018.
[35] Juan Reinaldo Sanchez. *A vida secreta de Fidel Castro*. São Paulo: Editora Paralela, 2014.

biografado, se pudesse, preferiria esconder, manter em segredo ou apagar de sua história. O livro sobre Fidel encontra-se no palco das transmissões diárias por vários dias: às vésperas das votações de 1º turno, nos dias 4, 5 e 6 de outubro, bem como nos dias 14 e 15 daquele mesmo mês, já no período de campanha de 2º turno. Em alguns desses dias, a obra se encontra em companhia de outra biografia, a de Pepe Mujica. Sobre a razão de sua presença ou da frequência de sua presença no palco das *lives* de campanha, nada foi enunciado. Sua presença bastava tanto como "prova" daquilo que o candidato e seus pares denunciam sobre a esquerda, como um modo de "indicação" para a leitura.

Segundo a lógica do livro como "prova", no período de campanha de 1º turno, o candidato Bolsonaro dedicou boa parte de uma de suas transmissões para se referir a um livro de autoria de Fernando Haddad, *Em defesa do socialismo: por ocasião dos 150 anos do Manifesto*[36]. Com o livro em mãos, folheando aleatoriamente suas páginas e repetindo o gesto de ostensão de sua capa, assim como repetindo a primeira parte do título[37], Bolsonaro declara:

> Esse é o PT. Nós não precisamos fazer *fake news* contra eles. Olha aqui. Eu tava pensando que era *fake news*... quando começou a aparecer por aí um livro, um livrinho *Em defesa do socialismo* de Fernando Haddad. E é verdade! O livro existe! Não inventamos esse livro aqui. Eu não vou perder tempo pra ler *Em defesa do socialismo*, que se começasse falando, olha, deu certo na Coreia do Sul, no Japão, na Itália, aí eu ia ler o livro, mas não deu certo em nenhum lugar do mundo. Então não precisamos de *fake news* pra dizer quem é Fernando Haddad. Está aqui! *Em defesa do socialismo*. Eu fui obrigado a gastar um dinheirinho para comprar essa... esse lixo aqui. Esse lixo, aqui, tem que estar com luvas, aqui, pra folheá-lo. Não vou ler porque não vou perder meu tempo. Tá aqui, ó, eleitores brasileiros e brasileiras: *Em defesa do socialismo*.

---

[36] Escrito por Fernando Haddad, o livro *Em defesa do socialismo: Por ocasião dos 150 anos do Manifesto*, foi publicado em 1998 pela Editora Vozes. Durante o período entre o 1º e o 2º turnos das eleições, o guru do candidato Bolsonaro, Olavo de Carvalho, produziu, divulgou e depois apagou uma *fake news* envolvendo esse título. Afirma em sua postagem "Estou lendo um livrinho do Haddad, onde ele defende a tese encantadora de que para implantar o socialismo é preciso derrubar primeiro o 'tabu do incesto'. Kit gay é fichinha. O homem quer que os meninos comam suas mães". Antes de ser apagada, a postagem foi repostada pelo clã Bolsonaro (e também apagada em seguida), mas não sem antes ser replicada amplamente e se autonomizar dessa retratação, via WhatsApp.

[37] Cf. vídeo de 18 de outubro de 2018, disponível no canal oficial de Jair Bolsonaro no Youtube.

O tom adotado é o de denúncia. O livro seria a "prova" da relação do candidato do PT com o socialismo. A obra é apresentada como um trunfo, um "achado" inesperado: "Eu tava pensando que era *fake news* [...] E é verdade! O livro existe!". A valorização desse "achado" visa a dois efeitos:

(1) reativar e reforçar uma memória discursiva[38] prioritariamente negativa em relação ao socialismo, tributária de uma longa e eficaz campanha de difamação, de desinformação, em âmbito nacional e internacional. A mera menção ao nome "socialismo", segundo a remanência, a força e o frescor dessa memória hegemonizada, seria suficiente para acionar uma série de atributos que lhe foram imputados de forma pejorativa (autoritarismo, defesa do fim da propriedade privada, do fim da família, ateísmo, anticristianismo, imoralidade, perseguição e proibição da imprensa, das religiões etc.);

(2) insinuar uma hipotética denegação ou contestação, por parte de petistas, dessa herança, antecipando sua provável reação e alegação de que seria mais uma *fake news*: "Então não precisamos de *fake news* pra dizer quem é Fernando Haddad. Está aqui! *Em defesa do socialismo* [...] Tá aqui, ó, eleitores brasileiros e brasileiras".

Instrumentalizando e reiterando um consenso negativo de longa data em relação ao socialismo e adotando o tom de denúncia de uma suposta denegação desse posicionamento, o pronunciamento do candidato do PSL ratifica o vínculo do PT com o socialismo. Em *live* publicada 4 dias antes, em 14 de outubro de 2018, o então candidato faz a primeira menção a esse livro de Haddad. Nela, no entanto, o foco principal são duas outras produções bibliográficas de seu opositor, sua dissertação de mestrado e sua tese de doutorado:

> Um pouquinho sobre o Sr. Haddad. Eu não preciso mentir contra ele. Inventar história [...]. Eu não preciso mentir! Tese de mestrado do Sr. Haddad: *Caráter socioeconômico do sistema soviético*. Olha pelo que ele se interessa! E sua tese de doutorado: *De Marx a Habermas: o materialismo histórico e seu paradigma adequado*. Orientador da tese de doutorado, o senhor Paulo Arantes. Quem é Paulo Arantes? Filósofo e importante pensador marxista brasileiro. Pô! Veja. E tem gente que

---

[38] Para a análise do discurso, a "memória discursiva", coletiva e histórica atua na constituição e formulação dos enunciados dos quais, segundo Courtine (2009), organiza tanto sua recorrência, seu retorno, sua duração quanto sua anulação e apagamento.

acredita que esse cara seja democrata? Que esse cara pensa em democracia? Que ele quer a tua liberdade? Que ele respeita a liberdade de imprensa? Que ele respeita a propriedade privada? [...] Repito: essa tese de doutorado [...] é o fim da picada! Vão continuar falando [mídia] que eu sou ruim pra democracia e não ele?

Limitada a uma anotação dos títulos, sua alusão a essas produções bibliográficas de Haddad conta com a impressão geral, popular e estigmatizada que a mera menção a certas palavras pode suscitar em quem as ouve: "Marx", "materialismo histórico", "pensador marxista". Embora sejam produções acadêmicas de acesso público e gratuito, publicadas há bastante tempo, a "descoberta" desses textos e o tom de "denúncia" adotado pelo candidato do PSL visam gerir e sugerir essa impressão genérica, estereotipada e negativa, por sua reativação e reiteração em meras e breves alusões. A impressão que se pretende produzir ao se referir a elas de forma tão superficial e derrisória é a de que estariam até então ocultadas, de que seriam uma defesa de algo sabidamente condenável ou desnecessário e contrário à democracia, à liberdade de imprensa etc.

Na transmissão do dia 18 de outubro, dessa vez com um exemplar do livro *Em defesa do socialismo* em mãos, Bolsonaro fará dele tema e admitirá não ter lido o livro. Essa afirmação não pode, no entanto, ser dada sem algum resguardo. Em uma sociedade letrada, a admissão da não leitura exige sempre uma explicação, uma justificativa, sobretudo de um livro que se quer criticar. Admitir não ter lido um livro que se critica é, por si só, suspeito. Não sem razão, o então candidato precisa se justificar e o faz afirmando: "Eu não vou perder tempo pra ler *Em defesa do socialismo*, que se começasse falando, olha, deu certo na Coreia do Sul, no Japão, na Itália, aí eu ia ler o livro, mas não deu certo em nenhum lugar do mundo. [...] Não vou ler porque não vou perder meu tempo".

A articulação do argumento "perda de tempo" ou "falta de tempo" como condicionantes da leitura é bastante comum. Para ler, é preciso dispor de tempo. Esse é um dos grandes empecilhos materiais e efetivos para a democratização da leitura. O tempo é também aquilo que se vende e se compra em uma sociedade capitalista. O tempo de trabalho e o tempo de lazer são disputados e têm seus preços estabelecidos e negociados em função das classes a que pertencem os sujeitos. O tempo da leitura é ainda um bem restrito a certas classes e, por isso, usufruído por poucas pessoas. Numa sociedade como a nossa, o argumento de "não ter tempo para fazer algo" relaciona-se às condições materiais efetivas de alguns e ao modo de se justificar em relação a certas práticas, para outros. Além disso, o que escolhemos fazer, na distribuição rarefeita do nosso tempo, pode nos conferir prestígio simbólico. A leitura é uma das atividades que dispõem desse prestígio e o outorga a quem a empreende. No entanto, isso pode ser relativizado ou sobreposto em função daquilo que lemos. Na economia simbólica dos discursos sobre a leitura, não se deve nem se pode ler qualquer coisa, nem se deve ou se pode falar de qualquer modo a seu respeito. O que lemos — e o modo como nos referimos ao que lemos — "revela" algo de nós, segundo essa economia discursiva.

Bolsonaro, assim como todos nós, sabe que a leitura é uma prática de prestígio e que não se deve assumir a não leitura, a não ser justificando-se quanto a isso. Por essa razão, ele adota uma formulação condicional: se tivesse dado "certo na Coreia do Sul, no Japão, na Itália, aí eu ia ler o livro". Também por isso ele ancora seu argumento no discurso pragmático: é preciso ler com uma finalidade prática. Ao admitir não ter lido o livro que critica, o político se justifica afirmando não haver razão prática para tal, já que aquilo que ele supõe ser o objetivo do livro não teria interesse, pois "não deu certo em nenhum lugar do mundo". Para demonstrar o caráter deliberado de sua decisão, ele incrementa sua justificativa adotando tanto o tom enfático quanto a reiteração do que se assume, ambos visando ao efeito de certeza e de convicção: "Não vou ler porque não vou perder meu tempo. [...] Não vou ler porque não vou perder meu tempo".

Sua admissão de não ter lido não é a confissão de um não leitor. É, antes, a de um leitor que seleciona o que lê, daí a convicção com que afirma não apenas não ter lido como também que não lerá. Ela se assemelha a uma formulação mais comum, empregada em certos campos e circunstâncias de enunciação sobre a leitura: "Não li e não gostei". Nesse caso, a afirmação se resguarda no prejulgamento de um gênero, de uma obra, de um autor que, segundo uma hierarquia cultural estabelecida, não teria o mesmo valor atribuído a certos cânones já consagrados[39]: há livros que valem a pena, outros não. Tanto os enunciadores do bordão "não li e não gostei" — que em geral se identificam com aspectos do *ethos* de elite intelectual ou letrada

---

[39] Cf. Abreu (2006), que discute os critérios, não necessariamente claros ou infalíveis, do estabelecimento dessas hierarquias.

— quanto Bolsonaro — ao afirmar que não leu e nem vai perder tempo lendo — querem marcar sua distância, mas também seu desprezo em relação a um livro, gênero ou autor. No caso do candidato, a demarcação dessa "distância" não se refere à recuperação de uma hierarquia simbólica, com vistas à ostentação de um *ethos* de leitor ideal. Bolsonaro, em seu gesto, visa mais ostentar seu total menosprezo pelo autor e pelo livro em questão do que proteger sua imagem como leitor: "Eu fui obrigado a gastar um dinheirinho para comprar essa... esse lixo aqui. Esse lixo, aqui, tem que estar com luvas, aqui, pra folheá-lo".

Ele não se outorga o título de "leitor". Ele se autointitula não leitor de diversos livros, aos quais recorre para outros fins, no contexto de suas *lives*. Representar-se como leitor poderia, junto ao público mais numeroso de eleitores ao qual ele se dirige, produzir até mesmo certa rejeição, diante do histórico elitizado de acesso à cultura mediada por livros. Na lógica de sua campanha, não basta se fazer passar por alguém oriundo do povo, afeito ao que é popular. É preciso agir como em geral se pressupõe que o povo age e mobilizar os julgamentos que se sabe advindos da relação que o povo estabelece com a leitura. No Brasil, isso se define, antes, pela impossibilidade de acesso, de compreensão, pela falta de familiaridade com os códigos desse universo e pela reação previsível de negação daquilo que, de antemão, lhe é negado, sob a forma de menosprezo e de desinteresse.

Entre os poucos livros nominalmente citados e dos quais se falou nessas *lives*, Bolsonaro se vale de outro, como "prova" do que afirma ser uma ação deliberada e conspiratória do PT para a instalação de ditaduras comunistas em toda a América Latina, intitulado *Uma ovelha negra no poder: confissões e intimidades de Pepe Mujica*[40]:

> [...] eu quero falar ainda um pouquinho de PT. Eu tenho um livro aqui, o nome é *Uma ovelha negra no poder*. Quem escreveu esse livro não foi o general Heleno [general Heleno diz: Tô fora!], nem eu. Quem escreveu o livro foi o ex-presidente do Uruguai, Pepe Mujica, que integrava o Foro de São Paulo do PT. O livro na verdade é um livro muito interessante, mas tem duas páginas, 198 e 199, que fará com que você entenda perfeitamente o que é o PT e qual é sua proximidade com Cuba e com a Venezuela. Que quem escreve é o Pepe Mujica. Não temos

---

[40] Obra biográfica oficial do ex-presidente uruguaio, Pepe Mujica, escrito por Andrés Danza e Ernesto Tubolvitz. Tradução publicada no Brasil pela Editora Bertrand Brasil, em 2015.

que duvidar dele. Bem. Então nessas duas páginas, 198 e 199, Pepe Mujica diz do plano de Dilma Rousseff pra afastar o Paraguai do Mercosul de modo pra que pudesse entrar a Venezuela no Mercosul. [...]. Resumindo: Pepe Mujica diz que Dilma Rousseff tomava decisões de Estado, dentro do Palácio do Planalto, ouvindo as inteligências cubana e venezuelana. Então, dá pra sentir um pouco o que que é esse governo do PT. Qual é a aproximação deles... com que países faziam grandes acordos, via foro de São Paulo, para exatamente ter uma hegemonia em toda a América do Sul[41].

O que o candidato afirma ter sido declarado na biografia de Pepe Mujica é tratado por ele como informação insuspeita, primeiro por se tratar de biografia oficial, autorizada, segundo porque o biografado é uma liderança de esquerda, portanto não teria motivações político-partidárias tendenciosas ao descrever esse episódio. Por essa razão, o candidato reitera, sucessivas vezes, a origem do que foi enunciado:

Quem escreveu esse livro não foi o general Heleno, nem eu. Quem escreveu o livro foi o ex-presidente do Uruguai, Pepe Mujica, que integrava o Foro de São Paulo do PT [...]. Quem escreve é o Pepe Mujica. Não temos que duvidar dele. Bem. Então nessas duas páginas, 198 e 199, Pepe Mujica diz [...]".

O interesse em se referir a essa obra é o mesmo que orientou a referência à obra de Haddad: adotando um tom de "denúncia", busca-se demonstrar a relação, supostamente secreta e supostamente denegada, entre o governo do PT e o de países "comunistas". Assim como os termos "socialista", "comunista", os nomes "Cuba" e "Venezuela" são acionados explorando um efeito sinonímico entre esses nomes. Além disso, no caso dos nomes dos países, eles são enunciados em uma autonomia semântica em relação aos seus referentes propriamente ditos. Esses termos não mais nomeiam países, mas sim referem-se ou equivalem-se, nesse contexto de enunciação, a governo de esquerda, a governo autoritário, a ditadura, a fracasso socioeconômico e a pobreza dos povos.

Tanto o livro de Haddad quanto o livro sobre Mujica são citados nos pronunciamentos de campanha de Bolsonaro para alimentar a verve

---

[41] Cf. vídeo de 5 de outubro de 2018, disponível no canal oficial de Jair Bolsonaro no YouTube. Trata-se da penúltima *live* antes da votação de primeiro turno das eleições.

conspiratória e alucinatória da presença e da ameaça iminente do socialismo e do comunismo no Brasil, amalgamados como uma coisa só, negativa, perversa e até demoníaca[42]. A instrumentalização desse "medo" não é algo novo, embora nunca tenha sido tão esdrúxula sua invocação quanto em nosso contexto atual. Afinal, mesmo tendo vivido recentemente a experiência de um governo de esquerda, no Brasil (2003 a 2016), essas "ameaças" constantemente alardeadas não se sustentam, diante do modelo real, efetivo de governo exercido, caracterizado por especialistas, inclusive os de esquerda, como social-liberalismo. Apesar disso, mais de uma vez, se explorou esse medo coletivo, antigo e inconsciente, capitaneado por políticos de extrema direita e no âmbito das igrejas, fomentando um "anticomunismo delirante"[43].

Desde 1917, o comunismo foi eleito como inimigo comum dos países do Ocidente. Capitaneada pelos Estados Unidos, a difusão da ideia do comunismo como "ameaça" aos "valores ocidentais" obteve êxito tanto na intensidade quanto na duração e permanência dessa ideia, e contou com aliados de peso, como as elites econômicas, o alto empresariado e as igrejas. No Brasil, esse medo foi mobilizado em benefício da ditadura Vargas, exortado como justificativa do golpe militar de 1964 e explorado nas campanhas dos adversários políticos do PT em 1989, com Collor, em 1994 e 1998, com Fernando Henrique Cardoso, em 2010 e 2014 pelos adversários de Dilma, em 2016 para o impeachment da presidenta eleita, e na campanha e eleição de Bolsonaro, em 2018[44]. A repetição das referências a Cuba e à Venezuela e a repetição da referência ao "Foro de São Paulo"[45] são formas de aludir e de dar existência a essa teoria conspiratória do "plano de perpetuação da esquerda no poder": "Então, dá pra sentir um pouco o que que é esse governo do PT. Qual é a aproximação deles... com que países faziam grandes acordos, via foro de São Paulo, para exatamente ter uma hegemonia em toda a América do Sul".

---

[42] No Brasil, o anticomunismo foi forjado a partir de três matrizes básicas: o cristianismo, o liberalismo econômico e o nacionalismo, em ordem de importância.

[43] Cf. Ab'Sáber (2018a).

[44] Na *live* da vitória, do dia 28 de outubro, o então recém-eleito presidente, em sua primeira declaração pública, agradeceu o apoio de cada eleitor que, segundo ele, "passou a ser, sim, integrante de um grande exército que sabia para onde o Brasil estava marchando e clamava por mudanças. Não poderíamos mais continuar flertando com o socialismo, com o comunismo, com o populismo e com o extremismo da esquerda. Todos nós sabíamos para onde o Brasil estava indo!".

[45] Evento realizado periodicamente que, desde 1990, reúne partidos e movimentos de esquerda dos países da América Latina para refletir e coordenar ações de integração de seus povos no âmbito econômico, político e cultural. É amplamente citado pela direita e pela extrema direita como se fosse uma "organização" ilegal, secreta e criminosa, cujo objetivo é tomar o poder e implantar o socialismo e o comunismo.

LIVROS QUE CUMPREM O PROTOCOLO

Alguns livros são expostos nessas *lives* apenas uma vez. Outros permanecem na mesa em mais de uma dessas transmissões. É o caso tanto da biografia de Pepe Mujica quanto da de Fidel Castro. Por razões muito distintas, as biografias compõem um gênero editorial importante na biblioteca das *lives* do atual presidente. É o caso também da biografia de outra liderança política célebre, Winston Churchill, intitulada *Memórias da Segunda Guerra Mundial*[46]. Ela se encontra na mesa do vídeo do dia 24 de outubro, visível apenas pela lombada, e retorna na primeira transmissão ao vivo após a eleição, dessa vez com direito a menção especial de sua presença. Ao mostrar o livro para a câmera, o presidente recém-eleito refere-se a seu personagem como uma fonte de inspiração política: "Inspirando-se em grandes líderes mundiais" [*sic*].

Best-seller mundial, a obra escrita em 1948 outorgou a seu autor o título de Nobel de Literatura. Ela conta a vida desse estadista, primeiro-ministro britânico, que teve papel de relevo no desfecho da 2ª Guerra Mundial, no combate ao fascismo e ao nazismo, cuja leitura se tornou consenso entre políticos de diferentes segmentos partidários. Sua representação é convocada, de um extremo a outro, porque parece restituir à política certa grandeza histórica e certa potência decisória.

A sua referência condiz com o gênero editorial e político adequado a um "pronunciamento de presidente recém-eleito". A circunstância exige abandonar o tom de disputa e de campanha e impõe a invocação de valores políticos comuns, suprapartidários, compartilhados por toda a sociedade brasileira. Também contribui com o lustre necessário a um recém-eleito em sua primeira declaração pública, de modo a se mostrar à altura do cargo, assumindo postura distinta daquela da campanha, adotando a defesa de princípios gerais e de várias nações desenvolvidas, como o do respeito e zelo pela democracia, pela soberania nacional, pela *res* pública.

Nessa mesma *live* da vitória, transmitida no dia 28/10/2018, além da biografia de Churchill, dois outros livros se encontram sobre a mesa e são nominalmente citados: (1) uma versão da Bíblia sagrada, com linguagem atualizada, de Eugene Peterson, intitulada *A mensagem: Bíblia de estudo*[47]; e (2) a

---

[46] Winston S. Churchill. *Memórias da Segunda Guerra Mundial (1919-1941)*, v. 1. Rio de Janeiro: Nova Fronteira/ Harper Collins Brasil, 2015.

[47] Eugene H. Peterson. *A mensagem: Bíblia de estudo*. Editora Vida. Trata-se de uma adaptação da Bíblia, destinada ao público protestante, feita por esse pastor norte-americano para adequá-la à "linguagem con-

Constituição da República Federativa do Brasil[48]. Além de se adequar ao protocolo, a referência a esses três livros busca blindar politicamente o presidente eleito, em especial quanto a críticas específicas que se faziam ao candidato que, em sua campanha, não se furtou à instrumentalização da fé e do nacionalismo, que esses livros presentes no vídeo da vitória indiciam e reiteram.

A Bíblia, como livro físico, não esteve presente propriamente nas *lives* de campanha. Nessa transmissão, uma vez eleito, ela é colocada sobre a mesa, seu texto é citado e sua presença justificada:

> Afinal de contas, a nossa bandeira, o nosso *slogan*, eu fui buscar no que muitos chamam de caixa de ferramentas para consertar o homem e a mulher, que é a Bíblia sagrada. Fomos em João, 8: 32: "E conhecereis a Verdade e a Verdade vos libertará".

Entre os versículos bíblicos mobilizados na campanha, o candidato Bolsonaro escolhe como *slogan* uma passagem muito popular e difundida entre os cristãos, relativa à verdade. No texto bíblico a "Verdade" equivale ao próprio texto da Bíblia, consequentemente à palavra de Deus, e também ao próprio Cristo, como é enunciado em outro capítulo do livro de João: "Eu sou o Caminho, a Verdade e a Vida" (João 14: 6).

Esse versículo bíblico, uma vez feito *slogan* de campanha, tem seu sentido original e religioso subvertido. Embora o apelo à memória de sua origem religiosa permaneça, seu funcionamento discursivo no campo da política — e no contexto peculiar da disputa eleitoral de 2018 — conjuga outro efeito de sentido. Além de promover o lastro religioso do candidato, o uso funciona como autodefesa ou blindagem contra as denúncias do campo político adversário relativas ao uso sistemático de *fake news* como *modus operandi* de sua campanha.

A ironia dessa apropriação sistemática do versículo bíblico como *slogan* de campanha reside na sua subversão mundana, na sua distorção sacrílega que parece não ter sido observada por seus eleitores "profundamente cristãos", "terrivelmente evangélicos"[49]. A ironia também reside na sua repetição

---

temporânea". É publicada em diferentes edições (de bolso, de luxo, semiluxo, feminina, infantil, *e-book* etc.). Com as demais edições da Bíblia, trata-se do livro mais lido no Brasil, conforme diferentes edições da pesquisa Retratos da Leitura no Brasil.

[48] Publicada em 1988, com o encerramento da ditadura militar no Brasil, é conhecida como Constituição Cidadã.

[49] Essas duas designações foram empregadas por Bolsonaro em diferentes circunstâncias para se referir a qualidades de seus ministros ou de candidatos a ministros, que ele havia sondado.

estratégica. A subversão de seu sentido visa fomentar uma indistinção entre a "verdade" a que alude o candidato e a "Verdade" do texto bíblico, de modo a naturalizar essa equivalência semântica. No que diz respeito à repetição, a invocação constante desse *slogan* tem duplo objetivo: afastar daquele que o invoca a atribuição de faltar com a verdade e, ao mesmo tempo, atribuir ao seu adversário político tal condenação[50].

A imputação de mentira entre adversários em disputa política é talvez tão antiga quanto a política. Nessa eleição, no entanto, o tema da verdade e da mentira vicejou, embalado pelo fenômeno das *fake news*. Não sem razão, o apelo ao enunciado bíblico, em sua força simbólica e histórica, desempenha um importante escudo em relação a essa pecha da mentira que frequenta a política, ao menos junto a parte significativa do eleitorado brasileiro. Segundo a lógica de que a melhor defesa é o ataque, a campanha de Bolsonaro, movida a *fake news,* antecipou-se à crítica desse seu abuso estratégico da mentira, apropriando-se desse versículo como *slogan*.

A força simbólica da Bíblia no Brasil pode ser mensurada por sua ampla circulação. Segundo as várias edições da pesquisa Retratos da Leitura no Brasil[51], trata-se do livro mais presente nos lares brasileiros. Ele também é o mais citado como livro lido. Distribuída gratuitamente ou adquirida pelos fiéis, sua posse, seu porte e sua leitura empoderam até mesmo aqueles que não sabem ler. Como livro e como palavra, como objeto e como mensagem, ela outorga dignidade àquele que a tem em mãos. Tanto seu uso quanto sua conservação implicam formas de reverência. Por isso, o recém-eleito presidente, ao se referir à Bíblia em seu primeiro pronunciamento público como presidente do país, repete o gesto ritualizado em outras posses presidenciais mundo afora, como aquele que, ainda hoje, está presente nos tribunais de justiça, o de garantir a verdade do que se enuncia jurando com a mão direita sobre a Bíblia. Apesar do ato falho do presidente, que "jura" com a mão esquerda, contrariando, assim, o que manda o protocolo, seu gesto aciona essa

---

[50] Em mais de um episódio, nessa campanha de 2018, a Bíblia foi pivô de intrigas. Um exemplo de destaque foi o episódio amplamente coberto pela mídia da Bíblia recebida como presente por Fernando Haddad, em um comício na Bahia, no 2º turno, e que logo em seguida teria sido encontrada no lixo. O caso veio à luz por meio de um vídeo gravado e publicado por um recém-eleito deputado estadual do PSL. Em seu vídeo, ele relata o desprezo do candidato do PT pela palavra de Deus ao filmar a Bíblia no lixo e ao mostrar a dedicatória, na primeira página, dirigida ao candidato. Haddad, por sua vez, denuncia o furto da Bíblia, que tinha sido colocada em uma sacola juntamente com outros pertences, todos eles desaparecidos, de uma mesa do comitê disposta no palanque.

[51] Pesquisa realizada nacionalmente, desde 2000, coordenada pelo Instituto Pró-Livro, encontra-se em sua 5ª edição. Busca levantar dados e indicadores sobre as práticas de leitura e de consumo do livro pelos brasileiros.

memória coletiva acerca da Bíblia como livro sagrado, como objeto imposto como verdade e que impõe a verdade àquele que enuncia em seu nome:

> Nós fomos declarados vencedores neste pleito e o que eu mais quero é, seguindo ensinamentos de Deus [coloca a mão esquerda sobre a Bíblia depositada na mesa, e que se encontra com sua capa voltada para a câmera], ao lado da constituição brasileira, inspirando-se em grandes líderes mundiais e com uma boa assessoria técnica e profissional ao seu lado [sic], isenta de indicações políticas de praxe, começar a fazer um governo a partir do ano que vem que possa realmente colocar o nosso Brasil novamente num lugar de destaque.

A presença da Constituição nessa biblioteca-*ethos* do candidato — e depois presidente — explora seu valor simbólico como "carta magna" da garantia dos direitos a todo e qualquer cidadão brasileiro. Sua presença também visa anular ou atenuar a acusação frequente de seus opositores de que, como entusiasta do Golpe Militar de 64, Bolsonaro não a respeitaria. Assim, a presença do livro da Constituição nas *lives* tanto cumpre o protocolo da circunstância como também se instrumentaliza como maneira de forjar a representação do eleito como a de um democrata, de um político fiel aos princípios da democracia nela expressos e por ela resguardados.

Ele recorre à Constituição em pelo menos dois de seus vídeos. Ainda na campanha de 1º turno, no dia 27 de outubro, na véspera da votação, o livro encontra-se aberto sobre a mesa, com uma caneca deposta sobre ele atuando como marcador de página. O candidato, de modo a contra-argumentar a crítica de que não disporia de governabilidade caso fosse eleito, cita o artigo 85, inciso 2, que regularia o "livre exercício do poder legislativo". Ele disse que não entraria no jogo do "toma lá, dá cá" da "velha" política, porque a própria constituição o resguardaria quanto a isso:

> Por isso eu sou escravo da Constituição. A constituição é a maior defesa que eu posso ter para o meu mandado. É esse livrinho aqui. Jamais eu vou querer uma nova constituinte. [...] Jamais! Não me interessa. Essa que está aqui me interessa. Pontualmente, se tivermos algo que acho que deve ser mudado, a gente apresenta uma proposta e o Parlamento decide se muda ou não. Nós devemos é aperfeiçoar. A Constituição, mais do que escravo eu sou realmente grato à Constituição porque ela vai sim nos ajudar na governabilidade.

A afirmação de seu respeito à Constituição é formulada de modo bastante categórico. Dizer-se dela "escravo", afirmar sua lealdade e sua gratidão ao que rege esse documento — valendo-se de modalizadores de certeza e de intensidade ao asseverar que "jamais" a alteraria — e dizer, em tom de retificação, que "mais do que escravo [é] realmente grato" são indícios de uma enunciação reativa, tal como aquela constatada em relação ao uso do versículo bíblico como *slogan*. Assim, ao afirmar seu compromisso com o que é enunciado nesse documento, ao mesmo tempo, ele denuncia a falsidade da alegada acusação de que ele não a respeitaria, tampouco os valores democráticos que ela enuncia. É a mesma estratégia de antecipação de crítica e, com ela, de blindagem simbólica.

Bolsonaro também se vale do emprego do diminutivo ao se referir à Constituição, chamando-a de "livrinho". Seu objetivo — nesse caso não tão bem-sucedido — é o de indiciar uma relação afetiva, de proximidade, de familiaridade, e não necessariamente depreciativa, como o diminutivo às vezes pode conferir. Em um excesso populista de demonstração de seu "afeto", "apego" e "familiaridade" em relação ao com esse documento, o emprego doesse diminutivo "livrinho" soa inadequado ao referente por ele qualificado.

A Constituição volta à mesa em sua primeira *live* pós-eleição. Ela é novamente ostentada e citada. A reiteração do compromisso de se guiar por ela atua como uma "satisfação" ao povo brasileiro de modo geral. Em conformidade com o gênero "discurso de vitória", a presença da Constituição sinaliza a passagem do lugar de candidato para o lugar de presidente, do lugar daquele que falava à militância, para o lugar daquele que agora deve se dirigir a todos os brasileiros. Sua presença nessa circunstância cumpre um papel simbólico efetivamente exigido pelo protocolo. Ela se justifica, mais do que todos os outros livros ostentados nesse vídeo da vitória.

LIVROS RECOMENDADOS, AUTORES HOMENAGEADOS

Lado a lado com a Bíblia, com a Constituição e com a biografia de Churchill, também se apresentou sobre a mesa desse primeiro pronunciamento pós--eleição o livro de Olavo de Carvalho, *O mínimo que você precisa saber para não ser um idiota*[52]. Polemista, familiarizado com a linguagem jornalística do

---
[52] Olavo de Carvalho (2013). *O mínimo que você precisa saber para não ser um idiota*. Rio de Janeiro: Editora Record. Presente na mesa nas transmissões dos dias 24/10/2018, pouco antes da eleição de 2º turno, e novamente na primeira *live* após eleição, no dia 28/10/2018, este título pode ser reconhecido por sua lombada numa pilha de 4 livros colocados sob o móvel ao fundo dos vídeos. Desde setembro de 2018,

sensacionalismo da imprensa marrom, esse autor desempenha com sucesso o papel de influenciador digital da autointitulada "nova direita". Precursor das *lives*, ele fez escola e seguidores. Nelas, ele busca produzir os efeitos de franqueza, de coragem, de fala espontânea e sem censura, apelando para uma versão escrachada, estúpida e inconsequente de se pronunciar publicamente, radicada na incitação da polêmica, em especial em relação a alguns temas, como socialismo, aborto e homossexualismo (*sic*). A campanha de Bolsonaro encontra, a esse respeito, o mentor ideal[53], de modo a aproveitar a onda antiesquerda, antiestado e ultraconservadora que, desde os anos 1990, tem eco na pena desse autor.

Apesar de seu livro estar presente sobre a mesa em pelo menos 3 dessas transmissões, e em outras aparecer ainda que discretamente em uma pilha de livros sobre o móvel ao fundo, ele não foi propriamente tema de nenhuma transmissão, nem mereceu atenção específica do candidato e depois presidente nesses seus pronunciamentos. Sua mera presença física ali no cenário parecia bastar para a finalidade que cumpria: acenar para um contingente de leitores, seguidores e eleitores "olavistas". Embora não tenha sido feita nenhuma referência direta a esse livro, no primeiro pronunciamento do presidente eleito, do dia 28 de outubro de 2018, é possível depreender, dessa presença relativamente discreta, a menção alusiva, genérica, mas sensível e assimilável por parte específica desse segmento de seu eleitorado, a quem o presidente eleito agradeceu o apoio e reconheceu que esse segmento:

> [...] passou a ser, sim, integrante de um grande exército que sabia para onde o Brasil estava marchando e clamava por mudanças. Não poderíamos mais continuar flertando com o socialismo, com o comunismo, com o populismo e com o extremismo da esquerda. Todos nós sabíamos para onde o Brasil estava indo!

---

quando passou a frequentar as *lives* de Bolsonaro, apenas este título de Olavo de Carvalho teve seu número de vendas triplicado, saltando de 17 mil exemplares em 2017, para 52 mil entre setembro e dezembro de 2018, em sua reedição pela Record, conforme artigo de Alessandra Monnerat e Caio Sartori, intitulado "Vendas de livros de Olavo de Carvalho triplicam desde eleição", publicado no jornal *O Estado de S. Paulo*, em 19 de janeiro de 2019. Disponível em: https://bit.ly/39gqOqa . Em setembro de 2018, o livro já havia batido a cifra de 200 mil exemplares vendidos, conforme dados do *PublishNews* de 15/10/2018. Disponível em: https://bit.ly/3feu35m.

[53] Em entrevista disponível no YouTube, gravada em 5 de fevereiro de 2018, ao se referir a Olavo de Carvalho, Bolsonaro diz: "Graças a Deus que ele existe. Ele realmente tirou da cegueira muita gente no Brasil, em especial a garotada [...]. E ele ajudou realmente a gente a chegar a esta situação que nos encontramos no momento de possível libertação pelas vias democráticas". Em sua *live* de 27 de outubro de 2018, ele agradece aos "milhões de internautas" que há 4 anos estão "nessa luta buscando dias melhores para o Brasil", e afirma que "muitos foram influenciados pelo professor Olavo de Carvalho, mostrando a verdade, para onde estávamos realmente caminhando [...]".

O antiesquerdismo aqui manifesto e a alusão à conspiração contra o destino do país confirmam a referência a Olavo de Carvalho, representada como essencial e decisiva por sua presença como livro, mas não verbalizada como tal, não designada nominalmente, não ostentada de modo particular.

Apesar do que exigia o gênero "pronunciamento pós-eleição" e da discrepância simbólica entre o livro do polemista e os demais, lá estava Olavo de Carvalho, lá estava seu *best-seller*. Embora não ostentado nem comentado, a publicação marcava sua presença e falava a um conjunto expressivo de eleitores. A discrição quanto à importância dessa influência, exigida de quem deixa de ser candidato para atuar como presidente, não dura muito. No segundo pronunciamento após a eleição, realizado no dia 9 de novembro de 2018, ele adota novamente o tom do candidato em disputa. Os títulos dos livros, as mensagens e os públicos visados se alteram drasticamente. Seja como forma de reconhecimento e agradecimento, seja para manter o clima de campanha e de convocação da militância, Bolsonaro substitui os livros com potencial de se dirigir a contingentes mais gerais da sociedade brasileira, por livros de explícita orientação ideológica, político-partidária, ao gosto de um segmento amalgamado pelo anti-intelectualismo e pelo "antiesquerdismo", de modo geral, e pelo "antipetismo", de modo particular.

Sobre a mesa, e de modo a reiterar seu posicionamento de "direita", reativo e ácido, veem-se obras que "desmistificariam", "revelariam" ou "desmascarariam" as ideias, as ações, os segredos, as mentiras, a mente "patológica" da esquerda: *Não, Sr. Comuna! Um guia para desmascarar as falácias esquerdistas*[54]; *A mente esquerdista: as causas psicológicas da loucura política*[55]; *A verdade sufocada: a história que a esquerda não quer que o Brasil conheça*[56].

Eles não são objeto particular de comentário. Estão lá expostos na vitrine. Como fetiches ou amuletos, falam e agem por si sós. Embora não tenham sido abordados nas *lives*, sua presença ostenta sua existência, promove sua relevância e reconhece seu papel na campanha e na vitória.

---

[54] Evandro Sinotti. *Não, Sr. Comuna! Guia para desmascarar as falácias esquerdistas*, vol. 2. S.l.: Sinotti Editora, 2018.

[55] Lyle H. Rossiter. *A mente esquerdista. As causas psicológicas da loucura política*. Trad.: Flávio Quintela. Campinas: Vide Editorial, 2016.

[56] Trata-se do livro citado como favorito pelo então candidato Bolsonaro, em uma entrevista ao Programa Roda Viva, da TV Cultura, realizada em 30/07/2018. Seu autor é Carlos Alberto Ustra, torturador a quem, em 2016, o então deputado Bolsonaro dedicou seu voto em favor do *impeachment* de Dilma. Foi impresso pela Editora Ser, em 2007, com impressão paga pelo próprio autor. Um ano após sua morte e graças à dedicatória repulsiva do então deputado, entrou para lista dos mais vendidos em 2016, conforme dados apresentados por Maurício Meirelles: "Brilhante Ustra é o sexto autor de não ficção mais vendido no país". Caderno Ilustrada, Jornal *Folha de S.Paulo*. 03/06/2016. Disponível em: https://bit.ly/3lTwrQh

A POLÍTICA EM MIGALHAS: DOS VERSÍCULOS AOS BORDÕES

As *lives*, os *posts* e os tuítes consolidam a era dos discursos políticos em migalhas, dos versículos aos bordões. O discurso político intensifica sua tendência às formas breves, à linguagem telegráfica e entra nas redes sociais sob formas cada vez mais sintéticas e sincréticas, alguns delas desinstitucionalizadas, sem autor reconhecível ou origem acessível. Logo, muitos desses dizeres circulam de modo inimputável, numa multiplicação sem rosto de falsas informações e mesmo injúrias, que se proliferam com uma rapidez ímpar porque compartilhadas na facilidade de um *click*.

Na selva das redes sociais, são confundidos espaços, papéis, protocolos e formas de enunciar públicos e privados. Sob sua pretensa abertura democrática para todas as vozes, emergem dizeres menos suscetíveis ou mais indiferentes aos entraves jurídicos ou éticos que constituem os limites da vida democrática em comum. Campo aberto para o dizer "livre" é também campo aberto para o cinismo ou para a tentação da flexibilização dos limites entre verdade e mentira, uma vez *online*.

Assim, se diz tudo sobre tudo e todos. Alguns poucos desses dizeres espalhados são alvo de disputa jurídica. No entanto, ainda que alguns sejam desmentidos legal e oficialmente, não se pode evitar ou dirimir os efeitos de sua difusão anterior sem controle, de sua circulação ampla, veloz e irresponsável, movida ao gosto do escândalo, do espetáculo, do grotesco. As assessorias de *marketing* político preveem essa lógica e agem de modo condizente com ela, mensurando o custo/benefício de fazer circular uma mentira cujos benefícios imediatos podem compensar as reprimendas jurídicas posteriores.

Nessas disputas políticas recentes, explorou-se de modo bastante limítrofe o potencial argumentativo das alusões falsas, verdadeiro rastilho de pólvora nas redes virtuais, que entram sem bater em quase todas as portas. Inverdades produzidas e distribuídas em escala industrial fornecem meios bastante eficazes a um populismo, no pior sentido do termo.

Bolsonaro construiu a viabilidade de sua candidatura contando com recursos tecnológicos da atualidade, alguns deles até então nunca usados nessa mesma escala e sofisticação para a propaganda política. Ele, no entanto, também dispôs de uma produção editorial, à moda antiga. Vários títulos e autores encontraram um nicho de sucesso no mercado editorial, graças a um refluxo da ampla presença da extrema direita em escala mundial.

Caracterizados por um antiesquerdismo atávico, de verve mais ultraneoliberal no plano econômico e/ou ultraconservadora no plano comportamental, pavimentaram a viabilidade da eleição de um candidato inexpressivo de um partido inexpressivo e sem um claro plano de governo. Algumas produções livrescas não apenas alavancaram, numa relação de simbiose ou de convergência midiática, suas pretensões políticas e as do seu representante, mas também contribuíram para sua visibilidade e eleição.

De modo reflexo, esses livros e autores se celebrizaram, dos porões às vitrines, do ostracismo ao estrelato, da insignificância ao sucesso. O mercado livreiro lucrou com essas produções e com seu aumento de visibilidade à medida que o candidato e depois presidente também se tornava mais visível. Ele fez de várias obras inviáveis comercialmente *best-sellers* imprevisíveis, ainda mais se comparados aos números de venda de livros no cenário editorial brasileiro.

Grande parte desses livros não foi sequer mencionada verbalmente nessas transmissões ao longo da campanha. Nem era preciso. Sua mera presença na mesa bastava, seja porque já circulavam e eram conhecidos do público para o qual o candidato acenava, seja porque as próprias capas, expostas à mesa nas *lives*, eram bastante alusivas a seus conteúdos e a seu alinhamento ideológico com as posições do "mito". Seus títulos, seus autores e suas capas tornavam sua mera exposição eloquente por si mesma. Essas publicações forneceram os argumentos para as *lives* do candidato e estas últimas, por sua vez, foram uma vitrine e tanto para esses livros.

Com esses títulos, o candidato se dirigiu a segmentos distintos da sociedade brasileira. Falou a segmentos que se identificavam como patriotas, religiosos, militares, liberais na economia, ultraconservadores, radicais da nova extrema direita, ou simples e prioritariamente, antipetistas. No caso destes últimos, o candidato pregou para convertidos: trouxe livros-testemunho para denunciar o PT, livros que ele não leu, como ele mesmo disse — e nem sua militância, muito provavelmente —, e isso pouco importou. Fez homenagens a autores e livros que lhe conviveram muito bem nessa campanha. Buscou blindar-se simbolicamente com a apropriação de obras consensuais em nossa cultura.

Os livros citados, ostentados e expostos pelo candidato e depois presidente, apesar de sua forma editorial comum, indiciam formas de apropriação diversas. Alguns não precisam ser lidos, estão lá como "prova". Outros não precisam ser lidos em sua totalidade, estão lá como "caixa de ferramentas" de onde se sacam conselhos e bordões, argumentos e provocações. Todos eles, no entanto, afirmam a importância desse gênero editorial impresso e sua sobrevida na era dos textos virtuais, em uma simbiose que ganha eleições.

REFERÊNCIAS

ABREU, Márcia (2006). *Cultura letrada: literatura e leitura*. São Paulo: Editora UNESP.
AB'SÁBER, Tales (2018a). Verdade, psicanálise e política. In: *Observatório da Imprensa*. Seção Entrevista. Edição 1018, 18 de dez. 2018.
AB'SÁBER, Tales (2018b). *Michel Temer e o fascismo comum*. São Paulo: Editora Hedra.
AMOSSY, Ruth (2005). Da noção retórica de *ethos* à análise do discurso. In: *Imagem de si no discurso: a constituição do* ethos. São Paulo: Contexto.
BLOCH, Marc (2012). *Réflexions d'un historien sur les fausses nouvelles de la guerre.* Paris: Editions Allia.
BOURDIEU, Pierre (2001). *O poder simbólico.* Rio de Janeiro: Bertrand.
CHARTIER, Roger (2009). *Origens culturais da Revolução Francesa.* São Paulo: Editora UNESP.
CHARTIER, Roger (2003). *Formas e sentido: cultura escrita: entre distinção e apropriação.* Campinas: ALB/ Mercado de Letras.
COURTINE, Jean-Jacques (2009). *Análise do discurso político: o discurso comunista endereçado aos cristãos.* São Carlos: EdUFSCar.
CURCINO, Luzmara (2017). Uma análise de discursos sobre a leitura e seus usos no âmbito da política brasileira. In: FERNANDES JR., Antônio; STAFUZZA, Grenissa Bonvino (org.). *Discursividades contemporâneas: política, corpo, diálogo*. Campinas: Mercado de Letras, p. 131-148.
CURCINO, Luzmara (2018). Imprensa e discursos sobre a leitura: representações dos presidentes FHC, Lula e Dilma como leitores. In: *Revista Eletrônica de Estudos Integrados em Discurso e Argumentação*, n. 16 esp., set. 2018, p. 223-243, Ilhéus: UESC. Disponível em: https://bit.ly/3spW8uk.
CURCINO, Luzmara (2019). "Conhecereis a Verdade e a Verdade vos libertará": livros na eleição presidencial de Bolsonaro. In: *Discurso & Sociedad*, v. 13(3), p. 468-494. Disponível em: https://bit.ly/3rs2O9I.
DE SÁ, Israel (2012). Quem te viu, quem te vê: a memória da ditadura brasileira entre o dizer e o silêncio. In: *Eutomia Revista de literatura e linguística*, v. 1 n. 9, p. 479-491. Disponível em: https://bit.ly/3ssR5Jp.
DIAS, Leandro (2014). *Fascismo à brasileira*. Pragmatismo político. Texto revisado por Carolina Dias. 28 de janeiro de 2014. Disponível em: https://bit.ly/3sDLmkl.
PIOVEZANI, Carlos (2019). A retórica do mito: uma análise do desempenho oratório de Bolsonaro na propaganda eleitoral. In: *Discurso & Sociedad*, v. 13(3), p. 383-410. Disponível em: https://bit.ly/2PafCVh.
PIOVEZANI, Carlos (2020). *A voz do povo: uma longa história de discriminações*. Petrópolis: Vozes.
PIOVEZANI, Carlos; GENTILE, Emilio (2020). *A linguagem fascista*. São Paulo: Hedra.
SOUZA, Jessé (2018). *A ralé brasileira: quem é e como vive*. São Paulo: Editora contracorrente.
SOUZA, Jessé (2017). *A elite do atraso: da escravidão à Lava Jato*. Rio de Janeiro: Leya.
SOUZA, Jessé (2012). *A construção social da subcidadania: para uma sociologia política da modernidade periférica*. Belo Horizonte: Editora da UFMG.

A verdade dos outros
Questões de responsabilidade enunciativa

Maria Aldina Marques

VERDADE, PÓS-VERDADE E DISCURSOS

No QUADRO sócio-histórico e político atual, considerar a problemática da verdade convoca de imediato a questão da pós-verdade. Não pretendo discorrer sobre o que é a verdade — que não é a minha área —, mas tão só convocar algumas perguntas, e menos respostas, a propósito dessa problemática. De fato, esta tem sido, essencialmente, uma questão filosófica, ditada pelo questionamento sobre a verdade, a sua natureza.

A própria ciência participa desse debate, enquanto procura a verdade do mundo, seja a partir de que área for, para encontrar a verdade possível. Nesse sentido, a verdade é conhecimento. Retomarei a relação entre verdade e conhecimento para tratar especificamente da relação entre discurso e verdade.

Por contraponto, coloca-se também a questão da *pós-verdade*. A esse propósito, vou percorrer alguns tópicos sobre a origem da designação, o enquadramento da noção de pós-verdade e as definições que circulam sobre ela, para daí derivar para questões de construção discursiva da verdade do locutor e da verdade dos outros, no uso dos diferentes modos de discurso relatado no discurso jornalístico. A partir de um evento que gerou alguma polêmica nos *media* portugueses, o caso Ricardo Robles, analisarei as estratégias do locutor para se posicionar face às vozes que convoca para o seu discurso, com consequências ao nível da responsabilidade enunciativa. Estabelece-se, assim, uma relação entre responsabilidade e juízo de verdade que subjaz a todos os discursos.

As referências à origem do termo são variadas, mas a publicação por Ralph Keyes, em 2004, da obra *The Post-Truth Era: Dishonesty and Deception in Contemporary Life*[1] é um marco importante. O quadro de referência político e social é o 11 de setembro, e toda aquela construção discursiva subsequente que leva à invasão do Iraque. Recentemente, o Brexit e a eleição de Trump deram saliência à expressão.

Não é despiciendo que sejam jornalistas uma parte substancial dos autores que discutem a pós-verdade, considerada a palavra do ano pelo dicionário Oxford, em 2016, e pelo dicionário Collins, em 2017.

A procura dos antecedentes desse te fenômeno social torna evidentes as ligações da pós-verdade, quer ao mundo do *marketing,* quer a regimes não democráticos.

No primeiro caso, como lembra Mariscal (2017), o *storytelling* (construção de narrativas, isto é, de histórias de experiência de vida) é uma técnica de *marketing*, em geral, e uma técnica de *marketing* político, em particular, precursora da pós-verdade[2]. Tome-se a publicidade como exemplo desta técnica, numa área ideologicamente menos tensa e discutida. Em Portugal, um dos *spots* de divulgação turística foi feito com o surfista de renome Mcnamara, convidado pelos promotores "a produzir um documentário na primeira pessoa, sobre Portugal", ou seja, contando a sua história[3].

É um procedimento que se alia à *espetacularização* e *personalização* da política (Marques, 2013; 2017). As campanhas eleitorais dão conta desta insistência na imagem do candidato, na empatia, favorecendo a adesão por características físicas, pela personalidade ou pelas vivências pessoais, por exemplo. O *storytelling* recorre com frequência aos sentimentos, às emoções, para criar ou aumentar a adesão.

---

[1] É uma espécie de manifesto moral. Como refere Brusini (2017), "em 2005, o humorista americano Stephen Colbert popularizou essa era, chamando-a por um outro nome, pelo de *truthiness*".

[2] "… mencionamos aqui a técnica de *marketing* chamada de *storytelling*, elaborada nos anos de 1960 e amplamente empregada desde os anos de 1980. Essa técnica consiste na fabricação, feita pelos especialistas em *marketing*, da comunicação de uma história idealizada, e até mesmo inventada, cujo objetivo é o de fazer com que eleitores ou trabalhadores se identifiquem com uma personalidade política ou com a empresa em que trabalham, com vistas a produzir uma adesão aos seus projetos" (Mariscal, 2017: 6).

[3] **Mcnamara, o gigante das ondas da Nazaré**. O surfista americano mundialmente conhecido, famoso pelas suas incursões inacreditáveis nas ondas gigantes na Nazaré, foi convidado a produzir um documentário na primeira pessoa, sobre Portugal (http://pme.pt/storytelling-content-marketing-turismo).

Alguns autores também encontram antecedentes da *pós-verdade* — enquanto fenômeno social e político — em regimes totalitários. Prestigiacomo (2018: 149) cita Javier Marías para evidenciar que a pós-verdade mais não seria que a atualização da "versão oficial" (ou contra-realidade) dos regimes ditatoriais, onde a liberdade de expressão não existe:

> O que hoje é chamado pós-verdade ou poderia ser chamado de contra-realidade tem precedentes nos tempos modernos, mas apenas em sociedades totalitárias sem liberdade de imprensa ou expressão, nas quais a informação era controlada por uma única voz, a do ditador ou tirano (Prestigiacomo, 2018: 149).

Aplicada, pelo autor, à realidade da Espanha franquista, mas generalizável a outros regimes totalitários, essa pós-verdade seria, em termos argumentativos, uma "falácia macrodiscursiva", criadora de uma verdade baseada na manipulação dos dados. Com efeito, as ditaduras favorecem, ou melhor, assentam o seu poder em poderosos mecanismos de criação de verdades alternativas. A pós-verdade teria aqui a censura como corolário, na ocultação e distorção de factos, procedimentos que remetem, hoje, para o fenômeno conexo da pós-verdade e das *fake news*.

Mas, à semelhança de outro fenômeno a ganhar proeminência social, o *populismo*[4], que para muitos investigadores seria um fenômeno restringido a sociedades totalitárias, a *pós-verdade* está a invadir as sociedades democráticas[5]. É paradigmática desta posição ameaçadora a publicação do nº 27 da *Uno*[6], da responsabilidade da empresa de consultoria Llorente e Cuenca, dedicado a esta temática, com o título *A era da pós-verdade: realidade* versus *percepção*. São colaboradores, filósofos, jornalistas, economistas, cientistas políticos, entre outros.

---

[4] A relação entre pós-verdade e populismo é lembrada por Mariscal (2017): "Entramos mesmo, conforme frequentemente nos é sugerido pela mídia tradicional nestes últimos anos, na era da pós-verdade, uma época em que os políticos populistas aproveitariam-se da irracionalidade das massas para difundir informações infundadas e alimentar a exasperação dos cidadãos, em vez de lhes aguçar o senso crítico?
Ou, antes, o suposto discurso crítico sobre a pós-verdade não seria ele mesmo o sintoma de outra coisa, à qual esse discurso visaria a esconder? Assim, esse discurso sobre a pós-verdade não responderia aos interesses políticos de uma minoria que ocupa o poder? Se fosse esse o caso, como a educação permanente deveria se posicionar diante dessa situação? Essas são as questões que a presente análise visa a explorar sob um ângulo crítico".
[5] Veja-se a importância assumida por *fake news* no processo referendário do Brexit.
[6] Nas palavras dos responsáveis, a "*Uno* é uma publicação da Desenvolvendo Ideias dirigida aos clientes, profissionais do setor, jornalistas e líderes de opinião".

Cabe, pois, questionarmo-nos sobre os valores que suportam esta difusão. Ora, alguns investigadores, jornalistas em particular, apontam o dedo às ciências sociais, por "levarem ao absurdo a teoria da construção social da realidade" (Brusini, 2017)[7].

A construção social da realidade assentaria na recusa da existência de uma verdade, "apenas haveria versões e interpretações alternativas" (como se refere na chamada para o evento em curso), dado que os discursos não replicam a verdade, constroem-na.

No confronto entre uma perspectiva positivista — que supõe uma verdade absoluta e objetiva, que existe fora do discurso — e uma perspectiva construtivista — que defende uma verdade relativa, ou melhor, verdades relativas[8] —, poderemos encontrar, talvez, a deriva para a pós-verdade.

É claro que esta é uma interpretação radical. E a afirmação de Pierre Bange (1992: 147) de que não podemos nunca ter a certeza do que um locutor quer dizer invalida-se a si própria e não é mais que uma aporia. Mas compreende-se que a pós-verdade tenha encontrado um terreno fértil neste relativismo absoluto, solipsista.

É necessário determinar o que traz de novo a noção de *pós-verdade*, quando se consideram os fenômenos de manipulação, de distorção ou de omissão de fatos, que têm acompanhado as sociedades ao longo dos séculos. Sobressai, desde logo, que a *pós-verdade* não é mero neologismo para uma noção que já existe. Nas referências existentes, há uma insistência em duas características: a secundarização da verdade e o recurso a emoções.

A secundarização da verdade não é mais que a banalização da mentira. Essa vertente de significado é privilegiada na nomeação como palavra pelo dicionário *Oxford*: "... é pós-verdade — um adjetivo definido como relacionado a ou denotando circunstâncias nas quais fatos objetivos são menos influentes na formação da opinião pública do que apelos à emoção e crença pessoal". Os excertos seguintes reafirmam-na:

(i) O que é novo não é que a verdade seja falsificada, manipulada ou contestada (afinal, sempre foi ao longo da história), mas que se tornou

---

[7] "Também são responsáveis os pesquisadores em ciências sociais que impulsionam até o absurdo a teoria, que, em si mesma é, de fato, muito estimulante, da 'construção social da realidade', herdada de P. Berger e T. Luckmann. Esse excesso conduz a um relativismo consternador, no qual um corpo inerte, sem atividade cerebral e sem batimento cardíaco, não estaria morto, enquanto a sociedade não soubesse de sua morte, ou no qual não existiria nenhuma diferença biológica objetiva de sexo, etc." (Brusini, 2017).

[8] Nesta perspectiva, a ciência é a verdade possível.

hoje secundário para muitos de nós na construção de nossas opiniões. (Mercier, 2018: 6)
(ii) Este termo refere-se à ideia de uma verdade subjetiva, específica para cada indivíduo e que é possível considerar uma coisa verdadeira com base em simples pressupostos afetivos, sem nunca levar em consideração os fatos que a contradizem (Tanquerel, 2018: 10).

A segunda característica da pós-verdade, referida aliás nos excertos anteriores, tem a ver com o papel das emoções na construção da verdade.

Todos sabemos que, desde a sociedade ateniense, as emoções foram consideradas uma das técnicas de construção do discurso público, a par do *ethos* e do *logos*. Assim, não é a simples presença das emoções (inevitáveis, aliás) que está em causa. O que caracteriza a pós-verdade é o fato de ser ela governada pelas emoções. A emoção vem primeiro que os fatos e em vez deles. Mas, se, como vimos a propósito da técnica de *marketing storytelling*, a adesão aí se faz pela excitação de emoções positivas, a pós-verdade apela, preferencialmente, a emoções negativas[9].

Dado o predomínio das emoções negativas, a pós-verdade está em conexão com outro problema atual, e que também não é novo: o chamado *discurso do ódio*. E esta parece-me ser uma terceira característica: a pós-verdade é belicista, ou, pelo menos, serve intuitos belicistas.

Finalmente, é importante considerar os lugares sociais da pós-verdade. Esta é uma das grandes "novidades" da pós-verdade e das *fake news*. Se as acusações de manipulação são tradicionalmente colocadas na esfera política e em alguns meios de comunicação social de qualidade duvidosa, a pós-verdade encontrou um outro lugar de eleição: as redes sociais, dadas muitas vezes como o lugar de toda a verdade, a "verdade verdadeira", como é hábito dizer-se, ou melhor, "a verdade 2.0" (Brusini, 2017), em confronto com a descredibilização dos *media* tradicionais[10].

---

[9] "A única diferença é que o *storytelling* busca suscitar a adesão por meio de sentimentos positivos, e não pela amargura ou pela cólera, como é o caso das '*fake news*'. Nesse sentido, a pós-verdade seria uma espécie de *storytelling* negativa" (Mariscal, 2017: 6).
[10] Veja-se a quadra, a seguir apresentada, de uma canção da autoria do compositor e músico português Boss AC: "Eles enterram o País o povo aguenta/Mas qualquer dia a bolha rebenta/*De boca em boca nas redes sociais/Ouvem-se verdades que não vêm nos jornais*" (Sexta-feira. Emprego Bom Já).

AS CIÊNCIAS DA LINGUAGEM E A QUESTÃO DA VERDADE

A discursivização da verdade

A verdade não é o objeto das ciências da linguagem[11]. Mas as ciências da linguagem trabalham sobre a construção discursiva da verdade, a sua discursivização[12]. Na concepção da relação linguagem-mundo (a problemática da referência), marcada pelo confronto entre positivismo e construtivismo, a opção por uma perspectiva subjetivante, isto é, de uma subjetividade generalizada, tem como pressuposto assumido a não transparência da linguagem e dos discursos e assume que falar do mundo é interpretar o mundo, que a verdade é interpretada[13]. E de facto, de modo sistemático, a investigação tem-se centrado sobre o uso e funcionamento da língua, aspetos negligenciados pelas teorias linguísticas tradicionais[14]. O excerto abaixo, de Koch e Cortez (2015: 31), permite situar melhor a questão.

> [...] as verdades constituem "produções discursivas", que *têm como ponto de intersecção o mundo empírico e mentes que podem agir intersubjetivamente*. Isso faz com que a própria objetividade tenha sua fonte na intersubjetividade, já que *o conhecimento dito objetivo, assim como as verdades e as categorizações, são frutos de uma "triangulação entre dois indivíduos e o mundo"* (Marcuschi, 2007a: 132). Assim, os objetos de conhecimento são *objetos de discurso* (Koch; Cortez, 2015: 31).

A primeira asserção — *as verdades constituem "produções discursivas"* — não nos permite inferir, na linha de um qualquer radicalismo construtivista, que não há nada para além do discurso! É preciso continuar a leitura para entender essa dimensão da construção da verdade, na triangulação, de que fala Marcuschi, citado pelas autoras.

---

[11] "[...] os analistas do discurso não tomam 'a verdade' como seu objeto, mas, antes, examinam sua *mise en scène*, inelutavelmente marcada com o selo da subjetividade" (Koren, 2007: 263-264).
[12] Veja-se, a título de exemplo, o texto de Fuentes Rodríguez (2012), intitulado *La verdad como estrategia de legitimación discursiva*.
[13] "O discurso não serve exclusivamente para expressar em palavras uma verdade e, portanto, para pôr em cena essa verdade, que ele apenas representaria. Ele serve igualmente para construir a avaliação subjetiva afetiva e/ou axiológica. O fato de que a categorização do 'real' possa ser orientada por tomadas de posição axiológica e não unicamente por julgamentos factuais ou por asserções é considerado como algo reconhecido pela maioria das atuais teorias da linguagem, independentemente do lugar concedido às relações subjetivas com os valores" (Koren, 2007: 254).
[14] Ao longo de séculos, a linguagem foi vista como espelho do mundo. Os estudos do discurso tomam como pressupostos de análise a opacidade da linguagem e do discurso, que assenta numa perspectiva relativista: falar do mundo é interpretar o mundo. É certo, mas não é só.

É verdade que a atenção à interpretação levou, por vezes, a esquecer o primeiro aspecto. Mas a consideração desta dimensão interpretativa não invalida a natureza descritiva da linguagem. Como refere Rabatel (2016: 140) (na continuação de Bally e Ducrot, entre outros) "[...] um enunciado expressa tanto a descrição de um estado de coisas quanto uma interpretação [...]".

A este propósito, veja-se ainda a explicação de Nyckees, em texto de 2001, mas igualmente assertivo quanto à dimensão descritiva da linguagem:

> Na verdade, não é pelo facto de as significações não reenviarem a realidades objetivas que elas não reenviam a uma certa forma de realidade, a que chamaremos a realidade da experiência. *Esta realidade nem é puramente subjetiva e arbitrária nem puramente objetiva.* É uma realidade interacional, inseparavelmente subjetiva e objetiva: subjetiva enquanto implica a subjetividade dos indivíduos e dos grupos humanos; *objetiva, enquanto a realidade objetiva, impossível de conhecer enquanto tal, exerce sempre constrições sobre a experiência humana e portanto sobre a conceptualização humana* (Nyckees, 2001: 300, tradução pessoal).

Fica claro que a interpretação não é aleatória; é feita segundo regras e constrições de natureza cognitiva, de natureza social, isto é, histórica e cultural, de natureza linguística e da realidade representada. E por isso, se a verdade construída no discurso não é "a" verdade", também não é "qualquer" verdade.

Pragmática e verdade

É nas teorias pragmáticas que vamos encontrar a teorização de um pressuposto de verdade assumido pelo locutor (para os falantes, para o homem comum, a verdade é, basicamente, "aquilo que eu digo").

Em termos teóricos, a pragmática assume a verdade do dito no discurso, a partir do locutor — no princípio da sinceridade, de Austin (1962), e nas máximas da qualidade e quantidade[15], definidas por Grice (1975). Berrendonner (1981: 63) e Ducrot (1984)[16], entre outros, vão no mesmo sentido e

---

[15] Construídas como atos injuntivos, as máximas conversacionais desenham um quadro de responsabilidades do locutor na relação com o interlocutor, impondo um quadro de verdade e de adequação ao outro e ao contexto da interação (Marques, 2013: 146).

[16] "Le sujet est le 'garant' de la vérité qu'il met en scène; il construit, dans la trame de ses discours, l'ethos langagier qui devrait 'légitimer son dire'" (Charaudeau; Maingueneau, 2002: 239).

sublinham que o locutor "se porta como o fiador" da verdade asserida[17]. O locutor é garantia de verdade — este é um valor por defeito, não marcado —, ou melhor, de um valor de verdade, desde um quadro epistêmico — a verdade é apresentada como conhecimento — que o coloca na origem, e responsável do saber partilhado na interação. Neste sentido, a verdade está estreitamente ligada à problemática da subjetividade. Por isso é importante saber como é que o locutor discursiviza (põe em cena) a verdade, a sua verdade e a verdade dos outros.

Esta poderá ser a responsabilidade das ciências da linguagem, e da análise do discurso, relativamente à questão da *pós-verdade*.

Verdade, discurso e responsabilidade

> [...] o sujeito do discurso é ao mesmo tempo um sujeito ancorado em uma situação sócio-histórica concreta e constrangedora e um sujeito autônomo, livre para escolher a encenação da verdade e/ou dos julgamentos de valor pelos quais ele terá que assumir a responsabilidade (Koren, 2007: 276).

Tendo em consideração este quadro teórico e social complexo, que deliberadamente simplifiquei, limitei o meu estudo aos modos de construção discursiva da "verdade" dos outros pelo locutor — logo, da sua verdade também. Encontramos, no discurso, as marcas dessa construção[18], no modo como assume a responsabilidade enunciativa das vozes — e suas verdades — que traz para o discurso[19].

Retomando trabalhos anteriores, considero que a responsabilidade enunciativa designa de forma ampla "o *posicionamento* do locutor face às escolhas que realiza, na adequação à situação e aos objetivos discursivos" (Marques, 2013: 144).

A construção da *responsabilidade enunciativa* é um processo heterogêneo, que defini em função de duas vertentes inter-relacionadas, referentes

---

[17] É o caso de Maingueneau (1998: 115).
[18] Na análise linguística dos discursos de base enunciativa em que me coloco, ganha vulto o postulado fundamental de que todo discurso tem um locutor responsável pela sua enunciação, e os interlocutores deixam marcas da sua presença no discurso, isto é, marcas das suas atividades discursivas. Tal centralidade tem consequências ao nível do discurso, mas também da própria língua, como refere Fonseca (1994: 69).
[19] Tomar a responsabilidade enunciativa como objeto de estudo impõe a consideração de outras responsabilidades criadas também pelo discurso, em particular a responsabilidade ética, a que a assunção do uso da linguagem como exercício de influência confere centralidade nas discussões teóricas sobre este tema, bem como a responsabilidade jurídica (Marques, 2013).

às atividades do locutor/enunciador (L/E) na gestão da construção e estruturação discursivas e na relação que estabelece com as vozes que convoca.

Este enquadramento permite individualizar dois planos de construção e manifestação da *responsabilidade enunciativa*, que designei como *responsabilidade enunciativa*$_1$ e *responsabilidade enunciativa*$_2$. A primeira

> é a responsabilidade enunciativa inerente ao facto de *o locutor estar na origem da enunciação, do discurso em que participa*, enquanto lhe cabem as escolhas e estratégias discursivas, no quadro obviamente regulador do género, dos interlocutores, dos objetivos e do espaço institucional em que se integra. Cabe-lhe [...] *gerir o discurso*. Nomeadamente, cabe-lhe estruturar o discurso, e determinar que vozes convocar, assim como o lugar e modo de as fazer ouvir. Cabe-lhe ainda, na importante função de referenciação, a escolha do léxico para designar os objetos do discurso (Marques, 2013: 147-148).

Esta *responsabilidade enunciativa*$_1$, que é global e constitutiva, integra a *responsabilidade enunciativa*$_2$ que:

> Deriva das *relações do locutor com as vozes que traz para o discurso*, sejam vozes internas (os enunciadores de Ducrot) sejam *vozes externas, trazidas pelo discurso relatado*. Face às vozes que traz para o discurso, *o locutor escolhe posicionar-se e atenuar ou amplificar a relação de acordo ou desacordo, proximidade ou afastamento*, que necessariamente estabelece com elas. Mas é um jogo que não anula a *responsabilidade enunciativa* do locutor (Marques, 2013: 148).

No contexto dialógico que conforma o discurso, a responsabilidade enunciativa exerce-se relativamente a valores que não apenas o valor de verdade. Possui uma vertente axiológica para além da vertente epistêmica; o locutor não é apenas o garantidor da verdade — a sua e a dos outros — é também responsável por uma ação avaliadora que orienta argumentativamente o seu discurso. Koren (2007) chama a atenção para esta vertente, central na investigação atual, porque central na análise dos discursos:

> A assunção polifônica de responsabilidade (*versus* a rejeição) da verdade das declarações dos outros enunciadores ocupa, no entanto, um lugar central na pesquisa atual. A questão de apoiar valores diferentes de "Verdadeiro" é marginalizada ou mesmo ignorada. Isso não significa negar a importância da questão da veracidade,

que é um valor fundamental sem o qual não haveria relações sociais nem credibilidade possível (Koren, 2007: 263-264).

DISCURSO JORNALÍSTICO: A VERDADE COMO PRIORIDADE?

O discurso jornalístico é, atualmente, um dos tipos de discurso — ou uma área de atividade verbal — definido como estruturador da sociedade, que convoca de forma sistemática a questão da verdade jornalística (e da pós-verdade, que alguns reformulam, sintomaticamente como pós-jornalismo). Algumas dessas discussões têm a ver com uma ideia de transparência dos discursos.

Na categorização dos gêneros jornalísticos, que agora me interessa, retomo a clássica distinção entre gêneros de informação e gêneros do comentário, a qual deve assentar na concepção de um *continuum* entre discursos objetivantes e discursos subjetivantes (Rabatel; Chauvin-Vileno, 2006; Adam; Lugrin, 2006), que, como sabemos, decorrem de estratégias de apagamento, de inscrição e de desinscrição enunciativos[20]. Vou cingir-me aqui à reportagem, como gênero do discurso jornalístico de informação, na classificação acima proposta.

O discurso jornalístico de informação tem, nomeadamente, a objetividade como desiderato, mas este não pode ser tomado de forma absoluta. Mais ainda, há que sublinhar que esta pretensão, que regula o trabalho jornalístico (associada também a objetivos de imparcialidade e neutralidade), não faz do discurso de informação um espelho da sociedade, que dá a conhecer a verdade tal e qual aconteceu, mesmo se é uma *utopia necessária e fundadora* (Koren, 2006), enquanto horizonte inatingível, mas imprescindível à deontologia jornalística. Sendo utopia, não deixa de ter consequências na organização discursiva com impacto na construção do saber sobre o mundo.

DISCURSO RELATADO: DAR LUGAR À VERDADE DOS OUTROS

Assim, o discurso jornalístico de informação é, antes, a arte de estabelecer uma verdade socialmente marcante, no sentido em que cria condições de

---

[20] "Os procedimentos de apagamento enunciativo, que permitem apresentar um artigo com algo que não se inscreve nos gêneros de 'opinião' (editorial, crônica, charge), mas nos de 'informação' (reportagem, notícia, notas informativas), devem ser abordados no quadro mais geral dos aspectos linguísticos da construção da informação da imprensa e da oposição entre enunciação subjetivada' e 'enunciada objetivada'" (Adam; Lugrin, 2006: §3).

lisibilidade dos acontecimentos, propõe uma representação do mundo, que se pretende objetivante, e pela qual se responsabiliza. Como o faz? Que estratégias usa? Das marcas de responsabilidade enunciativa[21], considerei apenas o discurso relatado (DR), um processo discursivo que recorre a estruturas linguísticas e discursivas propícias à manifestação dessa responsabilidade enunciativa no modo de representação dos "discursos dos outros".

Com efeito, os modos de "apresentação da informação", que se pretende objetiva, imparcial, privilegiam a "factualidade" como característica de gênero, com consequências ao nível da construção discursiva (Marques, 2013), em particular no modo como o locutor dá voz aos outros, no modo como apresenta "a verdade dos outros". O DR é um dos procedimentos característicos. Sendo verdade que os enunciados relatados têm, usualmente, uma origem identificada, a responsabilidade enunciativa do locutor está presente nas modalidades acima referidas. Ao dar voz aos outros, o DR parece desresponsabilizar o locutor e objetivar o discurso, ainda que seja uma desresponsabilização "limitada", relativizada. A atribuição de um ponto de vista a outra fonte enunciativa é, ainda assim, assumida pelo locutor enquanto responsável pela seleção do excerto a relatar, pela sua integração num particular momento do discurso e pelo modo de relato escolhido, que determina, em particular, a construção do discurso atributivo.

Acresce que, pela sua frequência nos textos jornalísticos, o DR merece ser tomado como estratégia fundamental, senão mesmo parâmetro de construção do discurso de informação.

A VERDADE DOS OUTROS, DADA DE MODOS DIVERSOS: O CASO RICARDO ROBLES

Para exemplificar o modo como a verdade construída no discurso se relaciona com a responsabilidade enunciativa, selecionei uma reportagem referente ao caso Ricardo Robles, que pode ser assim resumido: Ricardo Robles era vereador da Câmara Municipal de Lisboa, pelo Bloco de Esquerda (BE). Fortemente crítico da especulação imobiliária em Lisboa,

> Ricardo Robles foi alvo de críticas generalizadas após uma notícia avançada pelo *Jornal Económico* na última sexta-feira, que dava conta de um negócio em que o

---

[21] Cf. Moirand (2006: 48-49), Koren (2006: 103-104), Adam e Lugrin (2006: 127) e Rabatel (2006: 88-89); ou a síntese dos postulados desses autores em Koren (2007: 258-259).

vereador, agora demissionário, adquiriu com a irmã um prédio em Alfama avaliado em 347 mil euros. Esse mesmo prédio foi reabilitado e colocado à venda em 2017 pelo valor de 5,7 milhões de euros (RTP, 30 de julho de 2018).

A reportagem selecionada intitula-se "Robles não informou BE que queria vender", da responsabilidade dos jornalistas Carlos Diogo Santos e Cristina Rita (em anexo). Foi publicada no semanário SOL (centro direita), em 4 de agosto de 2018.

Apesar da identificação dos autores na página do jornal, o texto da reportagem está marcado pela desinscrição do locutor, ao serviço da objetivação do discurso:

> (1) *Robles não informou* BE que queria vender (título).
> Nas obras do prédio de Alfama, a *Câmara detetou* várias infrações. *Robles contestou* e até agora *não teve* de pagar nada. Esta semana ficou a saber-se que teve benefícios fiscais e no financiamento. E que escondeu a venda do BE (subtítulo).

São enunciados assertivos, que colocam o locutor como garantidor da verdade dos conteúdos assim veiculados. De fato, o locutor assume a responsabilidade, na medida em que se assimila ao ponto de vista aqui expresso (L/E), apesar de não ocorrerem marcas explícitas da *assunção* dessa verdade, para além do uso dos verbos no pretérito perfeito do indicativo (valor temporal-aspectual, de localização relativamente ao momento da enunciação)[22].

Outras vozes são convocadas, no entanto, dando origem a um *drama dialógico*, que não inclui explicitamente o locutor mas não o isenta da gestão dessa relação.

Ricardo Robles, uma das vozes convocadas, é o tópico principal da reportagem, sucessivamente referido como "vereador cessante; Ricardo Robles; Robles; ex-autarca; autarca demissionário". Estas formas de tratamento delocutivo (Carreira, 1997) marcam o distanciamento objetivado do locutor, reforçado, aliás, por outros mecanismos discursivos. Os outros atores convocados, para além do deputado Pedro Soares, porta-voz do BE, são entidades coletivas, credíveis, instituições públicas e meios de comunicação social que integram a chamada imprensa séria: DGPC (Direção-geral do património

---

[22] O título e o subtítulo têm uma particular importância na construção da reportagem, e de qualquer texto jornalístico, enquanto concentram a informação básica, por vezes única que os leitores vão ler.

cultural), revista *Sábado,* jornal *i* e o semanário *SOL,* a voz institucional dos locutores-jornalistas, que apenas assume a função de alocutário.

É todo um procedimento de construção discursiva que visa assegurar a objetividade, a credibilidade e, por consequência, a verdade dos conteúdos veiculados. Trata-se sempre de uma escolha de que o locutor é responsável (responsabilidade$_1$).

No que concerne aos modos de presença dessas vozes, existem no corpo da reportagem dez excertos de DR.

A reportagem, como é característica do discurso jornalístico (Marques, 2013), privilegia formas híbridas de DR, com efeitos pragmáticos e discursivos diversos.

O discurso direto (DD) está presente, mas não na sua forma canônica. No exemplo abaixo, não há discurso atributivo, mas apenas marcas tipográficas, as aspas e o negrito, para assinalar o DD:

> Segundo Ricardo Robles foi dada luz verde. "**Sim. A licença de obra e a licença de utilização estavam condicionadas a parecer da DGPC. Ambas as licenças estão emitidas porque foram cumpridas todas as regras**."

Ao "repetir" as palavras ditas "tal e qual", o locutor distancia-se e coloca o leitor em interação com o objeto de discurso, a quem cabe ser garantidor da verdade veiculada.

Este modo de relato ocorre também com o verbo de locução posposto ou em *ilhotas textuais*[23], formas mistas de relato de discurso, frequentes, que operam transições entre o ponto de vista veiculado pelo locutor citado e o ponto de vista do locutor citante, com consequências discursivas interessantes:

> [...] reconheceu terem existido "**desconformidades**" e acrescentou que recebeu um ofício da Câmara de Lisboa com data de 9 de abril de 2018, referente a uma fiscalização de 28 de outubro de 2016. "**Tinha 15 dias para alegar o que tivesse por conveniente, o que fiz. Aguardo resposta por parte da CML**", explicou ao SOL.

Com efeito, pretendendo desresponsabilizar o locutor e conferir objetividade e credibilidade ao discurso; as ilhotas textuais, como o DD, introduzem uma perspetiva avaliativa do locutor. Colocadas em destaque, expressam um juízo avaliativo, positivo ou negativo, do locutor citante (Marques, 2013).

---

[23] Sobre o conceito, ver Fløttum (2004).

Em todos os casos em que ocorre o DD, sobressai a função de atestar a veracidade de conteúdos já avançados em discurso indireto (DI) ou discurso segundo:

> *Segundo Ricardo Robles foi dada luz verde.* "**Sim. A licença de obra e a licença de utilização estavam condicionadas a parecer da DGPC. Ambas as licenças estão emitidas porque foram cumpridas todas as regras.**"
>
> *[...] acrescentou que recebeu um ofício da Câmara de Lisboa com data de 9 de abril de 2018, referente a uma fiscalização de 28 de outubro de 2016.* "**Tinha 15 dias para alegar o que tivesse por conveniente, o que fiz. Aguardo resposta por parte da CML**", *explicou ao SOL.*
>
> *O vereador cessante do Bloco de Esquerda na Câmara de Lisboa, Ricardo Robles,* **confirmou** *ao Sol que não avisou o partido da intenção de colocar o prédio em Alfama à venda em 2017.* "**Não informei**", *respondeu por e-mail o ex-autarca que renunciou ao cargo na passada segunda-feira depois de se saber da intenção de venda do imóvel, avaliado em 5,7 milhões de euros.*

Nesta reportagem, o DD é usado quase exclusivamente para relatar o discurso de Ricardo Robles (duas ilhotas textuais são a exceção). Ora, é de assinalar o impacto ideológico do DD, trazendo para o discurso de informação as "próprias palavras" do locutor citado (trata-se na verdade de um conhecimento com estatuto doxal). A aceitar tal pressuposto de literalidade, o recurso ao DD dá saliência discursiva à voz convocada, confere objetividade ao discurso do locutor (dá-lhe credibilidade)[24]. Permite-lhe distanciar-se e desresponsabilizar-se quanto à verdade do conteúdo relatado.

Mas, se mais não houvesse, como refere Rosier (2002: 32), existe sempre "a inevitável avaliação do que é retomado".

O DI é o modo de relato mais presente, em formas mais ou menos canónicas, a que as ilhotas textuais pretendem trazer o realismo das próprias palavras do locutor citado.

> *Questionado* sobre se tais infrações tinham tido alguma consequência, o autarca demissionário *reconheceu* terem existido "**desconformidades**" ...
>
> Na primeira reação, Robles *sustentou* que não cometeu nenhuma ilegalidade e *prometeu* que iria colocar a sua parte do imóvel no mercado de arrendamento.

---

[24] Cf. Koren (2007: 264).

Dada a natureza da reportagem, o DR é, por vezes, citação de citação. Nestes casos, o locutor deixa marcas da fiabilidade da fonte citada, assumindo, ou rejeitando a responsabilidade da verdade do enunciado:

> O partido dá o caso como "**encerrado**", conforme disse ao jornal *i* o deputado Pedro Soares.
> [Ricardo Robles] *Terá informado* a direção do BE de que possuía o imóvel, conforme avançou a revista Sábado.

No primeiro excerto, o locutor dá conta de uma informação apresentada em DD, retomado na ilhota textual. A fiabilidade da fonte, reconhecida pelo locutor atual, leva-o a responsabilizar-se pela verdade da ocorrência, no uso do verbo *dizer* no pretérito perfeito do indicativo.

No segundo excerto, o locutor escolhe o verbo de locução "informar", no futuro perfeito "terá informado". Esta escolha marca o distanciamento do locutor que, ao contrário do excerto anterior, não garante a fiabilidade do relato[25]. A consulta da revista *Sábado* mostra que o modo de relato usado era o DI[26]. Esta discrepância poderá ser justificada pelo valor doxal de autenticidade agregado ao DD, mas que não inclui o DI.

O efeito de verdade é garantido por uma pluralidade de vozes, e por uma construção discursiva que privilegia o apagamento enunciativo do locutor, sem o conseguir totalmente, pois é um simulacro.

Há um apagamento enunciativo, mas há também uma atitude avaliativa do comportamento discursivo do locutor citado, construída por sucessivos comentários, que orientam argumentativamente o discurso, introduzindo a dúvida relativamente à verdade dos outros:

> Prometeu que iria colocar a sua parte do imóvel no mercado de arrendamento. Mantém a intenção, *mas também não explica por que razão nada disse ao BE sobre a intenção de o vender. Essa pergunta ficou por esclarecer no e-mail enviado. Mas a direção-Geral de património não divulgou o teor do parecer favorável.*

---

[25] Cf. Duarte (2009) sobre os valores do futuro perfeito.
[26] "Quando foi convidado para ser cabeça-de-lista pelo Bloco de Esquerda à Câmara de Lisboa, Ricardo Robles informou a direcção do partido de que tinha comprado um edifício em Alfama com a irmã. Garantiu que não tinha a intenção de o usar para alojamento local e a explicação foi suficiente para a cúpula bloquista acreditar que não se tratava de uma operação especulativa que poderia pôr em causa todo o discurso do partido sobre a gentrificação da cidade" (Margarida Davim, *Sábado,* nº 744, de 2 de agosto).

Mas tal não avançou, como explicou ontem ao Sol Ricardo Robles, *sem revelar se acabou por beneficiar desta redução/isenção.*

REFLEXÕES FINAIS

Retomo a questão da pós-verdade. A sociedade moderna renunciou à verdade? Poder-se-á perguntar se esta não é uma atitude especulativa, que vem reforçar o sentimento social de pós-verdade, num contexto que Baumann (2001) exatamente chamou de sociedade líquida, pós-moderna.

Por outro lado, observamos que a crescente emergência e difusão das noções de "pós-verdade" e "fatos alternativos" e a difusão de *notícias falsas* têm produzido efeitos bastante perversos, de que são exemplo as eleições nos Estados Unidos e o Brexit, entre muitos outros acontecimentos políticos e sociais.

Do lado dos estudos da comunicação, onde estas questões se levantam com acuidade, a revalorização do jornalismo é apresentada como o contraponto sério e necessário: "Um jornalismo mais revalorizado por sua ética, sua transparência quanto a seus métodos e fontes" (Brusini, 2017). É a mesma posição assumida pela União Europeia para combater as notícias falsas e a aceitação acrítica da informação que constitui a pós-verdade (segundo notícia do jornal Público)[27].

A superação de uma possível posição acrítica generalizada tem, ainda, outros atores. A assumida passividade dos cidadãos é, creio, um erro de análise. Pressupõe uma homogeneidade que não existe na realidade. E, por isso, reside nos cidadãos a capacidade de fazer frente à "cultura" da pós-verdade.

Fomentar o conhecimento, em geral, e a competência discursiva, em especial, são condições para o desenvolvimento de uma atitude crítica. Saber ler um texto e encontrar aí a verdade proposta pelo locutor, no caso vertente num texto jornalístico, implica não só atender ao que se diz, mas também ao modo como se diz, ao modo como o locutor representa a sua verdade em inter-relação com a verdade dos outros.

---

[27] A Comissão Europeia assume que há quatro grandes princípios que guiam o trabalho relacionado com as notícias falsas: a transparência que visa dar aos cidadãos europeus a informação fidedigna sobre as fontes das notícias; a diversidade de fontes de informação, que precisa de ser garantida; a credibilidade dos órgãos de informação, que deve ser óbvia para os cidadãos; a inclusão, que prevê a necessidade de incluir todas as partes ativas no processo de combate às notícias falsas.

A investigação em análise linguística dos discursos cruza-se com esta problemática e traz um contributo fundamental, enquanto fornece instrumentos de análise que permitem explicar a construção discursiva da "verdade" do locutor e das vozes que faz ouvir no seu discurso. Na análise aqui realizada, sobressai o recurso a diferentes modos de relato de discurso para tornar visível e legível uma interpretação dos acontecimentos levada a cabo pelo locutor e, criar condições de lisibilidade dos acontecimentos.

REFERÊNCIAS

ADAM, J.-M (1997). Unités rédactionnelles et genres discursifs: cadre général pour une approche de la presse écrite. In: *Pratiques,* n. 94. Disponível em: https://bit.ly/3fKalyr. Acesso em: set. 2012.

ADAM, J.-M (2001). Genres de la presse écrite et analyse du discours. *Semen,* 13: 7-14. Disponível em: http://semen.revues.org/8758. Acesso em: set. de 2012.

ADAM, J.-M.; LUGRIN, G (2006). Effacement énonciatif et diffraction co-textuelle de la prise en charge des énoncés dans les hyperstructures journalistiques. In: *Semen,* 22. Disponível em: http://semen.revues.org/4381. Acesso em: set. 2012.

AUSTIN, J. (1962). *How to Do Things with Words*. London: Routledge,.

BANGE, P. (1992). *Analyse conversationnelle et théorie de l'action*. Paris: Hachette.

BAUMANN, Z. (2001). *Modernidade líquida*. Rio de Janeiro: Zahar.

BERRENDONNER, Alain (1981). *Éléments de pragmatique linguistique*. Paris: Éditions de Minuit.

BRUSINI, H. (2017). *Mais qui donc a inventé la post vérité ?* Publié le 30 jan. 2017. Disponível em: https://bit.ly/3ryqolo. Acesso em: 24 jul. 2020.

CARREIRA, M. H. (1997). *Modalisation linguistique en situation d'interlocution: proxémique verbale et modalités en portugais*. Louvain-Paris: Peteers.

CHARAUDEAU, P.; MAINGUENEAU, D. (ed.) (2002). *Dictionnaire de l'Analyse du Discours*. Paris: Seuil.

COURTINE, J-J.; PIOVEZANI, C. (org.) (2015). *História da fala pública*. Petrópolis: Vozes.

DUARTE, I. M (2009). Le "futuro perfeito" portugais: un marqueur de médiatif. In: *Faits de Langue,* 33, p. 111-117.

DUCROT, O. (1984). *Le Dire et le Dit*. Paris: Minuit.

FLØTTUM, K. (2004). Îlots textuels dans *Le Temps Retrouvé* de Marcel Proust. In: MUÑOZ, J. M., MARNETTE, S.; ROSIER, L. (ed.*), Le Discours Rapporté dans tous ses états*. Paris: L'Harmattan, p. 121-130.

FONSECA, J. (1994). *Pragmática linguística*. Porto: Porto Editora.

GRICE, P. (1975). Logic and Conversation. In: COLE, P; MORGAN, J. (ed.). *Studies in Syntax and Semantics III: Speech Acts*. New York: Academic Press, p. 183-198

FUENTES RODRÍGUEZ, C. (2012). La *verdad* como estrategia de legitimación discursiva. In: *Discurso & Sociedad*, v. 6(1), p. 128-155.

KEYES, R. (2004). *The Post-Truth Era: Dishonesty and Deception in Contemporary Life*.

KOCH, I; CORTEZ, S. (2015) A construção heterodialógica dos objetos de discurso por formas nominais referenciais. In: *ReVEL,* 25, v. 13, p. 29-49. Disponível em: www.revel.inf.br. Acesso em: 3 ago. 2017.

KOREN, R. (2006). La responsabilité des Uns dans le regard des Autres: l'effacement énonciatif au prisme de la prise de position argumentative. In: *Semen,* 22. Disponível em: https://bit.ly/3urzq5k. Acesso em: set. 2012.

KOREN, R. (2007). L'analyse du discours à l'aune d'un questionnement éthique. In: *Filol. linguíst. port.*, n. 9, p. 251-278.

MAINGUENEAU, D. (1988). *Analyser les textes de communication.* Paris: Dunod.

MARISCAL, V. (2017). *La post-vérité: un dispositif de stigmatisation des classes populaires?* (working paper). Disponível em: https://bit.ly/3fjhp58. Acesso em: 20 jul. 2018.

MARQUES, M. A. (2014). Como é que uma voz tão crítica dos políticos resolve ir parar a política? Ler os políticos na mediatização jornalística. In: MOMESSO, M. R.; ASSOLINI, F.; CURCINO, L.; BURLAMAQUE, F.; PALMA, G. (org.). *Das Práticas do ler e escrever: ao universo das linguagens, códigos e tecnologias.* Porto Alegre: Cirkula, p. 171-189.

MARQUES, M. A. (2013). Construir a responsabilidade enunciativa no discurso jornalístico. In: *REDIS* 2, p. 139-165.

MERCIER, A. (2018). *Fake news* et post-vérité: tous une part de responsabilité. In: *Fake news et post--vérité: 20 textes pour comprendre et combattre la menace. The Conversation France*, p. 4-8. Disponível em: https://bit.ly/31sSWSy. Acesso em: 20 jul. 2018.

NYCKEES, V. (2001). Description, interaction et coordination. In: BURIDANT, C.; KLEIBER, G.; PELLAT, J.C. (ed.). *Par monts et par vaux.* Paris: Éditions Peeters, p. 285-304.

PRESTIGIACOMO, C. (2018). La forja de la posverdad en el discurso nacional-sindicalista: Y (1938-1945). In: DI GESÙ; F.; PINTO, A.; POLIZZY, A. (ed.). *Media, Power and Identity: Discursive Strategies in Ideologically-oriented Discourses.* Palermo: UnipaPress, p. 147-166.

RABATEL, A. (2016). Diversité des points de vue et mobilité empathique. In: COLAS-BLAISE, M.; PERRIN, L.; TORE, G. M. (ed.), *L'énonciation aujourd'hui, un concept-clé des sciences du langage.* Limoges: Lambert-Lucas, p. 137-152.

RABATEL, A.; CHAUVIN-VILENO. (2006). La question de la responsabilité dans l'écriture de presse. In: *Semen,* 22. Disponível em: http://semen.revues.org/4381. Acesso em: 25 jul. 2012.

ROSIER, L. (2002). La presse et les modalités du discours rapporté: l'effet d'*hyperréalisme* du discours direct surmarqué. In: *L'information grammaticale,* 94: 27-32.

TANQUEREL, S. (2018). La post-vérité reflète une époque et marque une nouveauté. In: MERCIER, A. (ed.). *Fake news et post-vérité: 20 textes pour comprendre et combattre la menace. The Conversation France*, p. 9-11. Disponível em: https://bit.ly/3fBPnlF.

Revista *UNO*, nº 27 (2017). A era da pós-verdade: *realidade* versus *percepção*. Disponível em: www.revista-uno.com.br.

SITOGRAFIA

The Times: https://bit.ly/3ddIPqg
LLYC: https://bit.ly/3dfInbk
RTP Notícias: https://bit.ly/39iNQwH

ANEXO

ROBLES NÃO INFORMOU BE QUE QUERIA VENDER

Carlos Diogo Santos
carlos.santos@sol.pt

Cristina Rita
cristina.rita@sol.pt

Nas obras do prédio de Alfama, a Câmara detetou várias infrações. Robles contestou e até agora não teve de pagar nada. Esta semana ficou a saber-se que teve benefícios fiscais e no financiamento. E que escondeu a venda do BE.

O vereador cessante do Bloco de Esquerda na Câmara de Lisboa, Ricardo Robles, confirmou ao SOL que não avisou o partido da intenção de colocar o prédio em Alfama à venda em 2017. «Não informei», responde por e-mail o ex-autarca que renunciou ao cargo na passada segunda-feira, três dias depois de se saber da intenção de venda do imóvel, avaliado em 5,7 milhões de euros.

Ricardo Robles é coproprietário de um prédio em Alfama, comprado em Julho à Segurança Social em 2014. O prédio foi reabilitado depois de uma notificação da Câmara de Lisboa e acabou por integrar a lista de anúncios de uma imobiliária de luxo com a referência «short rental». Tratava-se de uma publicidade para investidores também interessados no alojamento local. O problema é que o autarca sempre se bateu contra a especulação imobiliária e o risco de gentrificação. Terá informado a direção do BE que possuía o imóvel, mas não explicou que tencionava vendê-lo, mesmo que fosse a pedido da irmã, Ligia Robles.

A primeira reação, Robles sustentou que não cometeu nenhuma ilegalidade e prometeu que iria colocar a sua parte do imóvel no mercado de arrendamento. Mantém a intenção, mas também não explica porque razão nada disse ao BE sobre a intenção de vender. Essa pergunta ficou por esclarecer no e-mail enviado. O partido diz o caso como «encerrado», conforme disse ao jornal i o deputado Pedro Soares.

LICENÇA CONDICIONADA

Documentação a que o SOL teve acesso mostra que o processo iniciado de licenciamento de obra e utilização concedidas pela autarquia teve uma aprovação condicionada, obrigando Ricardo Robles a pedir a intervenção da Direção-Geral do Património Cultural por se tratar de integrar um terreno histórica e por integrar uma zona da Muralha Fernandina, considerado monumento nacional.

A DGPC garante ao SOL, que fez o acompanhamento de todo o processo entre 1 de julho de 2015 até 12 de janeiro de 2017 e que foram aceites as medidas de intervenção e aprovado «aditamento ao PIATA (Pedido de Autorização de Trabalhos Arqueológicos)». Mas a direção-geral de património não divulgou o teor do parecer favorável. Segundo Ricardo Robles foi dada luz verde: «Tinha 15 dias para alegar o que tivesse por conveniente, e que fiz. Aguardo resposta por parte da CML», explicou ao SOL.

BENEFÍCIOS FISCAIS

Ricardo Robles solicitou a redução/isenção da taxa TRIU – taxa

Redução da taxa TRIU foi aprovada porque Robles ia por coletores solares que acabou por não colocar

No processo constam também irregularidades detetadas durante as obras. As infrações foram registadas pela Câmara Municipal de Lisboa e estavam relacionadas com a falta de manutenção dos resíduos de proteção dos andaimes, ocupação desconforme da via pública e alvará fora do prazo.

Questionado sobre se tais infrações tinham tido alguma consequência, o autarca demissionário reconheceu terem existido «desconformidades» e acrescentou que recebeu um ofício da Câmara de Lisboa com data de 9 de abril de 2018, referente a uma fiscalização de 28 de outubro de 2016.

«Inicialmente foi ponderada a possibilidade de instalação de coletores solares. A complexidade técnica da instalação e a dificuldade de integração arquitetónica fizeram com que essa possibilidade fosse abandonada, justificada legalmente ao abrigo do DL 53/2014», afirmou.

Ontem, o Jornal Económico, que revelou a história do prédio de Alfama de Ricardo Robles, avançava que o vereador cessante beneficiou de um programa de financiamento da autarquia e do Montepio para reabilitação urbana com condições mais favoráveis – o Re-9.

Segundo o jornal, o empréstimo de 329 mil euros, a 20 anos, foi contraído antes da da Caixa Geral de Depósitos, de 400 mil euros. A declaração de rendimentos que Ricardo Robles entregou no Tribunal Constitucional no final do ano passado ia acompanhada por vários documentos, entre os quais um da Caixa Geral de Depósitos relativo a este crédito. Nesse comprovativo bancário ficava claro que, quando contraiu o empréstimo, Robles colocar a render. Nesse «Tipo de crédito: habitação. Finalidade: obras em imóvel para rendimento», pode ler-se.

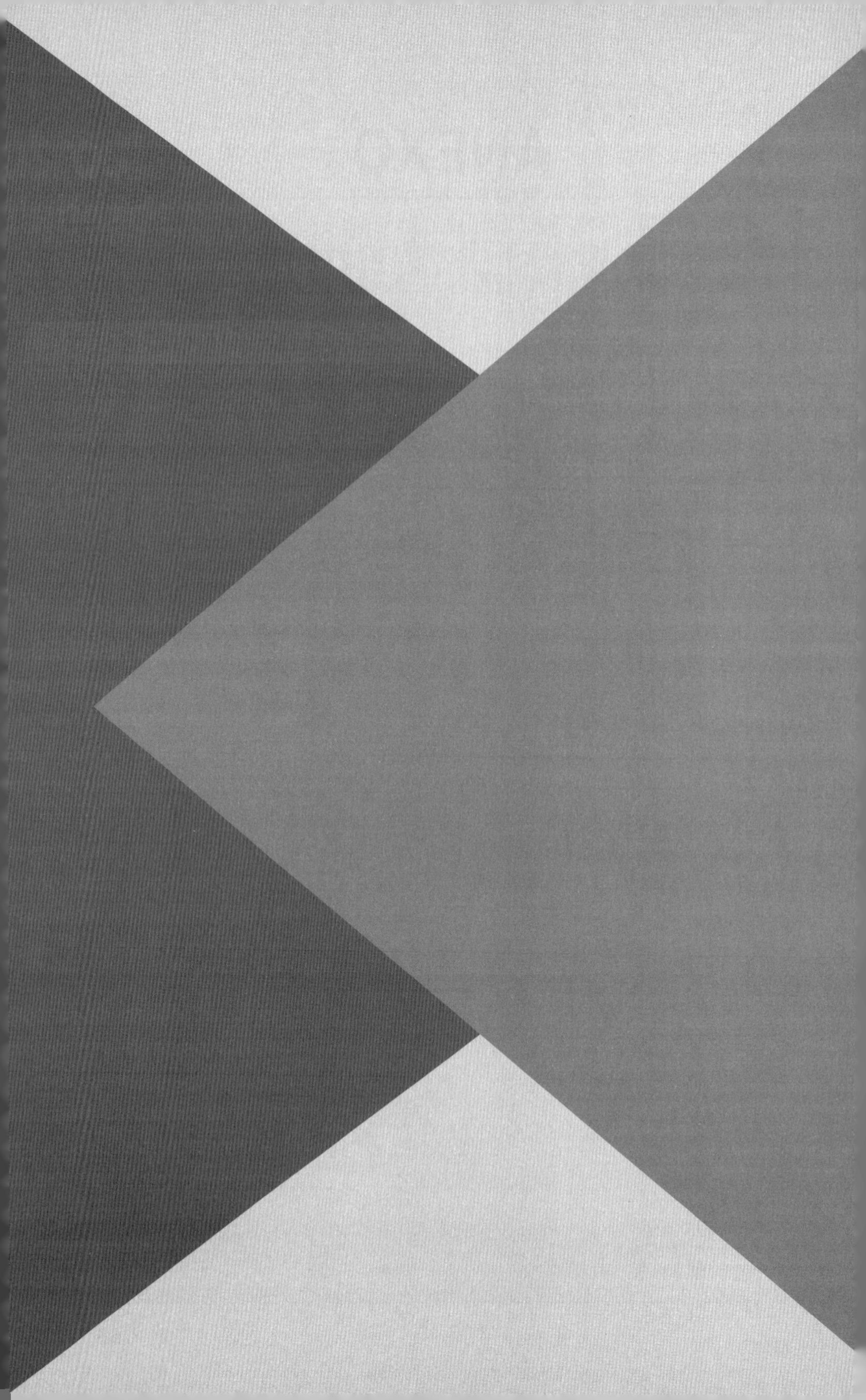

Efeitos de verdade
A retórica eleitoral de Bolsonaro

Carlos Piovezani

> Temos de falar a língua que o povo compreende.
> *Goebbels*
>
> A linguagem sempre revela o que uma pessoa tem dentro de si e deseja encobrir, de si e dos outros, ou que conserva inconscientemente. Uma pessoa pode fazer declarações mentirosas, mas o estilo deixará as mentiras expostas.
> *Vitor Klemperer*

INTRODUÇÃO

Nas interlocuções entre os sujeitos de uma sociedade, a lógica da demonstração de raciocínios e conteúdos está simultânea e inextrincavelmente ligada a uma estética de sua manifestação. De modo análogo ao que ocorre em outros campos, os pronunciamentos e declarações do discurso político são, ao mesmo tempo, posicionamentos ideológicos, representações dos interlocutores e dos objetos de que tratam e ainda efeitos produzidos em determinadas condições históricas e sociais. Mais especificamente, as falas políticas têm de empreender com frequência um considerável esforço na construção de suas formas, de seus objetos de discussão e dos próprios mundos em que elas emergem.

A política é fundamentalmente estética. Ao contrário da ideia da existência de "discursos nus"[1], de palavras sem canto, como se houvesse usos da língua sem música, conteúdos sem expressão, tudo o que é dito implica, no que se diz, uma maneira de dizer que lhe é intrínseca. Se isso acontece constantemente e é decisivo para todas e quaisquer relações sociais, com mais forte razão ocorre nos embates políticos: "A política é coisa estética, questão de aparência" (Rancière, 1995: 87).

---

[1] *Psiloì lógoi.* Cf. Butti de Lima, 2007: 25-26.

Por essa razão, à abordagem crítica é essencial tanto a desconstrução das recusas à efetiva participação popular quanto o exame de suas variadas formas de expressão. Em nome de supostos nobres interesses públicos, mas com real ranço aristocrático, "a palavra democracia foi inventada como termo de indistinção, para afirmar que o poder de uma assembleia de homens iguais só podia ser confusão de uma turba informe e barulhenta" (Rancière, 2014: 117). Por sua vez, o termo "demagogia", originalmente neutro e equivalente à atuação política, só "se carrega de traços negativos pelo modo como os novos políticos, provenientes das camadas baixas, praticam a demagogia"[2]. Finalmente, em nossos dias, grassa a noção de "populismo". Ela "permite interpretar qualquer movimento de luta contra a despolitização realizada em nome da necessidade histórica como manifestação de uma fração atrasada da população ou de uma ideologia ultrapassada" (Rancière, 2014: 109-110). A denúncia do populismo está sempre na manga e pode ser sacada diante de qualquer ameaça de conquista popular: além do anacronismo de seus agentes, nela vigora "o princípio nunca demonstrado de que as outras classes sociais não são manipuladas por ninguém", consagrando a ideia de que "existem as 'classes inteligentes' e as classes do povo, iletradas, e que são facilmente iludidas por um líder carismático ardiloso" (Souza, 2017: 138).

As práticas e os discursos que buscam excluir os sujeitos das classes populares da vida política podem ter essências e aparências diversas, podem ter conteúdos e substâncias distintas e se apresentar com diferentes formas e expressões. Tais práticas e discursos podem supor e sustentar que o povo é incapaz de tomar as melhores decisões para o bem comum, que ele é suscetível às manipulações ou ainda que aqueles que lhe dirigem a palavra mentem, ao aparentar que defendem suas causas. A exclusão popular pode, porém, vir de outros lugares e vestir outras roupas. Pode fazê-lo justamente simulando que agora um dos seus fala em seu nome e à sua maneira (cf. Piovezani, 2020). Vejamos, neste capítulo, um destes casos.

Com efeito, Jair Bolsonaro não falou muito durante sua campanha eleitoral. Nas ocasiões em que seu desempenho oratório tornou-se objeto

---

[2] Cf. Canfora (1993: 4 e 6). Segundo o autor, seu mais antigo registro provém da comédia *Os cavaleiros*, de Aristófanes. Canfora reproduz, entre outras, esta passagem da peça do dramaturgo grego antigo: "Conquiste o povo com saborosas iguarias verbais. Você já tem todos os outros requisitos para a demagogia: uma voz repugnante, origens baixas e vulgaridade. Você tem tudo de que precisa para fazer política" (versos 213-219).

de discussão, não raras vezes, se afirmou que o candidato pelo Partido Social Liberal (PSL) nas últimas eleições presidenciais no Brasil e atual presidente da República comete "erros de comunicação" e que sua dicção é "sofrível". Nessas mesmas circunstâncias, com certa frequência, também se diz que ele não fala muito bem em público e que não domina a norma culta do português[3]. Já bem antes das eleições, seus partidários costumavam assegurar que ele fala as verdades que alguns não querem ouvir e que outros não têm coragem de dizer[4]. Também não são poucos os que disseram e continuam a dizer que Bolsonaro age, se comporta e fala de modo simples e popular, como se fosse um homem do povo, um "presidente sem filtro"[5].

Não deveria caber, prioritariamente, a uma abordagem discursiva das práticas de fala pública e do que se diz a seu respeito subscrever ou refutar as impressões dos que são considerados leigos ou os julgamentos dos que são tomados como especialistas. Seu objetivo deve ser, antes, o de responder à questão: "Como apareceu um determinado enunciado, e não outro em seu lugar?" (Foucault, 1997: 31), ou seja, deve ser o de identificar e interpretar os fatores da historicidade inscritos no próprio âmago do que foi dito e das formas de dizer. De maneira consoante e complementar, mas não idêntica, deve ser também o de analisar as formas empregadas, seja nos pronunciamentos públicos, seja nos discursos que os avaliam, em suas relações com outras formas presentes e ausentes na constituição, na formulação e na circulação das coisas ditas e de seus modos de dizer.

Essas relações se estabelecem no interior de determinadas condições históricas e sociais de produção discursiva e a partir das posições às quais se filiam os sujeitos do discurso[6]. Assim, os sentidos das palavras — e de modo análogo os dos elementos prosódicos que as compõem, quando se atualizam na modalidade oral — e das expressões e enunciados — e de modo análogo os das modulações vocais que os materializam — não estão somente nas próprias formas dessas unidades, mas emergem, sobretudo,

---

[3] Ver, entre outros, os seguintes textos: "Três erros de comunicação cometidos por Bolsonaro que você pode evitar", de Reinaldo Polito, publicado no portal *Uol*, em 05 de fevereiro deste ano; e "Bolsonaro fala outra língua", de Miguel Lago, publicado no *site* da revista *piauí*, em 13 de agosto de 2018.
[4] "Bolsonaro falando a verdade, como sempre", de Marco Antônio Felício da Silva (general de Brigada), publicado em 16 de janeiro de 2015 no seguinte *blog*: https://bit.ly/3umGYGx.
[5] *Veja*. Edição 2.666, ano 52, nº 52, 25 de dezembro de 2019.
[6] Cf. Orlandi (2001), Possenti (2008) e Piovezani e Sargentini (2011).

das construções nas quais se estabelecem relações de equivalência e de encadeamento, a partir de uma posição enunciativa: "As palavras mudam de sentido segundo as posições sustentadas por aqueles que as empregam [...], 'mudam de sentido' ao passar de uma formação discursiva para outra" (Pêcheux, 2011: 73).

É fundamentalmente com base nesses postulados e nos procedimentos metodológicos da análise do discurso, associados a contribuições da retórica e de estudos prosódicos, que este capítulo examina aspectos da fala pública de Jair Bolsonaro produzida na eleição presidencial do Brasil ocorrida em outubro de 2018. Mediante o exame das formas e recursos linguísticos, retóricos e discursivos de sua fala pública, buscamos demonstrar que um dos traços marcantes do desempenho oratório do então candidato era a produção dos seguintes efeitos de sentido: os de franqueza e de interação e os de veemência e de antagonismo. Buscamos ainda indicar que o candidato se vale de um particular funcionamento do esquema argumentativo: *docere, delectare et movere*. Para demonstrá-lo, são analisados dois pronunciamentos de Bolsonaro realizados no primeiro e no último programa do Horário Gratuito de Propaganda Eleitoral (HGPE).

A análise dessa amostra da oratória do candidato do PSL, evidentemente, não se pretende exaustiva na identificação e na generalização do que seriam as características essenciais de sua fala pública e de seu discurso. Por meio da descrição e da interpretação aqui realizadas, alcançamos uma série de resultados a propósito de vários dos expedientes empregados nessas suas duas intervenções eleitorais. Estas últimas, por sua vez, não devem ser isoladas da história que as abrange e as constitui: há uma história das ações e dos pensamentos da direita e da extrema direita, há uma história das coisas ditas por seus protagonistas e adeptos e de suas maneiras de dizer e há ainda uma história dos atos e das palavras de Jair Bolsonaro. Há, enfim e constitutivamente, o que lhes faz face e lhes dá sentido, um conjunto de práticas e de posturas de oposição ao liberalismo econômico e ao conservadorismo social.

Como é sabido, as participações de Bolsonaro em programas de tevê, sua presença constante em textos da imprensa e em *posts* e *memes* das redes sociais na internet e seus pronunciamentos na Câmara dos Deputados e nos que circulam, principalmente, via WhatsApp, Facebook e afins foram decisivos para a construção de sua celebridade midiática. Foi desse modo que Bolsonaro passou a "mitar" cada vez mais no campo político. Nesse quadro, a repercussão de seu nome tornou-se cada vez maior. Foi pensando em abordar um aspecto da recepção de sua propaganda eleitoral que acrescentaremos o exame de alguns "comentários" de seus espectadores, tal como se encontram formulados num canal do YouTube, às análises de cada uma dessas suas duas falas públicas. Por meio desse exame, será possível depreender certos traços do funcionamento do discurso de adesão ao então candidato e apontar algumas relações ali estabelecidas pelos comentadores entre os desempenhos oratórios do candidato e seus efeitos de verdade. Portanto, os pronunciamentos e os comentários aqui examinados somente podem ser compreendidos nessas condições de produção e nas profundas relações entre estética e política[7].

O PRIMEIRO PROGRAMA NO HORÁRIO GRATUITO DE PROPAGANDA ELEITORAL

No dia 31 de agosto de 2018, teve início a propaganda eleitoral gratuita no rádio e na televisão relativa às eleições a cargos do executivo e do legislativo ocorridas naquele ano. Sua exibição aconteceu em dois blocos diários distintos, o primeiro a partir das 13h e o segundo, das 20h30min, de segunda a sexta-feira. O tempo de que dispõem os candidatos dos diversos partidos e coligações no HGPE correspondeu proporcionalmente ao número de representantes no Congresso Nacional. Particularmente, quanto ao que cabia aos candidatos à presidência da República, se procedeu do seguinte modo: do tempo total, 1 minuto e 15 segundos (10% do total) foi dividido igualmente entre todos os postulantes, enquanto os 90% do tempo restante foram divididos de acordo com a bancada eleita na Câmara. O programa de Bolsonaro dispunha, então, de 8 segundos do total de 12 minutos e 30 segundos do HGPE.

A estreia do candidato do PSL na propaganda eleitoral gratuita de televisão consistiu em um curto pronunciamento, composto de apenas duas frases. Em sua abertura, a imagem que surgiu na tela foi a seguinte:

---
[7] Tais relações entre política e estética em pronunciamentos de Adolf Hitler, Benito Mussolini e Jair Bolsonaro foram examinadas em Piovezani e Gentile (2020).

Dados o exíguo tempo de tevê[8] e a opção por uma estratégia eleitoral de difusão de mensagens via redes sociais, a assessoria de campanha dessa chapa composta por Bolsonaro e pelo general Hamilton Mourão aproveita os cantos inferior à esquerda e superior à direita para impelir os eleitores ao emprego das chamadas novas tecnologias de comunicação e informação (TICs). Neste caso, o aplicativo para telefones móveis e afins e o *site* do candidato na internet. O uso dessas tecnologias e as formas da linguagem verbal que o acompanha são tão habituais, que fazem com que os verbos no imperativo "**Baixe** o aplicativo Voluntários da Pátria" e "**Acesse** agora jairbolsonaro17.com.br" — este último sucedido pelo advérbio "agora" — não somente sejam palatáveis, mas também soem como absolutamente naturais.

Já a bastante breve fala de Bolsonaro poderia ser esquematicamente assim transcrita:

> Vamo**s** caminha**r**: junto**s**::: em de**fe**sa da fa**mí**ilia::e da nossa **pá**atria.::: **Ru**mo:: à vi**tó**ria.

O início da intervenção é abrupto e o volume da voz é relativamente alto, de modo a produzir um efeito de ataque, cujo impacto se atenua com o sorriso que se realiza a partir de "em defesa" e que se estende até o final de sua intervenção. Já a cadência do breve pronunciamento é mais ou menos

---

[8] Eis o *link* para o programa, que se encontra disponível no canal "Arquivo eleitoral" do YouTube: https://www.youtube.com/watch?v=9wpPvXnRXMQ.

acelerada, porque o tempo da voz é um pouco mais veloz do que o adotado em falas distensas e em elocuções com voz modal. Quanto à distribuição dos padrões entoacionais, das sílabas tônicas salientes e das pausas, ocorre o seguinte:

(i) há uma segmentação que assim divide as duas orações: "Vamos caminhar juntos / em defesa / da família / e da nossa pátria. / Rumo / à vitória";

(ii) na primeira oração, há um tom suspensivo em nível alto em seu primeiro segmento, acompanhado de dois tons descendentes e igualmente produzidos em nível alto, em seus dois últimos segmentos;

(iii) na segunda oração, ocorre uma distribuição análoga, porque "Rumo" é atualizado em tom suspensivo de nível alto e seu complemento "à vitória" é realizado em tom descendente de mesmo nível;

(iv) as pausas estão colocadas em consonância com essas distribuições de tons e das sílabas tônicas de cada sequência (**Va**mos, de**fe**sa, fa**mí**lia, **pá**tria, **Ru**mo, vi**tó**ria), de modo a realçar a ação coletiva, o perigo pré-construído e a necessidade de proteção à família, o nacionalismo e o caminho do sucesso eleitoral.

Assim, são produzidas frases afirmativas, que carreiam conjuntamente os efeitos de anúncio e injunção. Trata-se de afirmações enfáticas produzidas não somente pelos tons e níveis prosódicos, como também pelo volume vocal e pela tensão articulatória. Esta última pode ser observada na rigidez da pronúncia da sílaba final de "caminhar", com destaque para o "r" que marca o infinitivo, e no relativo realce dos "s" finais em "Vamos" e "juntos". Em uma fala distensa, as pronúncias, sem alto policiamento, em qualquer norma linguística, seriam "Vamo caminhá junto". Ao se valer dessa pronúncia tensa e rígida, o político pode produzir uma imagem positiva entre seus interlocutores, que nela identificariam uma postura firme e um uso linguístico correspondente ao imaginário do que são as formas da chamada norma-padrão da língua. Seu inconveniente, em contrapartida, é o de um desempenho que se mostra não espontâneo e que, por isso, poderia ser considerado como uma fala inautêntica.

Em todo caso, nesse misto de anúncio e de injunção, ressaltam-se ênfase e drama, tensão e energia. Mas nem só desses elementos é constituída a pronúncia carregada de Bolsonaro. A fala enfática e dramática, tensa e enérgica é marcada por movimentos articulatórios vigorosos, alongamentos e saliências de variantes segmentais, qualidade de voz tensa e volume vocal elevado. Correspondem a essas configurações fônicas um "posicionamento do falante como autoridade", uma "expressão de tensão" e um "posicionamento do falante como comunicador". Essas configurações, por seu turno, contrastam com as conformações prosódicas da fala distensa, típicas do falante que se apresenta como "uma pessoa como qualquer outra"[9]. Nesse sentido, o padrão de fala adotado nessa estreia do candidato no HGPE contrariou uma tendência de seu *marketing* eleitoral, a saber, a de produzir a imagem de um homem do povo, de uma pessoa comum. Buscou-se atingir esse efeito principalmente com a difusão de cenas do que seriam ações privadas e hábitos cotidianos do candidato. Nelas, Bolsonaro aparecia lavando roupas e fazendo uma refeição em mesa e ambiente com objetos e composição bastante populares.

A performance oratória contrafeita e a difusão de cenas e imagens inverossimilhantes, que passam por simulação e despreparo e por estratégia populista para parte dos que as assistiam, poderiam ser consideradas positivamente por outro conjunto dos eleitores, que as conceberiam como falta de traquejo com o artificial contexto de propaganda eleitoral e como exposição da vida ordinária de uma pessoa comum, que não tem nada a esconder. Assim como as unidades da língua, as formas simbólicas, de modo geral, são interpretadas mediante equivalências e encadeamentos que se processam a partir da posição ideológica, em que se inscreve o sujeito que opera a interpretação. Por isso, o mesmo desempenho oratório e as mesmas cenas e imagens produzem sentidos diversos e até mesmo opostos. Os processos de uso e de interpretação das propriedades e das modulações vocais de uma fala compreendem igualmente essas equivalências e encadeamentos, constituídos no interior de posições sociais assumidas pelos sujeitos que produzem e interpretam os enunciados, em que se materializam os discursos. Sempre com base nessa concepção discursiva do que se fala e do que se ouve em sociedade, voltemos ao exame de algumas outras características do primeiro pronunciamento de Bolsonaro no HGPE.

O conjunto de propriedades prosódicas de uma intervenção remete aos atos de fala, aos modos oracionais, às modalidades deônticas e epistêmicas e às atitudes do falante, este último aqui concebido como um sujeito social, que

---

[9] Para definição das noções de fala enfática, tensa, dramática e distensa, suas configurações fônicas e suas correspondências com papéis sociais do falante, ver Madureira (1996).

se encontra em meio a um complexo jogo de relações de força entre as classes e os grupos de uma sociedade, nos quais esse sujeito se insere e/ou com os quais ele se identifica. É desse jogo que dependem os seguintes processos e correspondências: os atos de fala podem ser pedidos, ordens, sugestões etc., ao passo que os modos correspondem a orações declarativas, interrogativas, exclamativas etc., e as modalidades indicam possibilidade, certeza, validade, relevância etc. Suas combinações são determinadas por ideologias concorrentes em uma sociedade e conformam-se em atitudes do locutor que podem ser as de polidez, indiferença, indignação, entre outras[10]. Conforme foi dito, essa breve fala de Bolsonaro conjuga anúncio e injunção. Para a execução desses atos de fala, o candidato se vale de uma oração declarativa categórica e vigorosa e de uma oração exclamativa entusiasmada. A modalidade dos enunciados combina os efeitos de alta relevância e de absoluta certeza.

Os eventuais excessos indesejáveis, que poderiam derivar dessa carga pesada, formada de elevadas doses de convicção e de energia, de veemência e de autoatribuição de importância, são atenuados principalmente pela expressão facial sorridente, acompanhada por leve movimento corporal e pelas gesticulações mais ou menos discretas de seu braço e mão direita. Além disso, a opção por uma enunciação em primeira pessoa do plural ("Vamos"), o emprego do adjetivo com função adverbial ("juntos") e o considerável consenso social positivo quanto à "família" e à "pátria" concorrem para reduzir os riscos à face do candidato.

Sem dúvida, o tempo de que dispunha Bolsonaro era bastante reduzido. Talvez essa pudesse ser a escusa para que em sua fala a exposição de propostas de políticas públicas e a elaboração e consistência argumentativa fossem substituídas pelos efeitos de congregação e de interação entre candidato e eleitores — no uso inclusivo da primeira pessoa do plural ("Vamos"), do adjetivo com função adverbial ("juntos") e do pronome possessivo de primeira pessoa do plural ("nossa"), que reforça essa congregação na ação coletiva de "caminhar" — e pela produção das evidências do que são "a família" e a "nossa pátria", entidades precedidas por determinantes definidos. Contorna-se a polissemia de cada uma dessas ocorrências. Tomemos apenas uma: não há um único sentido inscrito na palavra "família". Sabemos que os sentidos produzidos por seu emprego entre os partidários de Bolsonaro ou

---

[10] Para mais informações sobre essas relações entre padrões prosódicos e entoacionais, ver Cagliari (2007).

entre sujeitos conservadores, de modo geral, são os de "família tradicional", isto é, composta por um casal heterossexual. No entanto, há mais: é uma família idílica, do tipo que se vê "em publicidade de margarina", como se diz. Algo nas antípodas dos conflitos reais e imaginários constituintes de todas e quaisquer famílias. A "nossa pátria" também carregaria esse sentido de ideal harmônico, em que as lutas entre classes e grupos sociais devem ser silenciadas em nome da ordem e do progresso. Ambas precisariam ser defendidas de valores, processos e agentes que, por serem sobejamente conhecidos, dispensam apresentação. A congregação é ainda reforçada pela articulação entre essa caminhada coletiva e seu ponto de chegada: "Rumo à vitória".

Além disso, conforme dissemos, se pode observar no desempenho de Bolsonaro uma relativa falta de traquejo para mais bem dissimular a leitura que faz do texto escrito no *teleprompter*. Há, ainda, certo excesso protocolar na seguinte combinação: a relativa falta de fluência e espontaneidade de sua fala, a opção do candidato em ficar de pé, em uma postura bastante ereta, e em se posicionar frontalmente diante da câmera, o uso do terno e gravata e, por vezes, a demasiada inclinação de sua cabeça para trás. Tudo isso ainda estava, evidentemente, somado às escolhas lexicais, às modalidades enunciativas e aos elementos prosódicos, tal como foram materializados nas duas frases de sua curtíssima fala em seu primeiro programa eleitoral. A despeito desses empecilhos, já é possível notar alguns efeitos particularmente presentes nesse seu pronunciamento e a vislumbrar outros que seriam produzidos em falas eleitorais posteriores: sobretudo, os de veemência, antagonismo e interação. Também é notória a opção pela tentativa de comoção dos telespectadores, mediante um apelo ético e patético, cujos fins são não somente a adesão a uma posição ou seu reforço e a oposição a um adversário[11], mas também a exortação de ânimo à ação, em um modo particular funcionamento do esquema *docere, delectare et movere*, no qual o primeiro quase desaparece, em benefício do destaque depositado nos dois últimos.

---

[11] "Podemos tornar os ouvintes benevolentes de quatro maneiras: baseados em nossa pessoa, na de nossos adversários, na dos ouvintes e na própria matéria. [...] Baseados na pessoa dos adversários, granjearemos a benevolência se levarmos os ouvintes ao ódio, à indignação e ao desprezo. Ao ódio havemos de arrebatá-los se alegarmos que aqueles agiram com baixeza, insolência, perfídia, crueldade, malícia e depravação. À indignação os moveremos se falarmos da violência dos adversários, da tirania, das facções, da riqueza, intemperança, notoriedade, clientela, laços de hospitalidade, confraria, parentesco, e revelarmos que se fiam mais nesses recursos do que na verdade. Ao desprezo os conduziremos se expusermos a inércia dos adversários, sua covardia, ociosidade e luxúria. [...] Baseados nas próprias coisas, tornaremos o ouvinte benevolente se elevarmos a nossa causa com louvores e rebaixarmos a do adversário com desprezo" (*Retórica a Herênio*, livro I, cap. 8).

OS COMENTÁRIOS SOBRE O PRIMEIRO PROGRAMA NO HGPE

Grosso modo, os trinta comentários sobre o primeiro pronunciamento de Bolsonaro no HGPE registrados no canal "Arquivo eleitoral" do YouTube poderiam ser assim divididos: um deles, o primeiro, aparenta alguma neutralidade: "Ele poderia falar: desligue essa porcaria e me acompanhe na internet!!"; dez desses comentários se inscrevem numa posição contrária à candidatura de Bolsonaro; dezenove deles são comentários favoráveis ao candidato.

Entre os contrários, excetuando os sumários apoios a outros candidatos, tal como "É 12 E COMFIRMA CIRO GOMES PRESIDÊNTE!!!", há apenas dois que trataram diretamente da fala do candidato a que assistiram. São eles:

> Em defesa da família e da pátria kkkkkkkkkk foi pouco tempo pra elogiar os torturadores da ditadura ou falar do kit *gay* ou quilombolas ou legalizar armas pra todo mundo trocar tiro com bandido kkkkkkkkkk Esse cara é pirado!

> Pra falar as besteiras que fala, 8s foi tempo de sobra! Kkkkkkkk

Uma vez que, entre os comentários favoráveis a Bolsonaro, encontramos muitos de mero entusiasmo, tais como "Mito!!!"; "Bolsonaro presidente" e "**#BOLSONARO17, vc não é melhor, vc é o único que pode colocar nosso país de volta ao caminho do crescimento!**", optamos por reproduzir abaixo somente aqueles que trataram de algum aspecto do pronunciamento do candidato:

> 9 segundos, e ainda assim é melhor do que de todos outros candidatos kkkkj

> Isso mostra que quando o povo confia não é necessário um programa de 10 minutos para liderar as pesquisas. #B17

> Muito pouco tempo em comparação aos outros, mas ainda assim foi melhor que todos! #Bolsonaro2018

> Falou pouco, mas falou bonito ✌️ 📘 dia 7 é 17

A tônica dos comentários favoráveis é a referência ao pouco tempo do programa no HGPE e sua contraposição com o que julgam ser a excelência de seu aproveitamento. A despeito dos "9 segundos", do "muito pouco tempo" e do "falou pouco", Bolsonaro teria "ainda assim" sido "melhor do que todos os outros candidatos". Isso porque, segundo um dos comentários, não seria "necessário um programa de 10 minutos para liderar as pesquisas", "quando o povo confia". Além da intensificação produzida pela locução "ainda assim", a opção lexical pelo verbo "mostrar" concorre para a construção de um efeito de verdade e de evidência relativo à credibilidade popular de que Bolsonaro gozaria. Ora de modo pressuposto, ora de maneira explícita, parece haver uma correlação entre um fator adverso (o tempo exíguo), uma *performance* extraordinária (uma fala mais eficaz que as demais) e um efeito positivo ("falou bonito") ou ainda uma condição prévia ("quando o povo confia"). Assim, ao invés de ser efetivamente um empecilho, o pouco tempo de fala se apresenta como índice da ótima *performance oratória*, tendo em vista a cristalização, num imaginário que eventualmente ultrapassa as posições dos enunciadores, segundo a qual a concisão equivale à qualidade superior nas intervenções. No campo político, dada a má reputação de seus discursos, isso talvez ocorra de modo ainda mais intenso. Pelas razões que já mencionamos e, principalmente, pelas que mencionaremos em nossas considerações finais, o tempo limitado de fala — por vezes referido pelos partidários e pelo próprio candidato como uma dificuldade suplementar à campanha de Bolsonaro — se constituiu, antes, como mote para fomentar seu discurso eleitoral.

O ÚLTIMO PROGRAMA NO HGPE

Exceto aos domingos, entre os dias 12 e 26 de outubro de 2018, ocorreu a veiculação dos programas eleitorais no HGPE no segundo turno daquelas eleições presidenciais. No dia 26 de outubro daquele ano, era transmitido o último programa da propaganda eleitoral gratuita de Bolsonaro, assim como fora também o dia de exibição do último programa de seu adversário, Fernando Haddad, do Partido dos Trabalhadores (PT). Dessa vez, Bolsonaro, que já havia ficado na primeira colocação na disputa ocorrida no primeiro turno, liderava as pesquisas e não mais estava em desvantagem na distribuição do tempo concedido às diversas candidaturas. No segundo turno, essa distribuição é refeita e o tempo é igualmente dividido entre os dois candidatos. Os programas eleitorais eram exibidos no HGPE em dois blocos diários: o primeiro a partir das 13h e o segundo, das 20h30. Cada um dos candidatos contava com 5 minutos em cada um desses blocos diários para a transmissão de seu programa.

A última propaganda eleitoral de Bolsonaro se inicia com uma sequência relativamente longa (de aproximadamente 2 minutos), na qual se combinam a locução em voz *off* de um texto que, durante toda sua extensão, detrata exclusivamente o PT e seus integrantes, em particular, o ex-presidente Lula e o então candidato à presidência, Fernando Haddad. Esse plano verbal e sonoro é acompanhado, no plano visual, de uma série de imagens compostas de ícones de revistas, jornais e portais de notícias da mídia tradicional brasileira, tais como *Veja*, *Isto É*, *Uol Notícias*, *O Globo*, entre outros, e do que são apresentadas como manchetes de suas reportagens que denunciam supostas irregularidades e escândalos petistas. O tempo da voz na locução é consideravelmente lento, o timbre vocal, bastante grave, e as pausas, mais ou menos longas. Além disso, há destaques produzidos em passagens que combinam uma seleção lexical excessiva, que não se compromete com a verdade factual, e uma colocação da sílaba tônica saliente justamente nas palavras que produzem notoriamente esse excesso: "O PT ficou 13 anos no poder e **que**brou o país. Deixaram mi**lhões** de desempregados, o maior índice de criminalidade da his**tó**ria e os maiores escândalos de corrupção do **mun**do".

Antes do exame do pronunciamento de Bolsonaro, realizado nesse seu último programa eleitoral do HGPE, transcrevemos abaixo a íntegra dessa sequência que precede a intervenção do candidato:

> O PT ficou 13 anos no poder e quebrou o país. Deixaram milhões de desempregados, o maior índice de criminalidade da história e os maiores escândalos de corrupção do mundo: o Mensalão e o Petrolão.
> O PT mentiu para se manter no poder e ainda inventou o Temer. E, juntos, fizeram um estrago sem precedentes. Agora, o PT quer voltar, pra fazer uma nova Constituição, igual à da Venezuela, de Maduro e Chávez, censurar a imprensa, soltar presos e enterrar a Lava-Jato.
> O PT desafia o Judiciário. Eles querem soltar o presidiário e não sair mais do poder. Haddad, o pior prefeito do Brasil, não conseguiu se reeleger e responde a mais de 30 processos na Justiça. Haddad recebe ordens de um presidiário. O Brasil não pode ser comandado de dentro da cadeia. O Brasil já viu muito do que o PT é capaz e ainda exige respostas. Quem matou Celso Daniel? [...][12]

---

[12] Neste ponto, a locução em voz *off* é substituída pela reprodução de parte de um pronunciamento no Congresso Nacional da então deputada Mara Gabrilli, do PSDB, no qual ela acusa o ex-presidente Lula de liderar um esquema de extorsão na cidade de Santo André, cujos desdobramentos foram responsáveis pelo assassinato do prefeito Celso Daniel, em janeiro de 2002. Ao final dessa reprodução, a sequência é

> Chegou a hora. Agora, é o Brasil contra a corrupção, a violência e a intolerância.
> Agora, é o Brasil contra o PT.
> Começa agora o programa do presidente livre e independente. Bolsonaro 17.

A breve passagem que se estende de "Chegou a hora [...]" até "[...] a violência e a intolerância" é pronunciada sempre em voz *off* pelo mesmo locutor, com padrões vocais e com elementos prosódicos praticamente idênticos aos empregados na sequência anterior. Se lhes acrescentam alongamentos nas durações das sílabas em destaques destas palavras: corru**pção**, vio**lên**cia e intole**rân**cia. No plano visual, essa passagem é composta por quadros, que vão se sobrepondo e se sucedendo, com as imagens da ex-presidenta Dilma Rousseff, à esquerda, e do ex-presidente Lula, à direita da tela, no primeiro; do candidato Haddad, no segundo; e do presidente da Venezuela, Nicolás Maduro, à esquerda, e do ex-presidente venezuelano, Hugo Chávez, à direita, no terceiro. A coloração dessas imagens mescla o preto e o vermelho escuro. Às névoas e sombras que compõem as formas das imagens desses personagens da história brasileira e venezuelana se soma a locução igualmente grave, lenta e sombria, que materializa esta depurada fórmula do antagonismo: "Agora, é o Brasil contra o PT".

Há um flagrante contraste entre essa passagem e a sequência iniciada logo depois: "Começa agora o programa do presidente livre e independente. / Bolsonaro 17". A ambiência cromática rubro-negra esfumaçada, que sugeria algo diabólico, é substituída pelas formas e cores da bandeira brasileira, que ocupa toda a extensão da tela e, em seguida, pela imagem de manifestantes pró-Bolsonaro, que também portam, muitos deles, bandeiras do Brasil em suas mãos. Entre tais manifestantes, que se encontram em um espaço que parece ser a Avenida Paulista, na cidade de São Paulo, se destaca, em primeiro plano, uma grande bandeira brasileira que tremula. No mesmo sentido desse contraste, segue a dimensão sonora desse trecho. O mesmo locutor se vale agora de outros recursos vocais: o andamento de sua voz se acelera, seu volume aumenta ligeiramente e seu timbre recebe um aspecto entusiasmado, em detrimento da gravidade que o caracterizava até então. Também faz parte dessa paisagem sonora entusiasmada o canto entoado pelos partidários do candidato do PSL.

---

retomada nos mesmos moldes: locução em voz *off*, do mesmo locutor, com os mesmos padrões vocais e com mesmos elementos prosódicos.

Em seguida, são exibidas, em um primeiro quadro, a inscrição central e em letras verdes de grande tamanho, sob o fundo amarelo, que preenche toda tela: "O nosso partido é o Brasil", e, em um segundo, a imagem de Bolsonaro carregado por militantes, em sua passeata na cidade de Juiz de Fora (MG), antes de sofrer o atentado a faca. O plano sonoro é composto pelo mesmo canto entoado na passagem anterior. Já esta última imagem é sucedida pela legenda "PRESIDENTE BOLSONARO 17", em letras de grande dimensão, em caixa alta, nas cores verde, azul e amarelo, abaixo da qual, em letras menores, à direita, se vê, em azul, a seguinte inscrição: "vice: general MOURÃO". Com o mesmo entusiasmo vocal, o locutor diz: "Bolsonaro 17". Desse trecho, decorre o início do pronunciamento do candidato. Tal como se pode observar na imagem abaixo reproduzida, Bolsonaro, diferentemente de sua apresentação em seu primeiro programa eleitoral, se encontra sentado e não usa gravata. Ainda não consegue eliminar totalmente a impressão de que lê o que está dizendo em um *teleprompter*, mas já o faz de modo menos perceptível.

Transcrevemos abaixo a íntegra do pronunciamento eleitoral de Bolsonaro, realizado nesse seu último programa do HGPE, para que possamos, em seguida, descrever o restante desse programa e, finalmente, proceder à análise da fala do candidato.

> Há quatro anos, eu decidi disputar a Presidência da República.
> Num primeiro momento, eu confesso, era difícil, até para mim, aquela situação. Como vencer um sistema? Como vencer uma máquina tão aferrada no terreno, como é essa máquina que existe em Brasília? Políticos poderosos. Sabia que não

teria um grande ou médio partido ao meu lado, não teria tempo de televisão, não teria fundo partidário, não teria nada.

Mas eu tinha algo dentro de mim: nós temos que fazer algo diferente.

Como cristão, eu adotei uma passagem bíblica, João (VIII, 32): "E conhecereis a Verdade, e a Verdade vos libertará". E mantive essa bandeira em pé. Comecei a andar por todo o Brasil. Começamos a detectar problemas. E como resolvê-los, sem dinheiro? Porque sabemos das dificuldades, depois das passagens desses últimos governos, que mergulharam o Brasil na mais profunda crise ética, moral e econômica.

Mas a fé, a vontade e a persistência se fez presente. Eu digo que o milagre é eu estar vivo, depois daquele episódio em Juiz de Fora. Que eu considero Juiz de Fora a minha segunda cidade natal. Lá, eu nasci de novo. Salvaram a minha vida. Logicamente, a mão de Deus se fez presente.

Hoje, nós temos uma possibilidade concreta, real, de ganharmos as eleições no próximo domingo. O que precisamos para tal? É nos mantermos unidos. Combater as mentiras.

Meus irmãos, meus amigos, o momento é de união. Se essa for a vontade de Deus, eu estarei pronto para cumprir essa missão.

Ninguém faz nada sozinho.

Com uma equipe boa ao meu lado, com pessoas maravilhosas, que são vocês, nós temos como fazer um Brasil melhor para todos.

Estou aqui nessa missão, porque acredito em você, brasileiro. E você está aí nos assistindo, porque acredita no Brasil.

Faremos um governo para todos.

Meu muito obrigado mais uma vez. Brasil acima de tudo, Deus acima de todos.

O programa segue até o seu encerramento com um clipe de campanha e com o que se assemelha a uma advertência da apresentadora do programa do candidato. Em seu plano sonoro, o clipe é inicialmente composto por uma canção entoada por alguém cujas qualidades vocais permitem saber que se trata de um homem, adulto, oriundo de alguma região do Nordeste brasileiro. Sob a forma de uma balada lenta, nela se repete o slogan da campanha: "Brasil acima de tudo, e Deus acima de todos". Em seguida, o andamento da canção se acelera, de modo a torná-la leve e entusiasmada. Em seus versos, oscilam as vozes do cantor nordestino e de um animado coro: "O gaúcho é Bolsonaro. / E o baiano e o paulista? / É Bolsonaro. / E a minha Paraíba?

/ É Bolsonaro. / E o carioca, gente? / É Bolsonaro. / E o mineiro e o potiguar? / É Bolsonaro. / Acreano e amazonense? / É Bolsonaro. / Azul, branco, amarelo e verde é a nossa bandeira. / Com fé na força do povo, / ela jamais será vermelha!". A canção é encerrada com uma sonorização e um grito de "Brasil!" bastante conhecidos, tal como acontece em comemorações de gols da seleção brasileira de futebol, em transmissões da Rede Globo de Televisão. Ao longo da execução da canção, uma série de imagens de Bolsonaro em campanha é exibida: o candidato é visto em passeatas, carreatas, palanques e ladeado por partidários e populares.

Em sua última passagem, ocorre a advertência da apresentadora. Uma vez que o programa de Haddad seria exibido logo depois do encerramento do de Bolsonaro, que o clima da campanha era bastante acirrado e havia várias denúncias das estratégias eleitorais empregadas pelos partidários do candidato do PSL, a intervenção da apresentadora busca forjar o regime de escuta que seria dedicado não só à propaganda eleitoral da coligação liderada pelo PT, mas também a outras falas que se opusessem a seu candidato, na reta final da disputa eleitoral. A apresentadora é uma mulher jovem, que aparenta ter entre 30 e 40 anos. Ela é focalizada em plano americano e sua aparência é sóbria: veste camisa branca; em sua maquiagem discreta, somente a cor do batom em seus lábios e da sombra em seus olhos é que se destacam um pouco; seu cabelo está solto, mas penteado, de modo a lhe dar um aspecto escorrido. Com ar grave em sua expressão facial, que se estende igualmente para sua voz, ela diz: "Atenção! Nas próximas horas, os adversários de Bolsonaro vão tentar de tudo para enganar você. O PT mentiu durante 13 anos. Fique agora com os últimos cinco minutos de mentiras do PT".

Quanto à fala de Bolsonaro nesse último programa eleitoral, o que se destaca inicialmente é o contraste entre o efeito de ataque, identificado na abertura de seu breve pronunciamento no HGPE do dia 31 de agosto de 2018, e a amenidade, que marca o início dessa intervenção ocorrida no dia 26 de outubro do mesmo ano. Ao invés de um princípio abrupto, com um alto volume de voz, com uma tessitura também em nível alto e uma aceleração na dinâmica de fala, o candidato se vale, dessa vez, de propriedades prosódicas típicas de uma elocução em voz modal e de elementos e modulações vocais que caracterizam uma fala relativamente distensa. Precedida e acompanhada de uma música instrumental de fundo bastante suave e delicada, a primeira sequência da primeira frase ("Há quatro anos") se materializa em volume e tessitura baixos, em um tempo de voz desacelerado e em um tom suspensivo e se encerra com uma pausa relativamente extensa. Assim como na primeira, na segunda oração, há uma relativa distensão do aparelho fonador, ainda que o "r" do infinitivo do verbo "disputar" continue a ser pronunciado de modo saliente. O tom descendente dessa segunda oração, sua modalidade enunciativa e suas escolhas lexicais produzem uma afirmação declarativa, que configura um relato pessoal tranquilo, ameno e espontâneo.

O relato pessoal ganha contornos de confissão já no segundo enunciado de Bolsonaro: "Num primeiro momento, eu confesso, era difícil, até para mim, aquela situação". A afirmação, digamos, objetiva, da dificuldade de um estado de coisas, visto que o enunciado poderia ser: "Num primeiro momento, era difícil aquela situação", é atravessada pelos traços subjetivos das duas modalizações autonímicas[13], a confissão ("eu confesso") e a reintrodução manifesta do próprio enunciador na enunciação de seu enunciado ("até para mim"). Com efeito, na produção oral da fala, normalmente, esses adendos se configuram como rupturas na formulação discursiva e metacomentários sobre a coisa dita, que modificam tanto o que se diz quanto os modos de dizer. Sob a forma de inserções sintáticas, essas avaliações metalinguísticas são marcadas pelo léxico, pela gramática e pela prosódia. No caso analisado, além dos pronomes "eu" e "mim", do verbo "confessar" e da locução adverbial "até para", concorrem para a identificação dessas modalizações alguns elementos prosódicos: particularmente, mudanças da tessitura vocal e do tempo da voz e colocação de pausas na dinâmica da fala. Em *performances* oratórias mais espontâneas e/ou mais bem-feitas, há uma harmônica consonância entre essas três dimensões prosódicas na produção dessas inserções. Na declaração de Bolsonaro, em contrapartida, ocorre uma discreta e quase insuficiente modificação, para baixo em "eu confesso" e para cima em "até para mim", de tessitura e uma relativa manutenção da velocidade da fala nessas duas sequências, de modo que seu funcionamento acaba por recair quase exclusivamente sobre as palavras empregadas e sobre as pausas colocadas pelo locutor: "Num primeiro momento::: eu confesso:: era difícil::: até para mim:: aquela situação".

Além de serem coisas ditas sobre o que se diz, essas inserções produzem certos efeitos de sentido e projetam uma dada imagem do candidato. Em

---

[13] Para definição e funcionamento da noção de modalização autonímica, ver Authier-Revuz (1998).

princípio, por um lado, a confissão carregaria a inconveniência de um erro cometido, mas, por outro, traria também e sobretudo a vantagem de seu reconhecimento e sua admissão, bem como o benefício do engajamento de outrem de conceder ao confessor um julgamento positivo, em face de sua corajosa atitude de contrição. O exame da declaração de Bolsonaro indica que nela não há nem mesmo aquela inconveniência. Ao contrário, o que ocorre é uma soma de valores agregados ao "confessor", uma vez que seu primeiro comentário autonímico o beneficia com as virtudes da sabedoria e da prudência de quem enxerga as dificuldades de uma situação e reage judiciosamente à sua problemática condição. A tais virtudes se agregam ainda a da coragem de quem não foge ao seu enfrentamento e a da humildade de mostrar-se comedido em sua resolução.

Já a expressão "até para mim" intercala o enunciado, produzindo o efeito de uma surpreendente inclusão do enunciador em um grupo do qual, em princípio, ele não faria parte. Contrapondo-se às virtudes da prudência e da humildade do "eu confesso", aqui se produz uma imagem superestimada de si: o nível de dificuldade da situação é tamanho que, mesmo o sujeito em questão, uma pessoa dotada, em tese, de capacidades distintas, teria de admitir que encontraria percalços para resolver seus problemas. Novamente, os excessos indesejáveis dessa superestimação seriam mais ou menos contornados pelo que a precede, pelo que a caracteriza e pelo que a sucede. Os valores eufóricos da confissão já haviam sido postos, enquanto os disfóricos poderiam ainda ser mais atenuados pela relativa aceleração no andamento da sequência, que lhe poderia render maior discrição. Contudo, essa discreta aceleração fora contraposta a uma elevação no volume da voz e a um gesto rápido e egocêntrico das mãos do candidato, que se movem concentricamente em sua própria direção. Nem por isso a superestimação seria apresentada como a única coisa ali superdimensionada, porque a passagem seguinte do programa indicaria as razões para que a situação fosse considerada como algo de enormes dificuldades.

Para fazê-lo, depois de um exórdio que busca captar a atenção e a benevolência do auditório e lançar as "sementes" do discurso[14], mediante

---

[14] "O exórdio deve sempre ser bem cuidado, engenhoso, farto em pensamentos, ornado com expressões justas e bem escolhidas, principalmente, de acordo com o tema de que trata. Com efeito, ele está encarregado de dar uma ideia do restante do discurso. Ele lhe serve de recomendação e deve, portanto, encantar e atrair o ouvinte. [...] Todo exórdio deve dar uma geral do que tratará, deve preparar o terreno, lançar as sementes e facilitar o acesso ao que se seguirá". (Cícero, *Do orador*, livro II, cap. LXXVIII-LXXIX, 315-320). No pronunciamento ora examinado, o candidato parece não ter ignorado os conselhos de Cícero, mas ter

o anúncio de uma decisão e a confissão do embaraço que decorria da dificuldade a ser enfrentada, o candidato encadeia duas interrogações e uma afirmação, que funciona como uma extensão das primeiras: "Como vencer um sistema? Como vencer uma máquina tão aferrada no terreno, como é essa máquina que existe em Brasília? Políticos poderosos". No início de suas proposições, além dos tons ascendentes para produzir as frases interrogativas, o candidato faz pausas alongadas não somente entre cada uma delas, mas também entre seus segmentos, tal como entre "Como vencer uma máquina::: tão aferrada no terreno:: como é essa máquina que existe em Brasília?". Assim, busca reforçar a carga dramática do que diz e de sua maneira de dizer. Em suma, a dificuldade consistiria em enfrentar algo que concilia organização sistêmica e funcionamento otimizado, enraizamento sólido e concentração de poder, dispondo de bem pouca coisa ou ainda menos do que isso: "Não teria nada"[15]. Esta última sequência "não teria fundo partidário, não teria nada" conjuga um tom intermediário e suspensivo, em sua primeira parte, com um descendente, na segunda. Essa queda do tom, a ligeira aceleração e a discreta baixa na tessitura dessa segunda parte concorrem para a produção de um quadro absolutamente adverso, ante o qual o sujeito seria levado a desistir de qualquer enfrentamento.

Eis o ensejo para a emergência de um mito ou, ao menos, de um sujeito dotado de carisma[16]. A emergência mais pontual desse sujeito carismático

---

seguindo, antes, o de Aristóteles: nos "discursos dirigidos ao povo [...], os ouvintes sabem sobre o que se delibera e o assunto dispensa completamente um exórdio, a não ser que se trate de algo sobre a própria pessoa do orador" (*Retórica*, Livro III, cap. XIV, 1414b-1416a). Cf. também a nota 4.

[15] A afirmação passa ao largo de, ao menos, dois fatos revelados por insuspeitos veículos da mídia brasileira: "O candidato à Presidência da República pelo PSL, Jair Bolsonaro, foi o primeiro a bater R$ 1 milhão em doações de apoiadores para a campanha eleitoral. A marca foi ultrapassada (exatos R$ 1.000.182) na noite de domingo. Somente 59 dias após o início da arrecadação, iniciada no dia 5 de julho" (Jussara Soares. "Bolsonaro é o primeiro a ultrapassar R$ 1 milhão, em 'vaquinha' para campanha eleitoral". *O Globo*, 03 de setembro de 2018) https://glo.bo/2O6XGui. Acesso em 18 de fevereiro de 2019. "Empresas estão comprando pacotes de disparos em massa de mensagens contra o PT no WhatsApp e preparam uma grande operação na semana anterior ao segundo turno. A prática é ilegal, pois se trata de doação de campanha por empresas, vedada pela legislação eleitoral, e não declarada. A *Folha* apurou que cada contrato chega a R$ 12 milhões e, entre as empresas compradoras, está a Havan. Os contratos são para disparos de centenas de milhões de mensagens. As empresas apoiando o candidato Jair Bolsonaro (PSL) compraram um serviço chamado de 'disparo em massa', usando a base de usuários do próprio candidato ou bases vendidas por agências de estratégia digital" (Patrícia Campos Mello. "Empresários bancam campanha contra o PT pelo WhatsApp". Jornal *Folha de S.Paulo*, 18 de outubro de 2018). Disponível em: https://bit.ly/31qPk3J. Acesso em: 18 fev. 2019.

[16] O carisma é tradicionalmente compreendido como "qualidade extraordinária (em sua origem atribuída de maneira mágica tanto aos profetas, sábios, terapeutas e juízes quanto aos chefes dos povos caçadores e aos heróis de guerra) de um personagem que é, por assim dizer, dotado de forças ou de traços sobrenaturais

não se dá de modo incólume. Ela é, antes, marcada por uma série de traços que o distinguem e que assinalam uma diferença em sua própria intervenção. Isso porque há um ponto de transição prosódica, sintática e semântica, a saber, a conjunção "Mas". Ela é pronunciada com elevação no volume de voz, com uma desaceleração do andamento da fala e é seguida de uma pausa um pouco mais longa do que seriam as habituais. Conjuntamente com essa alteração fonética e com a oposição semântica dessa conjunção, ocorre uma considerável modificação no plano visual: o candidato, que até então era focalizado frontalmente em plano americano, passa a ser enfocado em um grande *close-up*, mediante o qual a câmera se concentra somente em seu rosto, projetando um olhar orientado para sua direita, sem encarar diretamente a objetiva.

O efeito é o de um depoimento sincero e espontâneo, ao qual, desta feita, o telespectador assiste como uma testemunha privilegiada. Por seu intermédio, se revela "algo dentro de mim". Além da indicação lexical de que se mostram, naquela fala, as ideias e os sentimentos que se encontram no interior do sujeito, a expressão fisionômica, marcada por um lento fechamento dos olhos, por cerramento e compressão dos lábios, e a conformação prosódica também contribuem com a construção do que seria essa revelação, a despeito da limitação nos usos de seus recursos. Trata-se ali da projeção vocal de um discurso direto, que simula o diálogo interior que teria tido o sujeito consigo mesmo. Nada poderia ser mais franco e autêntico do que um diálogo dessa natureza. A configuração fonética desse discurso direto é a seguinte: a sequência "nós temos que fazer algo diferente" é precedida de uma pausa mais ou menos longa que lhe dá ensejo, seu tempo é desacelerado, sua tessitura sofre um pequeno abaixamento, os movimentos dos articuladores são um pouco menos vigorosos, ainda que as variantes segmentais permaneçam relativamente salientes em "Nó**s**", "temo**s**" e "faze**r**", e há uma pequena pausa que mais bem separa e destaca o objeto da oração "algo diferente".

A existência do "sistema", da "máquina" e de "políticos poderosos" gera a tomada de uma decisão, formulada em modalidade deôntica, ou seja, é imperativo que algo diferente deva ser feito, e em uma forma de enunciação

---

ou supra-humanos ou ainda dotado ao menos de algo que está fora do comum da vida cotidiana e que é inacessível aos meros mortais ou, finalmente, de alguém que é considerado como um enviado de Deus, como um exemplo a ser seguido e que é, por conseguinte, considerado como um chefe" (Weber, 1971: 249).

que insere o enunciador em uma coletividade com a qual compartilha a constatação desse estado de coisas e a crença na necessidade de sua alteração. O depoimento, particularmente em sua parte de diálogo interior, é, portanto, o anúncio de um dever e também uma resolução. No discurso político, campo tomado pelo imaginário de que seus agentes tendem a mentir frequentemente, se produz, não raras vezes, uma série de falas que pretendem não se mostrar como coisas ditas. Ou, ao menos, que não pretendem se mostrar como as coisas que seriam somente ditas e não feitas[17]. O candidato diz, então, que é preciso "fazer", e não apenas dizer, "algo diferente". A consciência de um dever conduz à tomada de uma decisão, que já é uma declaração de ação iminente. Mas, o estado volitivo não é acompanhado de um afeto agressivo, pois o que diz e as formas de dizer de Bolsonaro, ao invés de produzirem indignação e ira, produzem a imagem daquele que tem a serenidade de quem sabe o que deve ser feito e que o fará, apesar das dificuldades, uma vez que se encontra em boa companhia, conforme a sequência de seu pronunciamento.

Bolsonaro estabelecerá equivalências e encadeamentos indiretos em sua fala entre "nós temos que fazer algo diferente" e "Ninguém faz nada sozinho". Nesse caso, a primeira pessoa do plural não é apenas o tradicional funcionamento do "nós inclusivo", que compreende o enunciador e os enunciatários. Sua ocorrência no interior de um diálogo interior, que se manifesta sob a forma de discurso direto, já lhe dá aspectos singulares. Mas, além disso, outra inclusão que se processa é a do candidato na comunidade dos cristãos. Não bastasse o ostensivo apoio de setores conservadores da igreja católica e de uma grande maioria das igrejas evangélicas à sua candidatura, Bolsonaro reitera em seu pronunciamento as marcas dessa pertença: "Como cristão, eu adotei uma passagem bíblica, João (VIII, 32): 'E conhecereis a Verdade, e a Verdade vos libertará'", "a fé", "o milagre", "a mão de Deus se fez presente", "meus irmãos", "a vontade de Deus", "cumprir essa missão" e "Deus acima de todos". Em meio a essas tantas referências religiosas, se reitera o esquema: descoberta de problemas, ciência das dificuldades e resolução de enfrentar estas últimas e de solucionar os primeiros.

É a alusão ao enfrentamento de dificuldades políticas, com "fé", "vontade" e "persistência", que dá a deixa para uma passagem especialmente

---

[17] Ver "Elementos para uma caracterização do discurso político" *in* Piovezani (2009) e Courtine e Piovezani (2015).

dramática do pronunciamento: "Eu digo que o milagre é eu estar vivo, depois daquele episódio em Juiz de Fora. Que eu considero Juiz de Fora a minha segunda cidade natal. Lá, eu nasci de novo". Ocorrem uma elevação no volume vocal desde o início da sequência e uma aceleração no andamento da fala, se comparados com os da passagem anterior, que se estendem até "vivo". Nessa passagem, a fonação se torna mais tensa, a variante segmental "r" em "estar" é saliente e alongada, assim como também são salientes, e igualmente alongadas, as sílabas tônicas em "**di**go", "mi**la**gre" e "**vi**vo", destacadas ainda pelas pausas que são postas na oração, dispondo suas partes do seguinte modo: "Eu digo: que o milagre:: é eu estar vivo". A partir daí, se processa uma nova conformação prosódica, uma vez que o trecho "depois daquele episódio em Juiz de Fora" é pronunciado de modo mais lento e com uma ligeira redução de volume da voz. Esses contornos prosódicos, combinados com a escolha lexical de "episódio" e de seu determinante "daquele", concorrem para a produção de um efeito de certo distanciamento, tomado por um sujeito sereno, que, tendo Deus ao seu lado, não guarda rancor.

O encerramento dessa parte do pronunciamento é precedido por um comentário parentético, em que se reitera o local onde se deu o "episódio". Trata-se de um tipo de modalização autonímica, porque o comentário é uma fala a respeito de algo da própria fala, uma "informação" acrescentada sobre algo que acabara de ser dito, tal como se o sujeito desempenhasse, ao mesmo tempo, os papéis de falante e de mediador e intérprete de sua fala. Ele, então, mais menciona do que usa o topônimo "Juiz de Fora" — ou, antes, dá menos um novo dado do que expressa uma relação afetiva com aquilo de que fala — enquanto formula seu enunciado, para mais bem constituir uma relação de empatia e apelar à compaixão de seus interlocutores. Além desse recurso enunciativo, o candidato se vale de expedientes prosódicos que vão nessa mesma direção: movimento firme dos articuladores, velocidade de fala baixa, tessitura um pouco elevada e relativa silabação na pronúncia das palavras, com acentos de insistência, acompanhados por gestos cada vez mais ritmados de sua mão direita, principalmente depois da breve pausa que segue o nome da cidade.

Uma longa pausa, gestos de insistência — dessa vez, com o dedo indicador em riste —, expressão fisionômica emocionada e movimento de garganta de quem engole a saliva — na manifestação do que seria uma tentativa de, estando bastante comovido, conter o choro — reforçam a já considerável carga dramática dessa parte do pronunciamento na frase "Lá:::: eu nasci de novo". Já as duas frases seguintes são ditas em meio àquela alteração de enfoque, que já havíamos observado a partir do uso da adversativa "mas", com que o candidato marcava o anúncio do dever "fazer algo diferente" que o impelia. Bolsonaro deixa de ser focalizado frontalmente em plano americano e passa a ser enfocado em um grande *close-up*, fechado sobre seu rosto. É nesse enquadramento que o candidato diz: "Salvaram minha vida. Logicamente, a mão de Deus se fez presente". A acelerada velocidade de fala, o volume alto da voz e a igualmente manifesta ênfase com que é dita a primeira frase se distinguem do modo como se materializa a segunda. Esta é desacelerada em seu andamento, reduzida em seu volume vocal e relativamente segura, mas não enfática em sua tonalidade. A convicção na intervenção divina parece estar reservada à troca da energia contida na pronúncia de "salvaram minha vida" pela tranquilidade da articulação de "a mão de Deus se fez presente" e ao modo como o enunciador se relaciona com isso que enuncia, por intermédio da modalidade epistêmica da certeza construída pelo advérbio "logicamente".

Com vistas a encerrar esta análise, examinaremos especialmente os usos das formas de 1ª e de 2ª pessoa, tal como ocorrem na parte final do pronunciamento. É mediante o intercâmbio entre essas pessoas do discurso que ali se processa um dos efeitos fundamentais da peroração[18]: a comoção. De fato, o esquema argumentativo do encerramento da intervenção do candidato parece seguir o eixo *docere*, *delectare* e *movere*, ou seja, fazer-saber, emocionar e fazer-agir. O primeiro componente desse esquema se concentra nestas quatro frases, que contêm cinco ocorrências da primeira pessoal do plural, a última delas, sob a forma de uma elipse: "Hoje, nós temos uma possibilidade concreta, real, de ganharmos as eleições no próximo domingo. O que precisamos para tal? É nos mantermos unidos. Combater as mentiras". O efeito de inclusão do interlocutor em uma comunidade se dá conjuntamente com a declaração de que essa comunidade de que faz parte tem chance efetiva

---

[18] A peroração, que é a parte final de um discurso, "é composta de quatro elementos: a boa disposição do ouvinte em favor do orador e contra seu adversário, a amplificação ou a redução dos argumentos, a excitação das paixões no auditório e a rememoração dos fatos. Naturalmente, após ter demonstrado que dizemos a verdade e que os adversários mentes, podemos louvar uns e acusar outros e finalizar. Ora, é preciso visar a estabelecer uma dessas duas opiniões: somos bons e os adversários maus, seja do ponto de vista dos ouvintes ou em termos absolutos. [...] Depois disso, é preciso agitar as paixões do auditório. Essas paixões são a piedade e o terror, a cólera, o ódio e a inveja, a emulação e a disputa" (Aristóteles, *Retórica*, livro III, cap. XIX, 1419b).

de uma iminente vitória eleitoral. Sua realização exige, contudo, algo que o eleitor partidário, incluído na comunidade quase já vitoriosa, ainda não saberia por completo.

A questão, também formulada em 1ª pessoa do plural, reitera o efeito comunitário e reconfigura a identidade de seus membros, uma vez que o candidato que a formula e que conhece sua resposta não se confunde com os eleitores que a ouvem e que ainda não sabem da solução a ser proposta logo em seguida. Essa resposta estabelece uma equivalência e um encadeamento discursivos entre manutenção da união e combate a mentiras. Há aí vários pré-construídos: já se disse, já se sabe e não há dúvida da existência (i) dos que compõem esse "nós"; (ii) da união que há entre seus membros; (iii) das calúnias de que são vítimas. Com base em sua evidência, o enunciador faz equivaler — e encadeia — a preservação da união e a luta contra as mentiras. Desse modo, como cabe à peroração de uma fala em público, o orador busca a boa disposição do ouvinte em seu favor e a disposição contrária a seu adversário. Para fazê-lo, se vale de uma fala enfática, dotada de movimentos articulatórios vigorosos, de acentos de insistência, tal como na pronúncia da palavra "real" e de alongamento e saliência das variantes segmentais. Essa fala é ainda marcada por discreta elevação do volume de voz e suave aceleração de seu andamento e por pausas que realçam alguns termos, tal como a que segue "mantermos", para ressaltar "unidos". Além disso, a última frase é pronunciada com a alteração no enfoque do candidato. Uma vez mais se repete o recurso do grande *close-up*, em que a câmera focaliza somente seu rosto. A aproximação da face tenta criar um efeito de proximidade entre os interlocutores e de franqueza de quem fala. O candidato se posiciona, portanto, no lugar de um sujeito que diz a verdade e que pode, por isso, mais bem impelir ao combate das mentiras.

Na passagem seguinte, a primeira pessoa do plural é substituída pela do singular, para mais bem interpelar os telespectadores, para se referir à possibilidade de Bolsonaro ser o eleito de um anseio divino e manifestar a prontidão para o cumprimento do seu desígnio. Além dos efeitos de interação, de laço identitário, de proximidade e de afeição produzidos pelo: "Meus irmãos, meus amigos", esse vocativo já enseja o campo lexical que ali se confecciona: "União", "vontade de Deus" e "cumprir essa missão". A oração condicional "Se essa for a vontade de Deus" parece estar menos a serviço da expressão de uma condição necessária para que se realize o que se afirma na oração principal, do que do realce dado à crença religiosa e à submissão do sujeito que fala ao desejo divino. Em conjunto com a oração condicional, as propriedades prosódicas contribuem para que a referência à eleição de Deus não soe soberba. Enquanto a primeira frase foi materializada sob a forma de uma fala enfática, a segunda é mais comedida no plano fonético, pronunciada com uma baixa em sua tessitura e com uma perceptível aceleração em seu andamento. A submissão à "vontade de Deus" é ainda expressa por meio de um gesto bastante típico: a considerável inclinação da cabeça para trás e a projeção do olhar para o alto. Nessa passagem, em particular, o desempenho oratório de Bolsonaro fica comprometido, em função do caráter pouco espontâneo de que estão investidas as coisas ditas e seus modos de dizer.

Na sequência do afetuoso apelo ao telespectador e da deferente menção a Deus, se insere um lugar-comum da humildade: "Ninguém faz nada sozinho". Talvez por se tratar de algo tomado como óbvio, sua pronúncia se processa com certa discrição, mediante uma aceleração da velocidade da fala, uma leve saliência e um ligeiro alongamento da sílaba tônica em "Nin**guém**". Em sua realização, pela penúltima vez, se emprega o recurso do grande *close-up* sobre o rosto do candidato, no qual seu olhar se orienta para sua direita, sem encarar a objetiva. A humildade referida pelo candidato, sem comprometê-lo do mesmo modo, tal como o faria uma formulação em primeira pessoa ("Eu não vou fazer nada sozinho"), dá a ocasião para o anúncio da "equipe boa" que o acompanhará e para a produção de um processo de sedução, por meio da constituição de uma imagem positiva dos interlocutores. Além da companhia de uma boa equipe, Bolsonaro estará ainda na de "pessoas maravilhosas". Mediante a escolha do adjetivo, não há somente uma tentativa de seduzir, mas também a de adular os eleitores, em um puro e emblemático *delectare*, criando um regime de fala que, em princípio, não se coadunaria com o debate público de assuntos políticos de uma sociedade. A primeira pessoa do plural, com que se encerra a oração, compreende o locutor, a equipe e os interlocutores. Investidos de suas virtudes, eles teriam competência para tornar o país "um Brasil melhor para todos".

A proeminência pessoal, atenuada com um único pronome possesivo de primeira pessoa do singular, na oração anterior, ganha espaço na seguinte. Nesta última, o candidato se coloca em relevo e estabelece uma diferença de papéis e uma identidade de afeto. Enquanto o final da oração principal precedente foi marcado pela desaceleração do andamento da fala e por uma queda de tessitura vocal, que contrastava, por sua vez, com a ênfase prosódica depositada em "pessoas mara**vilho**sas:: que **são** vo**cês**", constituída, como se vê, pelas sílabas salientes e pela pausa que separa os dois segmentos e destaca a interação afetuoso entre locutor e interlocutores e a condição extraordinária destes últimos, o início desta que ora analisamos se caracteriza como uma fala enfática. Nela, há identidade em uma crença quase recíproca: o candidato acredita no eleitor e este último "acredita no Brasil", ou seja, confiaria no sujeito que dispõe de boa equipe, que o seduz ao lhe imputar qualidades admiráveis e que já anunciou seu potencial para a melhora do país.

Afeto mais ou menos compartilhado e papéis distintos, senão, opostos: a um cabe "aqui" o cumprimento de uma missão, ao outro, "aí", a assistência, mais testemunho do que ajuda. À simultaneidade simulada entre a fala e a escuta se contrapõem os lugares ocupados e as funções a serem desempenhadas em cada um dos lados. Assim, o que poderia ser a inclusão dos interlocutores na promessa em primeira pessoa do plural: "Faremos um governo para todos" parece já, em boa medida, desdita pelas oposições anteriores. Como se poderia esperar, a declaração desse compromisso se materializa em uma fala enfática, composta pelo efeito de certeza do futuro do presente na desinência verbal e por recursos prosódicos e modulações vocais já mencionados em nossa análise. Ali, no agradecimento e na elocução de seu *slogan* de campanha, a busca por emocionar e por mover o ânimo dos ouvintes se vale menos do brilho e do entusiasmo, prescritos pela retórica quando trata da peroração, do que de uma energia, entre firme e anódina, no modo de fala.

OS COMENTÁRIOS SOBRE O ÚLTIMO PROGRAMA NO HGPE

A julgar pelo número de comentários, houve uma baixa repercussão do último programa de Bolsonaro no HGPE em um dos canais de uma das plataformas em que ocorreram sua transmissão e reprodução. Excetuando a postagem do próprio canal "Arquivo eleitoral" no YouTube, a saber: "Ao contrário do vídeo publicado no canal oficial do PSL, este se encontra completo, com a parte adicional que foi exibida somente na televisão", há somente estes cinco:

Corrigindo: fique agora com os cinco minutos de vida do PT, pois dia 28/10 ele acaba. #JB17

> Fiquem AGORA com os últimos 5 minutos de mentira do PT.... sensacional #vivaDIREITA
>
> É UMA QUADRILHA COMANDANDO O PT, QUE NA CERTA, CONTINUARIAM PETRA-LHANDO O BRASIL. CHEGA DE PT. CANSAMOS. QUE VENHA O NOVO, APÓS 16 ANOS. SALVEMOS O NOSSO QUERIDO BRASIL.
>
> Esse final foi o melhor kkkkk
>
> Boa BR 👍

Além do sumário "Boa BR" e do entusiasmado "Esse final foi o melhor kkkkk", o que se destaca nos três primeiros comentários é a reiteração de dois mecanismos típicos do funcionamento discursivo do discurso da extrema direita: a repetição e a redução obsessiva do outro à condição de inimigo número 1[19]. Neles, a referência nefasta ao Partido dos Trabalhadores é uma constante, tal como fora na própria campanha de Bolsonaro. Há ali não mais somente ódio à política, ao debate e à crítica, mas uma "política do direito ao ódio", que cria uma alucinação do perigo comunista e que demoniza em particular o PT, principal concorrente naquelas eleições. O primeiro comentário parece ser mesmo uma sentença de morte ("os cinco minutos de vida do PT, pois dia 28/10 ele acaba"). Já o terceiro merece um exame mais atento, pois , além de ser uma "vociferação"[20], sob a forma da fonte em caixa alta, e uma obsessão (a sigla do PT aparece duas vezes em tão curto comentário e ainda ocorre o neologismo "petralhando"), constrói um adversário político que é delinquente ("quadrilha", "petralhando") e mescla, em sua enunciação, uma 3ª pessoa que faz tal acusação "objetiva" e estabelece uma inclusão do enunciatário por meio de uma primeira pessoa do plural. Nesta última, o "cansaço" com o PT é compartilhado e expandido, e o engajamento na salvação do "nosso querido Brasil" é igualmente repartido e ampliado.

---

[19] "A repetição parece ser a característica principal dessa linguagem" e "A lei suprema de Hitler é a seguinte em toda parte: 'Não permitas que teu ouvinte chegue a formular qualquer pensamento crítico. Trata tudo de forma simplista! Se falares de diversos adversários, alguém poderia ter a ideia de que talvez sejas tu que estejas errado. Reduz todos a um denominador, junta-os, cria uma afinidade entre eles! O judeu se presta muitíssimo bem a uma operação desse tipo'" (Klemperer, 2009: 77; 274-275).

[20] "Na linguagem do Terceiro Reich, tudo era discurso, arenga, alocução, invocação, incitamento. *Deklamieren* significa literalmente falar alto sem prestar atenção ao que se diz. Vociferar. O estilo obrigatório para todos era berrar como um agitador berra na multidão" (Klemperer, 2009: 65).

CONSIDERAÇÕES FINAIS

Bolsonaro falou pouco durante sua campanha eleitoral. Dos 14 debates eleitorais televisivos previstos, o candidato do PSL participou de apenas dois[21]. A discrição, o laconismo e os silêncios não lhe eram comuns antes das eleições presidenciais de que saiu vitorioso. Em princípio, sua opção pelas antípodas da verbosidade, que frequentemente o caracterizou, poderia surpreender. Com mais forte razão, deveria surpreender que um sucesso eleitoral decorresse em boa medida de uma renúncia ao direito de ocupar as tribunas e de participar dos debates. Diante dessa situação atípica e desse seu espantoso resultado, não poderíamos nos furtar a formular e a tentar responder a questões como as seguintes: o que foi dito pelo candidato do PSL em seus relativamente raros pronunciamentos eleitorais? Quais foram os modos de dizer as coisas ditas nessas suas intervenções? Por quais razões falou bem menos do que poderia, em um campo amplamente constituído pela expressão pública, sobretudo, quando se trata de contexto eleitoral?

A partir da análise aqui empreendida, podemos formular direta e indiretamente algumas respostas a essas questões. Bolsonaro falou de Deus e de si como eleito divino, da pátria e da família, como se fossem entidades cujos sentidos são únicos e evidentes, das dificuldades a serem enfrentadas e de sua resolução para fazê-lo, da união dos seus e das mentiras dos adversários, da "mais profunda crise ética, moral e econômica" deixada pelo PT e de sua "fé", de sua "vontade" e de sua "persistência" para enfrentá-la e para "fazer um Brasil melhor para todos". A identificação do que foi dito pelo candidato praticamente prescindiria de um exame mais rigoroso. Ainda assim, não deixa de ser alarmante o fato de não haver sequer uma única discussão ou proposta de política pública. Já a compreensão dos recursos prosódicos, linguísticos, retóricos e discursivos empregados em seus desempenhos oratórios eleitorais e dos efeitos de sentido que emergiram desses empregos exigiu uma série de descrições e interpretações.

Por seu intermédio, é possível afirmar que Bolsonaro se valeu, principalmente, de uma fala enfática, constituída de movimentos articulatórios vigorosos, alongamentos e saliências de variantes segmentais, qualidade de

---

[21] https://bit.ly/2PBkOkT, ver item "Debates em televisão aberta". Ocorreram, efetivamente, 7 debates eleitorais entre os candidatos à presidência da República nas eleições de 2018. No segundo turno, não houve nenhum. As emissoras de tevê desistiram de sua realização diante da recusa de Bolsonaro em participar deles.

voz tensa e volume vocal relativamente elevado. Isso não significa que não tenha havido variações. Vimos, por exemplo, que o depoimento pessoal, acompanhado de confissão, com o qual o candidato inicia seu pronunciamento no último programa eleitoral do segundo turno, se caracteriza como uma fala mais ou menos distensa, composta por uma elocução em voz modal e pelos elementos prosódicos que lhe são típicos. A fala enfática corresponde a um posicionamento do sujeito como alguém investido de autoridade, a um compromisso com as causas defendidas e a uma tensão na expressão. Esta última pode significar, para uns, a condição contrafeita do pronunciamento, ao passo que pode ser considerada, por outros, como falta de traquejo com a parafernália da propaganda eleitoral e com a fala protocolar e não espontânea.

Em todo caso, não se pode negar a dificuldade de Bolsonaro em responder a essa dupla injunção: a necessidade de demonstrar sua firmeza, sua autoridade e sua condição de abençoado por Deus e a de se expor como uma pessoa qualquer, como um homem do povo. Identificamos, ao menos, dois meios utilizados pelo candidato para tentar obter um equilíbrio entre essas duas imposições. Um deles consiste no emprego de um mecanismo que oscila entre a carga e a atenuação: ao peso das elevadas doses de convicção e veemência, se soma a leveza de uma expressão facial sorridente; aos excessos da superestimação de si ("até para mim") se soma uma confissão e um quadro de enormes dificuldades. O outro, que talvez seja, antes, um desdobramento do primeiro, corresponde a carregar no ataque dos adversários, a relevar os próprios dramas e as vicissitudes sofridas, a integrar os telespectadores em uma comunidade e a seduzi-los, lhes imputando qualidades admiráveis e os interpelando de modo familiar e afetivo. Ora em passagens específicas, ora em sobreposições dos pronunciamentos, se destaca o esquema argumentativo: *docere, delectare et movere*, ou seja, fazer-saber, seduzir e emocionar para fazer-agir. Na busca por seu bom funcionamento, se produzem, principalmente, os efeitos de franqueza e de interação e os de veemência e de antagonismo.

O fato de que os vídeos com os programas eleitorais de Bolsonaro estejam disponíveis em plataforma digital para a qual os sujeitos se dirigem mais ou menos espontaneamente explica em parte a razão de a maioria dos comentários que ali se encontram serem favoráveis ao candidato. Entre eles, destacam-se, sobretudo nos feitos em resposta ao primeiro programa do HGPE, o pouco tempo de fala de que o candidato dispunha e, principalmente nos formulados em resposta ao último programa do segundo turno, a denúncia obsessiva dos malefícios atribuídos ao partido adversário, o PT, alçado à condição de inimigo. Há provavelmente uma relação entre esses dois pontos realçados: a convicção na existência de um inimigo comum conduz à necessidade de seu combate e à busca por sua eliminação, o que, por sua vez, dispensa interlocuções e debates.

De fato, o pouco tempo e as relativamente reduzidas ocasiões de fala de Bolsonaro foram, eventual e rapidamente, apresentados como mais uma das dificuldades enfrentadas por sua campanha eleitoral, mas, sem demora, se tornaram mais um de seus trunfos. O candidato "falava pouco", mas "fala bonito" e poderia falar menos do que seria a expectativa daquele contexto eleitoral justamente porque já dispunha da "confiança do povo". Parecia funcionar aí o antigo princípio do *Silentii tutum praemium*. Em contrapartida, havia ainda algo entre o riso e o mal-estar nas circunstâncias em que, uma vez ditas as intimidações inaceitáveis, as ameaças homofóbicas e outras aberrações verbais, numa tentativa de leveza, alguns de seus partidários diziam: "Ele fala essas coisas, mas não vai fazer nada disso não!". Entre seus eleitores, havia tanto aqueles que pareciam desconhecer o fundamento desta sentença quanto aqueles que apostavam em sua aplicação: "Uma mentira, assim como uma piada, é tanto mais forte quanto mais verdade houver nela" (Klemperer, 2009: 276).

Feita a análise, nos é possível mais bem depreender boa parte das coisas ditas por Bolsonaro em suas intervenções eleitorais, dos seus modos de dizê--las e do que diziam seus partidários. Resta, todavia, a inquietação sobre as razões do distanciamento dos palanques e dos embates durante a disputa das eleições. Por que Bolsonaro falou tão pouco? Ante esta inquietação, se não podemos responder com demonstrações precisas, nos é permitido avançar na compreensão desse fenômeno, considerando alguns fatos. O candidato do PSL falou pouco, em boa medida porque "fala outra língua", a língua das TICs, cujas falas circulam por vias e canais específicos e que se caracterizam por romper com as referências normativas estabelecidas, introduzindo algumas transformações centrais em nossa vida: ofuscam a distinção entre realidade e virtualidade, invertem a lógica da escassez da informação para a da abundância e, sobretudo, promovem a passagem de um mundo em que a primazia é dada às entidades para outro, em que predominam as interações[22].

---

[22] Miguel Lago, "Bolsonaro fala outra língua". *Piauí*, 13 de agosto de 2018.

Falou pouco porque ele já havia dito coisas e, pelas coisas ditas, já havia sido alçado a uma espécie de celebridade política e midiática por programas televisivos e por redes sociais na internet. Bolsonaro já havia se projetado pelas coisas que dizia, pelos seus modos de dizer e pelas formas de circulação do que disse. Por esse meio, ele já havia ostentado sua filiação a uma ideologia conservadora nos costumes e liberal na economia, tal como apreciam repetir seus partidários, e dava vazão a ideias, práticas e sentidos odiosos, recalcados sem um devido tratamento. Assim, tais ideias, práticas e sentidos recrudesceram diante de algumas poucas conquistas sociais e uns bons passos no avanço dos comportamentos e encontraram não só um porta-voz, mas um coro consensual em meio ao qual a voz de cada um, em seu interior, se torna muito poderosa. Em suma, Bolsonaro pôde falar pouco porque há uma série intensa, extensa e consolidada de práticas e discursos conservadores e reacionários na história brasileira. Enfim, certamente, falou pouco porque seu populismo se assentou nessa lógica: para quem já está absolutamente convencido da existência de um inimigo comum, qualquer gesto bélico e indicador é suficiente para o sentimento de integração comunitária às "pessoas de bem". A esta e a outras, se soma a de que aos que já estão enredados em um consenso e aos que só precisam entender ordens, aos que só cabe a obediência, meia palavra basta.

Vimos que Goebbels dizia que os nazistas deveriam falar a língua que o povo compreendesse. Ninguém de nós duvida de que ele e os seus não tinham nenhum interesse em ouvir a sua voz.

REFERÊNCIAS

ARISTÓTELES (2003). *Rhétorique*. Paris: Les Belles Lettres.
AUTHIER-REVUZ, J. (1998) *As palavras incertas: as não coincidências do dizer*. Campinas: Editora da Unicamp.
BUTTI DE LIMA, P. (2007) *Psiloì lógoi — Discursos nus*. *Discurso. Revista do Departamento de Filosofia da USP*. "Música e filosofia", n. 37, p. 17-28.
CAGLIARI, L. C. (1992). Prosódia: algumas funções dos suprassegmentos. In: *Caderno de Estudos Linguísticos*, n. 23, p. 137-151, Campinas, Unicamp.
CANFORA, L. (1993). *Demagogia*. Palermo: Sellerio.
CÍCERO (2002). *De l'orateur*. Paris: Les Belles Lettres.
CÍCERO (2005). *Retórica a Herênio*. São Paulo: Hedra.
COURTINE, J-J.; PIOVEZANI, C. (org.) (2015). *História da fala pública: uma arqueologia dos poderes do discurso*. Petrópolis: Vozes.
CURCINO, L. (2019). "Conhecereis a Verdade e a Verdade vos libertará": livros na eleição presidencial de Bolsonaro. In: *Discurso & Sociedad*, v. 13(3), p. 468-494.

FOUCAULT, M. (1997). *A arqueologia do saber*. Rio de Janeiro: Forense Universitária.

KLEMPERER, V. (2009). *LTI. A linguagem do Terceiro Reich*. Rio de Janeiro: Contraponto.

MADUREIRA, S. (1996). A matéria fônica, os efeitos de sentido e os papéis do falante. In: *D.E.L.T.A.*, n. 12, p. 87-93. São Paulo, PUC.

ORLANDI, E. (2001). *Discurso e texto: formação e circulação dos sentidos*. Campinas: Pontes.

PIOVEZANI, C.; SARGENTINI, V. (org.) (2011). *Legados de Michel Pêcheux: inéditos em análise do discurso*. São Paulo: Contexto.

PIOVEZANI, C. (2009). *Verbo, corpo e voz: dispositivos de fala pública e produção da verdade no discurso político*. São Paulo: Editora Unesp.

PIOVEZANI, C. (2020). *A voz do povo: uma longa história de discriminações*. Petrópolis: Vozes.

PIOVEZANI, C.; GENTILE, E. (2020). *A linguagem fascista*. São Paulo: Hedra.

POSSENTI, S. (2008). *Os limites do discurso*. São Paulo: Parábola.

RANCIÈRE, J. (1996). *O desentendimento: política e filosofia*. São Paulo: Editora 34.

RANCIÈRE , J. (2014). *Ódio à democracia*. São Paulo: Boitempo.

SOUZA, J. (2017). *A elite do atraso*. Da escravidão à Lava-Jato. Rio de Janeiro: Leya.

WEBER, M. (1971). *Économie et Société*. Paris: Plon.

A verdade e as emoções
Retórica e pós-verdade no discurso político

Elvira Narvaja de Arnoux

Tradução: Rafael Borges Ribeiro dos Santos, Simone Garavello Varella e Luzmara Curcino

OS TERMOS "verdade", "emoção" e "crença" e suas possíveis articulações ou deslindes aparecem insistentemente na tradição retórica e incidiram na reflexão sob o discurso político. Na atualidade, a relação entre esses termos é investigada a partir do conceito de "pós-verdade", usado para caracterizar práticas políticas da fase neoliberal apoiadas na expansão midiática — audiovisual e, sobretudo, digital. Nelas, a verdade se apresenta como assentada nas crenças e emoções do locutor. É esta sua origem que anula a possibilidade de debate, de modo que ela é aceita ou não, mas não discutida.

Para a retórica, crenças e emoções — particularmente as que são próprias do auditório ou que se quer gerar nele — devem ser levadas em conta para alcançar o efeito persuasivo. Elas intervêm, no entanto, associadas ao desenvolvimento argumentativo. Mais do que no campo do "verdadeiro", o discurso, no que concerne à retórica, assenta-se no "verossímil", por mais que ele possa se apresentar como índice possível da verdade. Em contrapartida, ainda que o discurso possa recorrer a enunciados reconhecidamente verdadeiros, ele apela fundamentalmente a certezas e a evidências compartilhadas pelos interlocutores. Ambas se encadeiam seguindo as normas argumentativas do dispositivo colocado em funcionamento.

As crenças do locutor não podem determinar, por si sós, o caráter verdadeiro de um enunciado, mas devem se sustentar em juízos fundamentados que, por certo, podem se apoiar — e em muitos casos é conveniente que se apoiem — em emoções. A tradição retórica se interessa, assim, pelas designadas provas técnicas — isto é, as que, no discurso, estão a serviço da argumentação — não apenas o *logos* — encadeamento de enunciados que levam a uma determinada conclusão — mas também o *ethos*, a representação do locutor (que inclui aspectos emocionais) e o *pathos*, as estratégias destinadas a comover e a mobilizar o auditório (as provas extratécnicas são documentos, testemunhos ou elementos materiais que se podem levantar em apoio às teses). O discurso fundamentado tende então a convencer a partir da colocação em funcionamento de procedimentos capazes de produzir o efeito de verdade e a persuadir graças também a processos identificatórios, nos quais o emocional é uma peça-chave.

Embora o ensino retórico resida em dar os instrumentos para que o discurso alcance seus objetivos, os manuais de retórica do século XIX que estudamos não deixam de lado a especificidade dos aspectos formativos que, nesse século em que se constroem os Estados nacionais, devem considerar os futuros cidadãos provenientes das novas classes dirigentes que atuarão no espaço público. Entre aqueles aspectos, um fator importante diz respeito à moral e, fundamentalmente, à moral cívica (Arnoux, 2015). É ela que legitima o discurso político, já que supõe uma vontade de dizer verdadeira — ou do que o locutor considera verdadeiro, já que estamos no campo do opinável — em relação aos problemas que afetam a comunidade.

No que concerne às emoções, reconhece-se sua intervenção na persuasão, mas, a fim de não perturbar o desdobramento do raciocínio, que é o mais fundamental, elas devem ser disciplinadas e reguladas (Arnoux, 2018). Para alcançá-lo, a retórica estabelece os gêneros e as zonas do discurso em que preferencialmente as emoções podem discorrer, bem como os modos de semiotizá-las.

O regime de verdade — que, como tal, segundo Castro (2018), opera a exclusão do que se considera falso e inscreve uma determinada manifestação da verdade em elementos institucionais —, do qual depende a instituição pedagógica, é próprio da modernidade e das instâncias democráticas liberais. Nele, valoriza-se o raciocínio e a verdade "factual", que pode ser sustentada por provas e também refutada a partir de outras provas, e ainda que se reconheça o peso das emoções, considera-se que, em um homem educado, elas não podem anular o raciocínio nem extrapolar certos limites. Estes últimos definem-se segundo os ideais da sociedade burguesa também expressos nos manuais de urbanidade (Arnoux, 2017).

No século XXI, outro regime de verdade, constituído historicamente como o outro, busca impor-se: a verdade é enunciada como crença sustentada em uma emoção declaradamente sincera (se fala de coração), o que dificulta o questionamento, já que prevalece uma experiência subjetiva. O "objetivo" e o racional perdem peso frente ao emocional, uma vez que "a crença começa onde o *logos* fracassa" (Ritvo, 1987: 8). A valorização extrema das emoções projeta nas práticas discursivas políticas aquilo que é próprio do *marketing*, privilegiando o seu papel no comportamento dos consumidores que as fazem suas e agem de acordo com elas — já que são manipulados graças a estratégias que favoreçam esse resultado. Como a oposição verdade/falsidade não é pertinente, as "falsas notícias" recorrem, sem controle e em muitos casos sem questionamento, aos meios digitais, e ainda que se chegue a denunciá--las, já exerceram a influência pretendida sobre os usuários. No discurso político hoje, com clara influência empresarial própria do neoliberalismo, os mecanismos associados à "pós-verdade" contemporânea se mostram com particular clareza.

Iniciaremos o percurso neste capítulo abordando o papel das "crenças" e das "emoções" na atribuição do caráter "verdadeiro" ao dizer, tal como é exposto no discurso do presidente argentino Mauricio Macri. Isso nos permitirá, ao centrarmo-nos nas retóricas do século XIX, distinguir o tratamento das emoções próprio de outro momento. No entanto, entre os regimes de verdade, não existem rupturas precisas e, no atual, sobrevivem imaginários anteriores com sua articulação particular entre verdade, política e ética.

A definição do termo "pós-verdade", segundo o Dicionário da Real Academia Espanhola *online*, dá conta desse funcionamento, uma vez que nela aparecem elementos que têm uma ampla temporalidade, ao mesmo tempo que são mostradas as representações associadas ao desenvolvimento, particularmente no século XIX, das práticas políticas representativas.

A segunda parte deste trabalho partirá dessa definição e articulará a primeira parte com as retóricas escolares, atentando particularmente à dimensão moral. Na terceira parte, tomaremos nosso *corpus* para discutir a relação razão/emoção — se o sujeito deve experienciar de fato, ou não, as emoções que expõe ou que busca desencadear no outro — e a regulação das emoções segundo gêneros e campos dos discursos. Finalmente, abordaremos as formas de discursivizar as emoções que esse conjunto de manuais abordava, regulando estilos, figuras, tons, gestualidades.

EM TORNO DE UM DISCURSO DE MAURICIO MACRI

Em 3 de setembro de 2018, depois de uma corrida cambial de grande envergadura, o presidente Mauricio Macri fez um discurso à população, previamente gravado, estabelecendo o quadro de medidas de ajuste que ele tomaria e que o ministro das Finanças exporia antes de sua viagem a Washington para concluir a negociação com o Fundo Monetário Internacional (FMI). Os meios de comunicação (por exemplo, *La Nación*) assinalaram que esse discurso havia sido intensamente preparado pelos encarregados da comunicação presidencial (Julieta Herrero e Alejandro Rozitchner), que os rascunhos foram e voltaram entre eles, o chefe de gabinete, Marcos Peña, e o consultor principal, Durán Barba. Esclareceu-se que "Macri participou de algumas reuniões e do 'polimento final' do texto, além de algumas mudanças de última hora". Os radicais[1] haviam pedido a ele uma "liderança mais afetiva", ao que ele atendeu. Na Casa Rosada, sede do governo, "repassou duas vezes o discurso completo", o que levou à mudança de horário de sua transmissão, em relação ao que havia sido anunciado. Isso tudo significa que este era um discurso ao qual o Poder Executivo deu grande importância e em cujo roteiro intervieram funcionários e assessores, como o fazem habitualmente (já que se evita a improvisação). O discurso explorou os diferentes modos de semiotização das emoções, desde as emoções ditas, enunciadas como tal (o que ocorreu abundantemente), até as emoções demonstradas, seja verbalmente seja por meio de gestos, do olhar, da postura e da indumentária.

Segundo as notas jornalísticas, Macri agregou dois sentimentos ao texto escrito. O primeiro:

> Para mim não é fácil, quero que saibam que estes foram *os piores cinco meses da minha vida* depois do *meu sequestro*. Mas nem por um minuto deixei de fazer o que esteve ao meu alcance para enfrentar com vocês o que estamos vivendo.

Em sua declaração, ele afirma o *ethos* daquele que sofre profundamente pela situação ("os piores cinco meses da minha vida"). Para estabelecer a equivalência com o que está então vivendo no governo, introduz o tema de

---

[1] Nome dado aos membros do partido União Cívica Radical (UCR), partido argentino centenário que integrava a aliança governista "Cambiemos", pela qual foi eleito Macri [N.T.].

seu sequestro[2], para mostrar a profundidade da angústia que a situação lhe causou. Isto foi interpretado por alguns setores da oposição como "golpe baixo": se desnudar frente ao outro e expor suas feridas, fazendo intervir um fato alheio à problemática de que devia tratar. Em seguida, graças ao "mas", valoriza sua atitude, assinalando que, apesar da situação-limite que vivia — e pela qual não era responsável, mas sim vítima, como no sequestro, que poderia tê-lo levado a uma certa distância defensiva para proteger-se psicologicamente —, ainda assim não deixou de se sacrificar ("nem por um minuto") para enfrentar os problemas argentinos solidariamente com o povo, que também sofria com "o que estamos vivendo".

Supostamente, a situação na qual se encontrava o país afetaria a todos por igual, ao rico empresário e aos setores mais amplos da população, que não têm recursos para enfrentar uma nova crise. As negações lhe permitem polemizar com seus adversários, que podem pensar, por um lado, que, dada a situação social e econômica, essas turbulências econômicas não o afetam e, por outro, que não se dedica com a intensidade necessária às tarefas de seu cargo. O que se propõe com o que se enuncia é construir a representação daquele que se entrega à sua função pelo bem dos outros, quando teria podido assumir outras atitudes devido à sua posição, justificáveis a partir das vivências pessoais expostas.

Essa representação visada se opõe ao que a mídia então destacava: no dia anterior, enquanto ocorriam acaloradas reuniões para decidir as medidas a serem adotadas pelo governo na Quinta de Olivos — residência presidencial (razão pela qual se supôs que Macri participava dos debates) — ele estava, de fato, em sua residência particular, praticando *paddle*, jogando futebol e recebendo os serviços de sua "assessora" pessoal, conforme declarou o jornalista Roberto García em seu programa televisivo *La Mirada* no canal A24, em 3 de setembro de 2018.

No outro adendo 'afetivo' feito ao discurso que lhe prepararam, Macri interpela o auditório por meio de uma série de perguntas retóricas que impõem uma resposta que os ouvintes devem assumir em um vínculo emocional com o locutor. Ele *não está feliz*. Ninguém poderia pensar que estivesse, nem os pobres, cujo aumento é declarado pelas estatísticas, nem

---

[2] Macri foi sequestrado em 24 de agosto de 1991 e ficou refém por doze dias, até que seu pai, um rico empresário, pagou o resgate de seis milhões de dólares, dos quais posteriormente foi recuperada uma parte.

sequer os professores universitários, que já estavam naquele momento há cinco semanas realizando ações de protesto.

> Vocês acreditam que *fico feliz* com esta realidade? Que *fico feliz* em não garantir os recursos ao povo que mais necessita deles? Quem pode pensar que eu não queira pagar a todos os professores universitários tudo o que pedem?

Embora anuncie certas medidas que estarão a cargo do chefe de gabinete, do ministro de economia ou dos responsáveis pelos diferentes ministérios, o que está implícito em seu dizer é que ele não garantirá os recursos suficientes nem responderá aos pedidos docentes, sobretudo diante da previsão de uma inflação de 40%. Ao anunciar o que anuncia ele o faz, no entanto, demonstrando o quanto isso o afeta emocionalmente.

Outra vez, a estratégia é polêmica. Embora o destinatário amplo seja o povo da nação, ele se dirige, e antecipa sua oposição, aos setores que poderiam pensar que isso não o afeta. Como no outro caso, prefere colocar-se no lugar das emoções e das crenças e também evitar o confronto direto, que o obrigaria a recorrer a uma argumentação a partir de dados efetivos de sua gestão. Ele prefere destacar a verdade de seu sofrimento e interpelar o auditório para que ele depreenda a verdade de sua infelicidade e aceite sua conduta. O *ethos* e o *pathos* ocupam a cena principal.

Um treinador em comunicação não verbal e neuro-oratória declarou, em uma análise gravada pela mídia no dia seguinte (*Infobae*), que em seus gestos e olhares Macri mostrou angústia e preocupação; no *look*, formal e sério, que estava vivendo um momento difícil; tocou o peito indicando o coração, como lugar das emoções; houve um silêncio seguido de um suspiro, que demonstrava que estava sentido, tocado. Se considerarmos o vídeo da encenação, além daquilo que foi declarado, pode-se destacar que os gestos reforçavam o que Macri dizia, com tons mais enfáticos em algumas zonas. No entanto, ele o fazia sempre mostrando a vontade de compreender e esclarecer amavelmente e com simplicidade a situação, adequando-a à representação que construía do destinatário. Embora buscasse dar naturalidade a um discurso previamente preparado, ensaiado, esse caráter se evidencia em algumas partes, demonstrando que não houve lugar para a improvisação.

Detenhamo-nos no exórdio, em que se tende a entrelaçar a *captatio benevolentiae* e a *partitio*. A designação da audiência inclui um termo afetivo ("queridos"), destinada a encetar uma relação próxima, não com cidadãos que querem saber o que ocorre por meio das palavras do chefe do Poder Executivo, mas com seres vinculados pelos sentimentos. O presidente reforça isso se identificando com os interpelados graças à enunciação do sentimento que pressupõe ser o do outro e que afirma com ele compartilhar, bem como à referência de que sentiria o que sentem os destinatários da mensagem:

> Queridos argentinos, *que semanas e meses temos passado desde abril*! Sei perfeitamente todas as coisas que vocês devem estar pensando e *sentindo*, e as sei porque eu também as *sinto*. Por isso, vou lhes explicar por que estamos passando pelo que estamos passando, por que quando parecia que vínhamos bem *sentimos* que recuamos. E vou lhes falar *de coração, com a verdade*, como sempre fiz, e também com a *convicção* de que se seguirmos adiante, vamos alcançar a *Argentina com que sonhamos* há muito, muito tempo.

Encontramos, em todo esse fragmento, o claro apelo aos sentimentos, às estratégias de identificação com o público previsto, à articulação entre o que se crê e o que se sente, ao peso das impressões subjetivas, à verdade associada ao coração como centro da afetividade: "Vou lhes falar de coração com a verdade como sempre fiz". Como a verdade se vincula às impressões subjetivas e ao universo dos afetos, é impossível tomar satisfação das verdades enunciadas de coração e que não tiveram correlato na realidade (as enunciadas na campanha eleitoral, por exemplo, não cumpridas posteriormente), tampouco das medidas que tomou e que levaram à situação presente. O sentimento é o gerador do relato que se vai construir sobre "o que estamos passando", e o desejo é também o da projeção de futuro "vamos alcançar a Argentina com que sonhamos", cuja fundamentação não requer dados precisos, apenas certezas pessoais.

Todas as emoções são positivas ao longo de um discurso que expõe o roteiro, que se vai repetir infinitamente, no qual os desastres que o país vivencia não seriam culpa do governo e que, em função deles, o governo é levado a um novo acordo com o FMI. Como corresponde a um comportamento virtuoso, demonstram-se a solidariedade, a ternura, o amor, certa credulidade, a confiança na legitimidade dos objetivos, a esperança, o otimismo de que tudo vai melhorar, a temperança, a capacidade de "dar a vida por vocês". Além disso, quando as emoções o afetam negativamente, elas são fonte de tristeza ou equivalem àquelas que fazem com de "tenhamos que viver com o coração na boca", cujo registro coloquial busca acentuar mais ainda a proximidade com o povo, seu interlocutor pressuposto.

Outra dessas emoções expressas em outra sequência de seu discurso — e que compõem o rol das emoções negativas — é a 'vergonha', facilmente inferida quando Macri alude a um enunciado conhecido do público: "Nós, argentinos, queremos que nosso país seja mais, muito mais que uma coleção de cadernos escandalosos"[3]. A regra de seu discurso é evitar qualquer excesso que implique também qualquer exaltação. As emoções que nele se cultivam são afáveis e, em certos casos, expõem o que se condensa no lema, insistentemente repetido em alguns grupos: "Paz e amor".

Não é difícil reconhecer, até de maneira caricatural, os traços da discursividade política contemporânea dos setores da classe dirigente argentina posterior ao kirchnerismo, que buscam expressar aquelas emoções que, por sua procedência de classe, cultivaram tanto na vida privada quanto na empresarial. Isso se conjuga com essa lógica da pós-verdade, que domina a política em vários setores do planeta. Ao se caracterizar a pós-verdade, insiste-se na força da convicção, de modo que os feitos objetivos influenciam menos a formação da opinião pública do que a emoção e a crença pessoal de que o sujeito expõe para tocar o outro, que está disposto a aceitá-las como prova de "verdade" do que se diz, segundo a entrada *"post-truth"* do Dicionário Oxford.

A oposição verdade/falsidade se torna irrelevante, o que pesa é a experiência subjetiva da realidade. O discurso de Macri expõe essas convicções de ordem emotiva e de crença pessoal até mesmo quando enuncia a pergunta retórica: "Por que quando parecia que vínhamos bem sentimos que voltamos recuamos?", ou na frase de encerramento de seu discurso, situada enfaticamente no universo das crenças: "Sigo crendo, sem duvidar, que temos tudo para seguir adiante, absolutamente tudo". É possível que essa onda emocional reforce os vínculos com os partidários sensíveis à demonstração subjetiva. Contudo, nos que estão em outras posições ou simplesmente buscam inteirar-se de algo, desperta um rechaço da totalidade do discurso na medida em

---

[3] Macri alude aqui às anotações em cadernos feitas por um motorista semioficial da presidência, dos quais restam apenas cópias e nos quais o motorista teria registrado, ao longo de (dez anos, não apenas as horas trabalhadas e a quilometragem rodada, mas também os nomes de empresários e de políticos que pagavam e que recebiam subornos, durante o governo Kirchner, e as circunstâncias em que ocorriam tais feitos.

que a argumentação é precária e não se nutre da análise de dados objetivos, tampouco de propostas fundamentadas em um conhecimento mais ou menos rigoroso da realidade.

A PÓS-VERDADE NO *DICIONÁRIO* ONLINE *DA REAL ACADEMIA ESPANHOLA*: RESSONÂNCIAS DOS MANUAIS DE RETÓRICA

Observemos agora a definição de "pós-verdade" dada pelo *Dicionário online da Real Academia Espanhola* (RAE), que, mais do que retomar os lugares comuns atuais sobre a pós-verdade — que giram em torno de um regime de verdade próprio da era digital, com a evidente exposição da subjetividade e das impressões pessoais como fontes de afirmaçã —, ativa a memória da tradição retórica, com seus juízos morais acerca de determinadas práticas discursivas:

> *Distorção deliberada* de uma realidade, que *manipula* crenças e emoções com o objetivo de influenciar a opinião pública e as atitudes sociais. *Os demagogos são mestres em pós-verdade.*

Nesta definição, dominam as valorações negativas: "Distorção deliberada", que "manipula", isto é, diz respeito a gestos enganosos dos quais o sujeito é consciente, destinados a mobilizar o outro com intenções escusas. Como salienta Parret (1986), a manipulação é um ato intencional, necessariamente encoberto e não confessável ou, como afirma Breton (2003), a manipulação estabelece uma relação de força, mas com a condição de que oculte que o faz. A definição reforça essas apreciações com os exemplos "dos demagogos", que são aqueles que se opõem às práticas políticas representativas, definidos pela mesma instituição como:

> 1. adj. Que pratica a demagogia. Usado também em sentido figurado. [A demagogia por sua vez entendida como: 1. f. Prática política que consiste em ganhar com adulação o favor popular. 2. f. Degeneração da democracia, que consiste nas formas como políticos, mediante concessões e adulações aos sentimentos elementares dos cidadãos, tratam de conseguir ou manter o poder.]
> 2. m.f. Cabeça ou líder de uma facção popular.
> 3. Orador revolucionário que tenta ganhar influência mediante discursos que agitem a plebe.

As emoções expressas pelo locutor não têm, como fonte, crenças legítimas, e somente as estratégias discursivas das quais ele se vale (concessões, adulações) tendem a mobilizar o outro (agitá-lo), despertando-lhe determinadas emoções que degradam o discurso. Plantin (2011: 1) afirma que há uma acusação "bimilenária" que considera a emoção "o instrumento de sofistas e demagogos, a mãe de todas as falácias". A definição desse dicionário ativa, assim, a memória de velhos fantasmas políticos — revolucionários, líderes — cujas práticas são uma "degeneração da democracia". Ao mesmo tempo que atende à oposição verdade/mentira ("distorção deliberada"), adota uma posição que, mais do que tratar o fenômeno em sua atualidade e retomar as reflexões contemporâneas (como outros o tentam fazer), apela a essas velhas representações que a retórica já acusara. É importante, como dissemos, em retórica, o apelo às emoções (*pathos*) e à exposição de emoções que incidam na representação de si construída pelo locutor (*ethos*). Ambos, no entanto, estão regulados por um dispositivo normativo que atende à instalação do *logos* e que estabelece os lugares, momentos e espaços discursivos que tornam legítimas as emoções. A legitimidade surge não apenas ao assumir as regras que sobre elas recaem, mas também ao atender à dimensão moral das práticas discursivas, nesse caso, as práticas discursivas políticas. Reboul (1991: 111-112) salienta dois critérios que outorgam honestidade a uma argumentação: por um lado, que o auditório esteja, na medida do possível, "consciente dos meios que são usados para convencê-lo de algo"; e, por outro, que "a relação entre o orador e o auditório não seja assimétrica, para que fique assegurado o direito de resposta" (critério da reciprocidade).

Analisamos, então, os manuais do século XIX destinados à educação secundária, que deviam formar as novas elites que ocupariam os cargos no aparato estatal e que seriam os enunciadores privilegiados da palavra pública no marco da conformação dos Estados nacionais (Douay-Soublin, 1992). Neles, a dimensão moral permite separar o 'demagogo' do 'orador', que intervirá fundamentalmente nos espaços deliberativos e que, quando tiver de fazer discursos públicos, os assentará na defesa dos valores que os Estados nacionais estimam, como o amor à pátria, ou os que emergem da democracia representativa, como os que diferenciam os partidos políticos.

Devemos recordar que, no século XIX, a retórica se encontra bastante desprestigiada tanto pelos ideólogos — que, como pensadores ilustrados, privilegiavam o encadeamento intelectual mais do que o que consideravam o ornamento discursivo —, quanto pelo positivismo — que só valorizava a "verdade científica" apoiada no método experimental —, assim como pelo romantismo — que exaltava a inspiração, e não a série de técnicas associadas à retórica, que implicam uma forte regulação da discursividade. No entanto, multiplica-se a produção de manuais, como parte dos dispositivos de controle e disciplinamento dos discursos aos quais se refere Foucault (1971), destinados, como afirmei, à formação de uma nova classe dirigente.

Uma das tarefas que se devia encarar era a colocação dos sistemas representativos em funcionamento, o que impunha um tipo de eloquência própria às sociedades burguesas, com sua preocupação com os modos, com o respeito ao outro e com o controle das emoções. Os textos normativos, além de valorizá-las, regulavam a sua possível expansão, tanto no espaço de seus pares, por exemplo o Parlamento, quanto na vida familiar, normatizada, neste caso, como também já dissemos, por meio dos manuais de civilidade, que igualmente se multiplicaram no século XIX.

A figura que se opunha, então, era a do demagogo (como no passado havia sido a do sofista), vinculado não às práticas representativas, mas sim às formas diretas de democracia, que lhes outorgavam o atributo de "populares", em cujas intervenções dominava a oralidade, escassamente planejada, e as emoções eram exibidas sem controle. Frente a isso, a retórica fornecia um dispositivo normativo que, seguindo uma longa tradição, não apenas atendia cuidadosamente ao verbal (*dispositio* e *elocutio*), mas também controlava a *actio*, embora seguisse insistindo que o orador deveria dar a impressão de improvisar. Na discursividade política contemporânea, a *actio* também é objeto de regulação por parte dos assessores de imagem, como vimos ao tratar do discurso de Macri.

Em contrapartida, valorizava-se a escrita como base da oralidade para que a oralidade pública fluísse de maneira fundamentada e ordenadamente. Na atualidade, tende-se, em muitos casos, a declamar o que foi escrito por outros ou a oralizar roteiros prévios, tratando de produzir, na *actio*, o efeito de uma palavra sincera.

Na definição do dicionário da RAE, a "distorção deliberada de uma realidade" expõe o tema da 'verdade', como "a conformidade das coisas com o conceito que dela forma a mente" e também como "conformidade do que se diz com o que se sente ou pensa". Articula-se, assim, a representação do real e a dimensão moral das práticas verbais públicas. Com relação ao raciocínio, ele apela às crenças e aos valores compartilhados, aos lugares--comuns que permitem desvelar o discurso entimemático. Ele também recorre ao conhecimento das emoções do outro na medida em que busca, além de convencer, persuadir. Significa dizer que as "crenças e emoções", às quais se refere a RAE, são ativadas quando se procura fazer com que o outro adira às teses propostas a seu consentimento (Perelman; Olbrechts-Tyteca, 1983 [1970]), sabendo que elas estão sujeitas à controvérsia. Tende-se, certamente, a "influenciar a opinião pública e as atitudes sociais" (outro dos sintagmas da definição da RAE de "pós-verdade"), objetivo que não é apenas legítimo, mas também visado e que justificava, além disso, a existência da retórica enquanto instituição como espaço intelectual e formativo, no qual múltiplos procedimentos intervinham para produzir o efeito de verdade.

Sintetizando: em que reside a diferença da perspectiva da retórica acerca do exercício da palavra pública em relação ao que a RAE define como 'pós--verdade'? A diferença consiste no fato de que a RAE fala, nesse caso, de "manipulação" e de "distorção deliberada", isto é, de práticas conscientes de um uso enganoso, nas quais as emoções ocupam o centro da cena em detrimento da argumentação. E é isso que os manuais de retórica não podem admitir porque consideram não apenas a centralidade do logos, mas também a dimensão moral da prática.

Esse aspecto é sintetizado com certo dogmatismo por Quintiliano (1944 [95 d.C.]: 571), no século I, que defende que o orador devia ser um homem de bem. Significa dizer que essa "distorção deliberada" e a manipulação baseada no engano eram nocivas inclusive para o efeito persuasivo: "Não apenas digo que para aquele que há de ser orador é necessário que seja homem de bem, mas que só pode sê-lo aquele que o seja (o homem mau é ao mesmo tempo tolo e nenhum tolo poderá chegar a ser orador)". Esta posição, claramente ligada à retórica latina, não está ausente na formação das novas elites do século XIX no espaço escolar. José Luiz Munarriz (1815: 259)[4], por exemplo, afirma:

> [...] se temos alguma suspeita da má fé e da dubiedade do orador, de sua cor-
> rupção ou baixeza de caráter; seus discursos poderão nos divertir; mas eles serão

---

[4] Nas referências às obras retóricas, indicarei, na primeira aparição do texto, o ano. Nas demais referências da mesma obra, indicarei apenas as páginas das citações.

vistos como um artifício ou como mero entretenimento: e não nos produzirão efeito algum.

É notável a confiança depositada nos destinatários como capazes de reconhecer a imoralidade do outro e rechaçar, assim, seu discurso, evidenciando o que se pensa em espaços socialmente reduzidos. Vicente Fidel López (1845: 157), por sua vez, diz: "Um homem imoral não conseguirá jamais ser o favorito da opinião pública, nem o representante dos grandes e sérios interesses de sua pátria", no que a moral individual se agrega à moral cívica. Significa dizer que, além da técnica, requeriam-se valores morais, não apenas em relação aos comportamentos conhecidos pela vida social do orador, mas também em relação à sua honestidade intelectual, que se poderia apreciar no desenvolvimento do seu discurso graças ao seu esforço em defender racionalmente o que considerava ser a verdade e seu apelo a provas. A RAE se situa, então, nesse espaço intelectual, quando define a "pós-verdade" não segundo a visão na qual é pertinente a oposição verdadeiro/falso — já que o que interessa é mostrar a verdade como derivada simplesmente de crenças e emoções (como o indica a definição do dicionário Oxford) —, mas segundo a visão na qual se valoriza o discurso fundamentado, em que as emoções são discursivamente controladas e em que se atende à dimensão moral do discurso público.

O TRATAMENTO DAS EMOÇÕES EM COMPÊNDIOS DE RETÓRICA DO SÉCULO XIX

A relação razão/emoção

Nesse período, um aspecto de destaque na reflexão retórica é a relação entre a razão e a emoção, já que, embora se considere que ambos os aspectos estão presentes, privilegia-se o *logos* como encadeamento dos argumentos e se adverte que o excesso de tons emocionais pode fazer com que o outro aceite as asserções por razões que não são próprias de um discurso fundamentado, como deveriam ser no espaço público, local onde são tomadas decisões que afetam a comunidade.

Assim, muitos tratados vão destacar a importância de convencer racionalmente, mais do que apelando às emoções, ainda que elas não sejam deixadas de lado. Em um manual do início do século XX, seu autor, Frumento (1900), afirma que o coração deve acompanhar a razão, mas adverte sobre o perigo de que "paixões prepotentes" podem distanciar o homem da "verdade e do bem" (termos que devem andar juntos), para os quais a razão orienta.

Reitera-se, portanto, o vínculo entre a verdade, os valores morais e a exposição racional dos discursos. O que se deve evitar é que a paixão seja um obstáculo para o discurso da razão, o que significa distanciar-se da "verdade e do bem". O importante é que o orador se centre no *logos* e convença o outro racionalmente, apelando ao emotivo segundo o modo estabelecido pela retórica, ou seja, apenas e em conformidade com alguns gêneros e zonas do discurso, isto é, disciplinadamente e a partir de valores que o legitimam. Isso diferenciaria o ideal retórico do discurso político atual de setores da classe dirigente, em que o foco é apelar a emoções e crenças muito mal fundamentadas, o que, além disso, como aponta a RAE, implica a manipulação do outro.

O sujeito deve ou não experimentar as emoções que expõe ou busca desencadear no outro?

Essa problemática tem sido motivo de reflexão na tradição retórica e nossos manuais não lhe são alheios. Por um lado, pensa-se na incidência que têm, em seu efeito persuasivo, a sinceridade, a autenticidade ou a verdade das emoções e as formas de suscitá-las, quando o orador não as vivencia de fato. Por outro lado, discute-se em que medida o vínculo emocional entre o locutor e seu auditório facilita o convencimento acerca da verdade do que se enuncia ou, pelo contrário, o entorpece.

Então, as emoções que se dizem ou se mostram no discurso devem ser experimentadas, vivenciadas, para resultarem efetivas, ou o seu efeito depende simplesmente da *expertise* retórica?

Muitos autores apontam a eficácia persuasiva de experimentar as mesmas emoções que se busca gerar para que o discurso tenha a força do vivido e mobilize os destinatários ["Para comover a outros o mais eficaz é nos comovermos a nós mesmos" (Munárriz, p. 244)]. Outros colocam a importância de ter certo compromisso afetivo com o objeto de sua argumentação — como é o caso de Frumento, segundo o qual "é necessário que o orador ame fortemente a causa que patrocina" (p. 113).

Em relação à eloquência, lugar de destaque da reflexão sobre o tema, reitera-se que as paixões são despertadas no outro se o orador se deixa, ele próprio, arrebatar por elas. Por isso é comum que o auditório critique a impressão de frieza e desinteresse gerada por certos oradores e exalte o entusiasmo e o "calor" dos oradores públicos:

> Para persuadir com eficácia é regra fundamental estarmos persuadidos do que recomendamos a outros. [...] Que desvantagem não leva já consigo aquele que, não sentindo o que diz, se vê precisando fingir um calor que não sente em si mesmo? (Munárriz, p. 208).

Munárriz (p. 141) insiste: "Os homens mais apaixonados são eloquentes: pois por uma espécie de contagiosa simpatia transmitem a outros os sentimentos vivos que experimentam". Aconselha-se também que as emoções sejam expostas no corpo. Assim, o mesmo autor, apoiando-se em Quintiliano, aponta a importância dos aspectos não verbais e como eles intervêm na persuasão.

> As comoções internas do orador dão nova ternura a suas palavras, a seus olhares, a seus gestos e a toda sua maneira, com a qual exerce um poder quase irresistível sobre os que o escutam (Munárriz, p. 244).

Supõe-se que as expansões emotivas expostas no corpo levam o outro a experimentá-las. Avedaño (1885 [1844]: 425) sublinha-o: "O primeiro e mais seguro meio de comover é estar comovido. Para arrancar lágrimas é preciso derramá-las, disseram Horacio e Boileau". Como vemos, na discursividade pública, mais do que nas emoções 'afáveis' que predominavam no discurso de Macri, pensa-se em emoções com uma carga passional forte. Segundo Munárriz, "a eloquência sublime nasce sempre da paixão".

Como se alcança a emotividade adequada, quando ela não surge espontaneamente em uma determinada situação, sobretudo se se considerar que fingir emoções é tido como pouco efetivo?

> Devemos guardar-nos de fingir um calor que não sentimos. Aparentar bem uma paixão sem senti-la é uma das coisas mais difíceis. Nunca pode ser tão perfeito o disfarce que não possa ser descoberto. Só o coração pode responder ao coração (Munárriz, p. 162).

Os manuais escolares não se detêm em técnicas de autoprovocar as emoções quando se referem à eloquência (talvez porque afetavam a moral escolar), mas sim às retóricas anteriores (Quintiliano, p. 297-300), inclusive as artes de predicar que aconselham distintas maneiras de autoprovocá-las, como imaginar situações similares às que se descreve, mas nas que se esteja ou se veja envolvido (Granada, 1999 [1576]: 365-371). O imperativo de pôr em cena a retórica dos afetos leva à associação do orador com o ator e a interrogar-se acerca dos recursos dramáticos dos quais disporá aquele (Díaz Marroquín, 2008). É possível que, nos treinamentos atuais dos políticos, eles sejam instruídos acerca da simulação das emoções. Embora os autores do século XIX não se refiram a isso, a citação anteriormente referida de Avendaño, que retoma Horácio e Boileau com sua forte carga prescritiva, mostra a importância da construção discursiva e de certo treinamento, pelo menos, na geração da paixão no outro. "O que sabe excitá-las ao seu propósito, domina os ânimos conforme sua vontade."

Quando tratam de alguns gêneros escritos, nossos manuais marcam efetivamente o fato de que habitualmente — e sobretudo nos discursos extensos — não experimentamos as emoções que queremos expor ou ativar no outro, razão pela qual são necessárias regras que nos orientem. O jornalismo, por exemplo, que se associa com a eloquência — já que o artigo de fundo é algo assim como o deliberativo escrito —, requer o conhecimento técnico a respeito da exposição e geração de emoções.

As regras devem atender ao que é próprio da exposição "natural" das emoções, como aponta Rodríguez (1879: 66):

> O que ocorre geralmente é que nos propomos a excitar nos outros sentimentos que, pelo menos quando escrevemos, não experimentamos: é necessário então fixar regras, tomadas da observação e confirmadas pela razão, para não nos afastarmos do que é natural a todo aquele que fala apaixonadamente.

José Gómez Hermosilla (1826: 106) também havia afirmado o seguinte:

> Como os autores de composições literárias estão em geral muito tranquilos quando escrevem e só se revestem artificialmente dos afetos que desejam inspirar em seus leitores, é necessário que a arte lhes forneça regras seguras para que não se equivoquem quanto ao verdadeiro tom das paixões, substituindo as vãs declarações por sua irresistível eloquência.

Para isso, é necessário um conhecimento detalhado dos gêneros, dos estilos, das zonas discursivas, das figuras que se podem associar com as emoções e não deixar de lado a adequação ao motivo do discurso, à situação e às características próprias do auditório.

Em relação ao vínculo emocional entre locutor e alocutário, se podem identificar duas posições. Por um lado, os que consideram que ele é a base da persuasão, o que orientava a referência a Horácio. Cortejón (1890: 536), por exemplo, associa as emoções à persuasão gerada por mecanismos identificatórios derivados da empatia entre locutor e alocutário: "A persuasão é a alma que se entrega por inteiro, que dá seus próprios sentimentos, que entrega suas paixões e suas ideias aos sentimentos, à vontade e às ideias de outro". Frumento (p. 114) também disse: "A alma de improvisador responde à alma do auditório. Ambas se tocam, se misturam e se confundem". No mesmo sentido, Cortejón (p. 536) aconselha:

> Que os ouvintes se irritem, se acalmem, se admirem, desprezem ou amem o que o orador detesta ou elogia; que se entediem, temam, esperem, se alegrem ou se entristeçam, segundo a índole do assunto sobre o qual o orador disserta: eis o que entendemos por arte e meios de convencer.

Para outros, esse vínculo não é conveniente (a emoção própria do locutor pode deixar o outro indiferente) nem pertinente, pois o que se deve lograr é despertar emoções no ouvinte ou leitor através do discurso, no qual intervém o saber retórico.

Sintetizando: embora se valorize a "verdade" das emoções e se duvide da eficácia de fingi-las, os manuais que abordamos consideram a necessidade, sobretudo nas produções escritas, de conhecer os modos de semiotizá-las para compensar, com o apoio técnico, a ausência típica desse tipo de discurso quanto às emoções. Isso se dá de modo que se deve levar em conta o vínculo emocional entre locutor e alocutário. No entanto, alguns vão objetar isto marcando, alegando não ser conveniente, tampouco pertinente. De todo modo, o que se supõe é que o outro infere as emoções do locutor porque elas se mostram em seu discurso. Em troca, nos discursos atuais que se inscrevem no domínio da pós-verdade, as emoções, como vimos no discurso de Macri, são majoritariamente ditas, o que diminui a atividade inferencial por parte do alocutário, de modo a ser necessária, no discurso, a presença de referências explícitas à convicção, à fé ou à crença.

As emoções segundo os gêneros e as zonas de discursos

Como dissemos, as emoções que se expõem ou que se busca desencadear no outro são legítimas, mas devem ser reguladas. Uma das formas de estabelecer essa regulação é determinando os gêneros e os lugares que as admitem ou as exigem (não como no caso do discurso de Macri, que impregnam toda a alocução). Os efeitos alcançados dependerão do tipo de auditório e do universo de crenças compartilhado. Como o auditório, no século XIX, é mais definido no exercício da eloquência — não apenas oral, mas também escrita —, os autores se detêm nos aspectos emocionais ao tratar dessa eloquência.

Consideraremos apenas as formas de eloquência vinculadas às práticas políticas orais, ainda que as retóricas se detenham na eloquência religiosa, na forense e na jornalística (escrita). Devemos pensar: quando elas são orais, o orador está diante do auditório e, à sua maneira, interage com ele (não se trata de um discurso gravado como o que analisamos de Macri). Apesar da importância atribuída à dimensão emocional, é preciso considerar os graus estabelecidos de sua presença, que dependem do gênero ou do âmbito social em que enuncia: um discurso não é a mesma coisa que uma intervenção parlamentar, nem um debate no Senado ou na Câmara dos Deputados. Também incide sobre a regulação desse grau a atitude do auditório.

Considerando a formação que se deve dar aos estudantes, destaca-se que, nos gêneros deliberativos (centrais na nova ordem política), a paixão deve surgir dos valores legítimos e compartilhados que se defendem.

Rodríguez (p. 122) salienta, a respeito dos discursos parlamentares, que neles deve dominar "o estilo elevado, culto, repousado, que não exclui, contudo, a impulsividade do patético" e "o orador deve mostrar-se sempre apaixonado pelo interesse geral nos assuntos que debate". Valoriza-se o equilíbrio entre o sereno e o impulsivo e, neste último caso, não se deve centrá-lo no pessoal, mas sim no interesse geral.

O discurso epidítico, por sua parte, é próprio das cerimônias, em celebração de alguma data ou em atos de censura a um governante, representante parlamentar ou político. Neles dominam as estratégias de amplificação, e é legítimo que a dimensão emotiva se expanda, cobrindo amplas zonas do texto. Ele tende a despertar a admiração e o reconhecimento, ou a indignação. Sua função é reafirmar os valores e as identidades sociais.

Um exemplo são os debates populares, isto é, aqueles que tendem a mobilizar o povo, gênero que a elite não pode deixar de lado, já que em muitas ocasiões necessita do apoio popular. Rodriguez (p. 125) discorre sobre o impulso do gênero, enumerando os objetos nos quais devem se ancorar os afetos, próprios dos Estados nacionais:

> As fontes de onde convém tomar geralmente os argumentos nesses discursos são o amor à Pátria, as glórias nacionais, os interesses do povo e as afecções dos partidos políticos.

Mesmo assim, como antecipamos, os manuais abordam quais seriam as zonas do discurso nas quais se podem expandir as emoções já que "há de se considerar atentamente se o assunto admite o patético e em que parte" (Munárriz, p. 210). Tradicionalmente, tem sido o exórdio e a peroração.

Munárriz (p. 232) ao referir-se à introdução aponta:

> É preciso se conduzir de uma maneira tranquila. Nas introduções, há poucas ocasiões para a veemência e as paixões. Estas se hão de excitar conforme o discurso se vai adiantando. É uma exceção a essa regra, quando basta mencionar o assunto para comover os ouvintes; ou quando a presença imprevista de uma pessoa ou objeto, em uma junta pública, inflama o orador e o faz irromper em um calor extraordinário. Em qualquer destes casos, cai bem o exórdio chamado *ex abrupto*.

Ainda que no exórdio, em geral, não tenham espaço as passagens mais marcadamente patéticas — entendidas aqui como carregadas de *pathos*, de paixão —, nele se prepara o ânimo dos ouvintes tendendo a que fiquem "benévolos, dóceis e atentos" (Hermosilla, p. 292). Para alcançar esse efeito, há que se evitar dar a impressão de que se preparou previamente para isso: "Deve aparecer como involuntário na boca de quem o usa: se se descobrisse nele preparação, perderia todo o efeito de que é suscetível". A naturalidade exige, como vemos, uma justificada regulação retórica e, na atualidade, um treinamento adequado junto a muitos políticos.

Nossos tratadistas aconselham sobre os modos de expansão das emoções nos gêneros da oratória que o requerem e recomendam que a "linguagem própria das paixões" deve ser "simples e sem afetação" para alcançar sem perturbações seu objetivo:

> *Aquele que está tomado de uma paixão verdadeira e veemente usa de uma linguagem simples e sem afetação*, que poderá ser animada com figuras fortes e valentes; mas não terá ornato nem sutilezas. [...] Não se deve misturar coisa estranha à parte patética do discurso, nem ornato por brilhante e pomposo que seja: pois divertiria o ânimo e entreteria a imaginação, em vez de tocar o coração (Munárriz, p. 345).

Seguindo a tradição retórica, a peroração aparece como a "parte patética" por excelência. "Na peroração se coloca geralmente a moção de afetos. [...] seu objeto é deixar forte impressão nos ânimos" (Marroquín, 1935 [1882]: 89). Avendaño (p. 426) insiste nisso, adotando uma posição comum a outros autores: "O elemento patético pode ser admitido em todas as partes do discurso; mas especialmente na peroração é onde seu emprego convém"; completa-se, assim, "a obra do raciocínio com o efeito das emoções". É o momento no qual ademais de comover tende-se a mobilizar o outro.

Frumento (p. 125) se refere também, nas zonas argumentativas, à confirmação e aconselha, nesse caso, a amplificação:

> Os argumentos mais seguros e convenientes devem ser amplificados. [...] Isso consiste em adotar certo modo copioso e veemente de argumentar, por meio do qual a dignidade, a amplitude, a indignidade e a atrocidade da coisa sejam demonstradas de tal sorte que fira os ânimos, promova os afetos e se grave profundamente na memória do certame.

O tratamento das emoções segundo os gêneros e as partes do discurso mostra como a efusão afetiva e o desdobramento passional não devem estar ausentes nos gêneros da eloquência política; no entanto, devem ser objeto de disciplinamento. Nesse sentido, intervêm os manuais indicando as emoções que correspondem em cada caso e atendendo aos valores que a sociedade exalta. Embora se afirme a importância das emoções na persuasão, esses manuais não as deixam livres às decisões individuais, já que podem ser geradoras de excessos imprevisíveis e perigosos.

A ENTRADA DAS EMOÇÕES NO DISCURSO

Os manuais reconhecem que as emoções podem ser ditas ("não me sinto feliz") ou mostradas ou desencadeadas através de diversos fenômenos discursivos, como são, por exemplo, o estilo, as figuras, os tons, os gestos e os quadros apresentados. Isso se assemelha ao que propõe Amossy (2012: 224), em texto atual: "Podemos supor dois casos principais: aquele em que se menciona a emoção explicitamente e aquele em que ela é provocada sem que seja designada por termos sentimentais".

Os manuais se detêm neste segundo caso, ao incluírem as marcas discursivas que remetem à emoção do locutor — ou do enunciador quando dá a palavra a outro ou se complexifica de diferentes maneiras a instância enunciativa — e os quadros ou situações representadas — as esquematizações de que trata Micheli (2014) ou os "roteiros prototípicos" ou "tópicos" nos termos de Eggs (2008), geradores de emoções. As emoções ditas são menos efetivas, a partir das perspectivas das retóricas do XIX, porque o auditório pode desconfiar de sua sinceridade; por sua vez, se as infere do comportamento verbal e não verbal do outro, elas resultam mais confiáveis. No regime da pós-verdade, por conseguinte, as emoções no plano do verbal são ditas e associadas a "convicções" pessoais afirmadas, ao passo que o não verbal sustenta o peso do que é mostrado.

Se nos inserirmos em uma perspectiva interpretativa, o tipo de inferência que se realiza nas emoções mostradas é dedutivo (Eggs, 2008; Micheli, 2014): certas marcas do enunciado (ordem das palavras, exclamações, interjeições, repetições, alterações de ritmos, formas enfáticas, termos afetivos ou axiológicos) se consideram efeitos de uma emoção atribuída ao locutor. Elas podem derivar do "calor do discurso" (Munárriz, p. 209), o que Coll y Vehí (1894 [1862]: 16) expõe desta maneira: "O sentimento ou a paixão se difundem pela elocução de uma maneira invisível, tal como o calor pelo corpo animal". Isso se manifesta em opções sintáticas, estilísticas ou lexicais às quais nos referimos. O "calor" não exclui, assim, a *expertise* em plasmá-las discursivamente: "Aumenta-se a intensidade das impressões com a cuidadosa eleição das palavras" (López, p. 157).

Barros Arana (1908 [1867]: 179) sintetiza os dois casos de emoções "provocadas" (não ditas): o de um "patético direto" e o de um "patético indireto". No entanto, atribui a "atenção artificial" apenas ao segundo (gerado por quadros ou cenas), insistindo na "naturalidade" do primeiro (as marcas que remetem à paixão):

> Como é fácil compreender, o patético pode ser alcançado de várias maneiras. O orador se deixa arrastar pelo ardor e expressa a paixão por meio de suas palavras,

ou expõe os feitos com atenção artificial, e sem parecer comovido, para apresentar um quadro que comove o auditório. Daqui nasce uma diferença entre patético direto ou indireto (Barros Arana, p. 179).

No mesmo sentido, Coll y Vehí (p. 16) chama de direta a primeira modalidade, na qual se integram mostradas e ditas, e "indireta", a segunda:

> De duas maneiras podem ser apresentados os sentimentos do ânimo: *diretamente*, como quando os expressamos por meio da interjeição e das exclamações, quando os declaramos, analisamos e explicamos; ou *indiretamente*, como quando arrancamos lágrimas com a simples narração ou descrição de algo que se sucedeu e que foi lamentável.

Privilegiam-se, em geral, os afetos produzidos pela modalidade indireta:

> São duas coisas distintas: mostrar aos ouvintes que eles devem se comover e comovê-los efetivamente. Para alcançar este último, há que se apresentar da maneira mais natural e mais forte o objeto da paixão que desejamos excitar e há que se expor certas circunstâncias que sejam capazes de despertar o ânimo dos ouvintes (Munárriz, p. 244).

Para Hermosilla (1826, t. 2: 23) essa "provocação" é alcançada, entre outros, pelo procedimento da amplificação:

> [...] apresentar com energia e vivacidade as coisas que sejam causa das paixões, com as quais se queira comover. Por exemplo, para avivar a cólera, o orador fará ver a gravidade da injúria recebida; para infundir temor, representará a grandeza do perigo; para causar a lástima, pintará com cores vivas as desgraças do sujeito etc. etc. Já se deixa entrever aqui que para acalmar as paixões, se deve fazer todo o contrário.

Frumento (p. 137), por sua parte, vai destacar a eficácia dos quadros: para levar a desprezar a guerra, a pintura da devastação por ela gerada é mais efetiva que o uso de argumentos. Além disso, acrescenta que, para comover, é útil explorar imagens próximas ao destinatário, para que ele se sinta envolvido.

O **estilo** tem sido tratado pelos manuais como um dos lugares onde se manifesta a emotividade. O estilo sublime, por exemplo, tem estado vinculado tradicionalmente ao desencadeamento das emoções, diferentemente do simples ou familiar, que tende a ensinar, e do médio ou moderado, que se propõe a agradar. O sublime está associado, majoritariamente, ao epidítico, cuja legitimidade impõe determinadas circunstâncias públicas (festejo de um triunfo, homenagem a um governante, cerimônia fúnebre, censura a um funcionário). Rodríguez (p. 27) se refere ao sublime, destacando a importância das opções léxicas e sintáticas:

> No estilo sublime, é preciso que as palavras, as construções, as cláusulas e sua coordenação correspondam à importância do argumento e concorram eficazmente para causar em nosso espírito impressões arrebatadoras, profundamente gratas, mas que nos admirem e emocionem de um modo vago a indefinido.

Os adjetivos finais remetem à necessária indefinição do sublime, já que devem permitir a todos se sentirem interpelados de uma ou outra maneira ou poderem ativar imagens armazenadas diferentemente. Por sua vez, Rodriguez (p. 28) adverte ressaltando a importância, para o estilo sublime, da articulação entre o belo e o verdadeiro, ao que agrega, estando sensível à dimensão moral do ensino, o bom:

> O estilo sublime não pode ser sustentado em todo o corpo de um discurso: é próprio apenas de certas passagens, de alguns momentos em que nos deixamos dominar pela *paixão do belo, do bom e do verdadeiro*.

Do estético derivam o moral e o juízo epistemológico. Danblon (2002: 47) aponta, a respeito do segundo, que "um predicado percebido como 'belo' determina um juízo epistemicamente subjetivo, mas se apresenta 'como se' tivesse a mesma pretensão à objetividade tanto quanto a evidência sensível. O juízo estético cria, assim, um 'efeito epistemológico' por uma volta 'fictícia' à evidência sensível".

Diferentes classificações de estilos povoam os manuais, mas muitos deles remetem ao campo das emoções na designação ou na caracterização. Coll y Vehí (p. 79), por exemplo, fala do estilo "vivo e veemente":

> Chamam-se *vivos* os pensamentos, os afetos e o estilo, em geral, quando estão penetrados de *um calor suave que lhes comunica animação e movimento*. A veemência manifesta certo excesso de vida. É veemente o estilo *quando ao impulso da paixão se acumulam e precipitam com rapidez e impetuosamente as ideias e as palavras*. O estilo veemente deve ser enérgico e entrecortado.

As caracterizações dos estilos se reiteram em diferentes autores mais sinteticamente ou com expansões, já que bebem nas mesmas fontes. López (p. 112), falando também do estilo veemente, afirma atendendo a aspectos textuais ("tece suas frases e períodos") e ao efeito que quer gerar no outro:

> Chamamos também de veemente o estilo em que vemos o escritor apaixonado por uma ideia ou um sentimento romper com leveza os entraves da expressão e manifestar no modo com que tece suas frases e períodos sua vontade de chegar rápida e plenamente vitorioso a seu fim, *sem se preocupar em dar lugar aos demais para que o sigam, sem querer outra coisa senão agarrá-los para levá-los a se identificarem com sua paixão, para deixá-los prostrados a seus pés.*

Coll y Vehí (p. 78), retomando um tema recorrente, opõe o estilo "cortado", caracterizado por uma sintaxe que prioriza períodos simples, breves, concisos e coordenados e ainda formulações diretas e incisivas, ao "periódico", caracterizado por uma sintaxe que prioriza períodos longos, complexos, conectados, subordinados, e os associa à exaltação da paixão ou da serenidade:

> O *estilo cortado* é próprio da enumeração, da descrição, das narrações rápidas, dos momentos em que a paixão nos arrebata; o *estilo periódico* é próprio da discussão tranquila, da amplificação e dos assuntos elevados, de modo geral.

López (p. 113), por sua vez, descreve assim o estilo *impulsivo*: "A maneira de escrever com violência e com franqueza, com brilho e com variedade, que resulta do sentimento apaixonado com que nos preocupam as ideias que queremos expressar".

Como vemos, os autores aqui referidos associam características de estilo às emoções que expõem a subjetividade do locutor, ao mesmo tempo que buscam incidir sobre o outro. Embora se inscrevam em uma larga tradição (que lhes fornece nomes e descrições), não deixam de considerar representações de época que marcam os limites da expansão emotiva.

Por outro lado, os manuais catalogam as **figuras**. Consideram que a maioria delas incide emocionalmente sobre o outro ainda que seja debilmente, gerando, por exemplo, o agrado ou o sorriso. No entanto, eles detêm-se nas "formas que o pensamento toma quando tentamos expressar as paixões ou sentimentos de que nos achamos possuídos, paixões que procuramos muito naturalmente despertar nos demais" (Rodríguez, p. 30).

Essas "figuras de pensamento", que como as outras podem ter um valor argumentativo, intervêm na persuasão graças a seu vínculo com o emocional. Elas orientam o leitor ou o ouvinte para que infira — em termos gerais, já que uma delimitação mais pontual seria proporcionada pela relação com dados do entorno discursivo ou do contexto — a paixão a que remetem ou a comoção que domina ao enunciador — ainda que, recordemos, esta seja uma construção discursiva que não necessariamente o locutor experimenta. Na descrição, as figuras se associam às emoções, e estas últimas se apresentam como o que as gera. Tende-se não apenas a enriquecer o leque expressivo do escritor ou orador, mas também a orientar a atividade inferencial do leitor ou ouvinte:

Apóstrofe. Se usa esta figura sempre que animados da *grandiosidade da paixão* que nos ocupa, apartamos nossa atenção do leitor ou auditório para dirigir o discurso a pessoas ausentes (Rodríguez, p. 67).

Injunção. Esta figura, própria somente daquele que se acha sob *a influência da dor ou da ira* excitadas por qualquer causa, consiste em ameaçar alguém com males ou desgraças terríveis que hão de suceder (Rodríguez, p. 68).

Correção. Esta figura, ainda que fraca, supõe, no entanto, *um espírito perturbado pela paixão*, em cuja virtude não pôde o escritor ou orador dar-se conta do que disse, e o modifica (Rodríguez, p. 69).

Exclamação. É figura de uso tão frequente, e que tanto sentimentalismo comunica ao estilo quando é a expressão genuína de *um afeto impulsivo e ardente*. Não é senão a manifestação de um sentimento forte, que comove nosso ânimo. *Essa comoção pode ser provocada pela tristeza ou alegria, pela dor ou ira, pela surpresa ou admiração*, ou por quaisquer outros afetos tão ativos e comoventes quanto os mencionados (Rodríguez, p. 70).

Permissão. Esta figura serve para *promover a compaixão* da mesma pessoa que causou nosso sofrimento, nos queixando dele, permitindo-lhe e convidando-a se é possível a que nos cause maiores sofrimentos (Rodríguez, p. 74).

As caracterizações são acompanhadas de exemplos ilustrativos, que por sua vez funcionam como modelos. Neles, encarnam-se as características discursivas às quais aludem os textos.

A lista das "figuras patéticas", como são designadas em alguns manuais, varia, mas sempre resultam, como disse Coll y Vehí (p. 40), da "sensibilidade excitada" e "servem para transmitir as emoções da alma". O mesmo autor (p. 52) afirma: "Arrebatados por vezes pela ira ou pela vingança, desejamos que sobrevenha algum grave mal a outras pessoas ou a nós mesmos: no primeiro caso, se comete a imprecação, e, no segundo, a execração". São "figuras da veemência" reconhecidas tradicionalmente não somente como meio de persuasão, mas também como índice de um estilo elevado (Halsall, 2003).

Em outras figuras, salientam restrições a respeito do seu uso em momentos de expansão emotiva. Assim, Hermosilla (p. 82), que vincula também as anteriores às paixões, ao referir-se à antítese, reconhece seu vínculo maior com a argumentação, e não com os efeitos patéticos: "É primordial, como regra geral, não empregar esses contrastes formais nas passagens patéticas, ou quando se supõe muito acalorada a imaginação daquele em cuja boca se põem". Ou em referência à concessão: "As concessões francas ou de boa-fé só caem bem em passagens tranquilas; as simuladas ou artificiosas podem convir à linguagem das paixões" (p. 83). E em relação à comparação: "Os símiles formais e expressos não se introduzem em passagens patéticas, porque esta forma é própria da linguagem tranquila da reflexão, não da agitação das paixões" (p. 98).

Os autores vinculam também a ironia e o sarcasmo com o *pathos*. A respeito da primeira, um manual atual (Buffon, 2002: 257) aponta sua função polêmica geradora de emoções: "É uma maneira de criticar ou ridicularizar alguém ou algo dizendo o contrário do que se quer fazer entender". Nossos tratadistas se referiam a ela em termos similares. Assim, Coll y Vehí (p. 36-37) disse:

A ironia consiste em dizer em tom de burla o contrário do que expressa a letra. Parece que só deveria ser própria da alegria e do estilo jocoso; no entanto, a cólera, o desprezo e o próprio desespero se valem dela e, por conseguinte, a encontramos nos lugares mais veementes e apaixonados. Às vezes, a ironia tem um caráter sangrento e é uma amarga ridicularização com que insultamos nossos adversários, uma pessoa abatida pela desgraça, um objeto digno de compaixão. Neste caso recebe o nome de *sarcasmo*.

López (p. 96) vai se deter na primeira, insistindo em seu vínculo com a emotividade: "Esta figura é a mais indicada para dar amargura a uma repreensão".

A produção de *tropos* (sinédoque, metáfora, metonímia) também se associa com as paixões que afetam o locutor e que são as que os geram:

Quando falamos agitados por alguma paixão e naqueles movimentos repentinos em que a imaginação acalorada está mais presente na eleição das expressões que o frio exame da meditação, empregamos para designar as coisas não seus nomes próprios, mas sim os nomes acessórios que mais fortemente nos comovem. Nisso, como se vê, procedemos impelidos pelo veemente impulso que então experimentamos de comunicar aos outros as ideias, não de qualquer modo, porque isso não nos satisfaz, mas sim com a mesma força e energia e, por assim dizê-lo, com o mesmo colorido com que naquele momento se apresentam à nossa imaginação (Hermosilla, p. 211-212).

As figuras são, assim, modos de influenciar emocionalmente o outro ou modos de levar o outro a inferir as emoções que o locutor experimenta. Elas integram há muito (por exemplo, Quintiliano, p. 395-407) a reflexão retórica sobre a colocação em discurso das emoções. O **tom** é também uma marca a partir da qual se podem inferir as emoções, uma vez que é preciso adotar

o tom mais conveniente ao assunto que tratamos. Assim, se poderá reconhecer quando nosso ânimo está tranquilo, ou abatido pelo temor, ou exasperado por uma imputação maliciosa, ou indignado contra o crime, ou orgulhoso da causa que defendemos, ou aquele necessário para implorar o favor dos juízes (Hermosilla, p. 357).

Também o é o **semblante**, particularmente os olhos: "Nos é permitido fechá-los quando queremos denotar que nos é horrorosa e sofrível a enormidade de um tema, ou denotar a amargura que nos devora e que nos obriga a reconcentrar interiormente toda nossa atenção" (Hermosilla, p. 357).

Como vemos, ainda que se atente preferencialmente aos aspectos verbais, não deixam de ser considerados outros modos de semiotizar as emoções. Assim, os manuais abordam a voz, a postura e os gestos e estabelecem detidamente as regras para a *actio*. A respeito da importância do não verbal em relação aos efeitos emocionais, Rodríguez (p. 143), ao referir-se à eloquência exposta oralmente, afirma:

> A declamação oratória vem a ser, pois, o espírito que anima os discursos dando-lhes *aquele esplendor sedutor que requerem para arrebatar o auditório comovendo-o agradavelmente*. Para alcançar o aperfeiçoamento da recitação oratória é indispensável possuir de antemão todas aquelas qualidades que os antigos chamavam *eloquentia corporis* e que compreende aquele conjunto de dotes físicos que contribuem para amenizar a recitação, muito particularmente as que se relacionam *à voz, ao gesto, à ação*.

Munárriz (p. 255) destaca, em relação à ação (*actio*):

> Para a propriedade desta ação deve-se atender, como nos tons, aos gestos e olhares com que se expressam mais vantajosamente no trato humano a compaixão, a indignação, e qualquer outro afeto; a fim de que o orador se guie por eles.

Em relação com a *actio*, Munárriz (p. 247), partindo do exemplo de Demóstenes, afirma que "não se deve acreditar que o manejo da voz e do gesto pertença somente à decoração; pois está intimamente enlaçado com a persuasão; a qual é o fim de toda elocução pública". Enunciam-se regras para o tom da voz, o olhar e os gestos, analisam-se a ênfase e as pausas:

> O orador público deve conservar a possível dignidade na atitude de todo o corpo, escolhendo geralmente uma postura reta, algo inclinada para a frente, como por uma expressão natural de interesse. Seu semblante deve corresponder à natureza do discurso. E quando não expresse alguma comoção especial, o melhor é um olhar sério e grave. Os olhos nunca estarão fixos sobre um mesmo objeto.

O natural é empregar com mais frequência a mão direita que a esquerda, mas as comoções ardentes pedem a ação de ambas as mãos [...] (Munárriz, p. 256).

O autor aconselha ainda a preparar a alocução oral a partir do texto escrito: "Convém buscar a ênfase própria do discurso antes de pronunciá-lo em público, marcando com a pena [na escrita] as palavras enfáticas, ao menos nas partes mais expressivas, para fixá-las bem na memória" (Munárriz, p. 256).

REFLEXÕES FINAIS

Os manuais de retórica que consideramos estavam destinados, em primeiro lugar, ao ensino médio e eram textos de consulta para os que exercem a palavra pública em diferentes espaços sociais — militar, religioso, político, jornalístico, literário (já que incluíam uma parte de preceptiva literária), histórico. As normas, apesar da notável permanência da tradição retórica, marcavam, em diversas regiões, o imaginário da sociedade burguesa pela importância das práticas políticas representativas e a necessidade de afirmar o novo aparelho estatal. A eloquência política contemporânea não deixa de inscrever-se na tradição retórica, mas se abre ao novo tipo de sociedade que não tem certezas ou as tem por efêmeras, uma "modernidade líquida" na qual se "derretem [...] os vínculos entre as escolhas individuais e os projetos coletivos", como apontava Bauman (2003: 12), o que lhe imprime as características próprias do que se chama de pós-verdade.

A retórica queria formar um orador capaz de improvisar ou de dar a impressão de um discurso improvisado. Para isso, insistia no saber técnico que deveria dominar quando enfrentava o seu auditório e na importância de uma escrita prévia, própria, de apoio, para falar com maior fluência e fundamentação. Mas no caso dos discursos políticos roteirizados atuais, o que requerem são ensaios prévios do que foi elaborado por outros (os assessores de imagem e os redatores dos discursos oficiais, que recorrem reiteradamente aos resultados de entrevistas massivas); a declaração e não o domínio do saber retórico, ou seja, um conhecimento circunstancial destinado à *actio*. Isso se acentua nos casos em que os pronunciamentos são gravados, já que podem ser regravados, como apontamos ao nos referir ao discurso de Macri.

Em contrapartida, segue-se apelando a crenças e a emoções, mas as crenças na retórica serviam para produzir um discurso fundamentado, que tivesse em conta aquelas que eram compartilhadas pelo auditório, de tal maneira a facilitar o acesso à fundamentação desenvolvida. Além disso, as emoções ativavam os mecanismos persuasivos, mas não anulavam o peso do *logos*, além de terem suas zonas de expansão e de serem bem estabelecidos os gêneros nos quais o apelo às emoções era possível e desejável. Essa centralidade do *logos*, destinada a produzir uma verdade convincente, atenua-se consideravelmente, e o que ocupa a frente da cena, hoje, são as crenças e as emoções do locutor ou as crenças sustentadas por emoções que atribuem àquelas seu caráter de verdade (subjetiva).

Quanto a si, é necessário que o orador experimente as emoções que busca desencadear no outro. Algumas retóricas vão destacar sua importância, mas se reforça que, em muitos casos, isso não é possível, daí a necessidade do conhecimento retórico que parte dos modos "naturais" de semiotizar as emoções e estabelece um dispositivo normativo que, ao mesmo tempo que facilita a produção discursiva, a controla. Ao fazê-lo, também se privilegiam as emoções mostradas ou as indicadas, graças a quadros ou roteiros prototípicos, que respondem a determinados tópicos, e não às emoções ditas, já que as mostradas ou indicadas obrigam o auditório a inferi-las, o que é uma operação complexa, mas mais efetiva. Nos discursos como o de Macri, abundam as emoções ditas, o que se restringe à capacidade inferencial do outro, mas também se evitam conclusões não desejadas. A explicitação é necessária para evitar uma expansão interpretativa não prevista.

Finalmente, ainda que os discursos inscritos no regime da pós-verdade não estejam distantes da tradição retórica, não consideram pertinente o que para ela era fundamental: a dimensão moral, sem a qual o discurso, que deve atender tanto às três provas técnicas, *ethos*, *logos* e *pathos*, quanto às não técnicas, seria simples manipulação, já que deixaria em suspenso todo juízo. Sua ausência de limites resultaria em algo próximo às práticas "demagógicas", questionadas insistentemente.

CORPUS

AVENDAÑO, Joaquín de (1885 [1844]). *Elementos de Gramática Castellana precedidos de unas ligeras nociones de Lingüística y seguidos de algunas de Literatura, Retórica y Poética*, novena edición, corregida, aumentada y reformada por el autor. Madrid: Librería de Hernando.

BARROS ARANA, Diego (1908 [1867]). *Elementos de Retórica y Poética*, tomo III de las Obras Completas. Santiago de Chile: Imprenta Cervantes.

COLL Y VEHÍ, José (1894 [1862]). *Compendio de Retórica y Poética o Nociones elementales de Literatura*. Barcelona: Imprenta Barcelonesa.

CORTEJÓN, Clemente (1890). *Curso razonado de Retórica y Poética con ejercicios prácticos y trozos escogidos*. Barcelona: Imprenta de la Casa Provincial de Caridad.

FRUMENTO, Luis J. (1900). *Nociones de Estética, Retórica y Poética* (adaptadas a los programas de los colegios nacionales). Buenos Aires: Establ. Tip. A vapor de La Reacción, 1900.

HERMOSILLA, José Gómez [1826]. *Arte de hablar en prosa y verso*, dos volúmenes, Madrid: Imprenta Real.

GRANADA, Fray Luis de (1999 [1576]). *Retórica eclesiástica I*, libros 1-3, tomo XXII de las Obras completas, Madrid: Fundación Universitaria Española, Dominicos de Andalucía.

LÓPEZ, Vicente Fidel (1845). *Curso de Bellas Letras*. Santiago de Chile, Imprenta del Siglo.

MARROQUÍN, José Manuel (1935 [1882]). *Retórica y Poética*, Bogotá: Editorial Minerva,

MUNÁRRIZ, José Luis (1815). *Compendio de las lecciones sobre la Retórica y Bellas letras de Hugo Blair*. Madrid: Imprenta de Ibarra.

QUINTILIANO, M. Fabio (1944 [95 d.C.]). *Instituciones oratorias*. Buenos Aires: Joaquín Gil Editor.

RODRÍGUEZ, Julio (1879). *Lecciones elementales de Literatura*. Córdoba: Imprenta del Eco de Córdoba.

REFERÊNCIAS BIBLIOGRÁFICAS

AMOSSY, Ruth (2012). *L'argumentation dans le discours*, París: Armand Colin.

ARNOUX, Elvira N. de. (2015/2016). "Teaching eloquence in a transition period: Hispanic handbooks of rhetoric in the first half of the nineteenth century". In: *Res Rhetorica, Journal of Polish Rhetorical Society*, n. 1, 2015, p. 7-33. Versão em espanhol: "La enseñanza de la elocuencia en una etapa de transición: manuales de retórica hispánicos en la primera mitad del siglo XIX". In: *ABEHACHE*, Edición especial, v. 1, n. 10, ago. 2016.

ARNOUX, Elvira N. de (2017). Los manuales de retórica y los de urbanidad del siglo XIX: el control de las emociones como marca de distinción. In: *Rétor*, v. 7, n. 2.

ARNOUX, E. N. de (2018). El disciplinamiento de la discursividad y sus desplazamientos en los manuales de retórica del siglo XIX destinados a la educación secundaria. In: ARNOUX, E. N. de.; GUTIÉRREZ I. C.; PAPALINI, V. (org.). *Procesos de subjetivación y control. Una mirada crítica a los procesos de disciplinamiento*. Cali: Universidad del Valle.

BAUMAN, Zygmunt (2003). *Modernidad líquida*. Buenos Aires: Fondo de Cultura Económica.

BRETON, Philippe (2003). Le "plaider en dehors de la cause" d'Aristote: un critère technique pour séparer argumentation et manipulation? In: BONNAFOUS, Simone, CHIRON, Pierre; DUCARD, Dominique; LEVY, Carlos (org.). *Argumentation et discours politique*. Rennes: Presses Universitaires de Rennes.

BUFFON, Bertrand (2002). *La parole persuasive*. Paris: PUF.

CASTRO, Edgardo (2018). Crítica y veridicción en Michel Foucault. In: *AGlo, Anuario de Glotopolítica*, n. 2.

DANBLON, Emmanuelle (2002). *Rhétorique et rationalité*. Bruxelas: Editions de l'Université de Bruxelles.

DÍAZ MARROQUÍN, Lucía (2008). *La retórica de los afectos*. Kassel: Edition Reichenberger.

DOUAY-SOUBLIN, Françoise (1992). La rhétorique en Europe à travers son enseignement. In: AUROUX, Sylvain (org.). *Histoire des idées linguistiques*. Lieja: Mardaga, p. 408-507.

DOUAY, Françoise (2015). A eloquência da tribuna livrava-se de seu silêncio e falava... In: COURTINE, Jean-Jacques; PIOVEZANI, Carlos. (Org.) *História da fala pública*. Petrópolis: Vozes, p. 202-258.

EGGS, Ekkehard (2008). Le *pathos* dans le discours: exclamation, reproche, ironie. In: RINN, Michael (org.). *Émotions et discours. L'usage des passions dans la langue*. Rennes: Presses Universitaires de Rennes, p. 291-320.

FOUCAULT, Michel (1971). *L'ordre du discours*. Paris: Gallimard.

HALSALL, Albert (2003). Figures de la véhémence chez Shakespeare et Hugo. In: DECLERCQ, Gilles; MURAT, Michel; DANGEL Jacqueline (org.). *La parole polémique*. Paris: Honoré Champion Éditeur.

MICHELI, Raphaël (2014). *Les émotions dans les discours*. Lovaina: De Boeck & Duculot.

PARRET, Herman (1986). *Las pasiones. Ensayo sobre la puesta en discurso de la subjetividad*. Buenos Aires: Edicial.

PERELMAN, Chaïm; OLBRECHTS-TYTECA, Lucie (1983 [1970]). *Traité de l'argumentation. La nouvelle rhétorique*. Bruxelas: Editions de l'Université de Bruxelles.

PIOVEZANI, Carlos (2020). *A voz do povo: uma longa história de discriminações*. Petrópolis: Vozes.

PLANTIN, Christian (2011). *Les bonnes raisons des émotions*. Berna: Peter Lang.

REBOUL, Olivier (1991). *Introduction à la rhétorique*. Paris: PUF.

RITVO, Juan Bautista (1987). Creencia y argumentación. In: *Paradoxa. Literatura/Filosofía*, ano 2, n. 2.

A verdade em disputa
Discursos da comunidade internacional sobre a Venezuela

Jean-Jacques Kourliandsky
Tradução: Maísa Ramos, Rafael Borges Ribeiro dos Santos e Carlos Piovezani

Há ALGUNS anos, a Venezuela tem um lugar privilegiado nos meios massivos de comunicação, tanto nos antigos quanto nos mais recentes. A agenda diplomática — não só latino-americana, mas também a de outros espaços geopolíticos — tem cada vez mais pontos dedicados à Venezuela. A narrativa mais consensual, em cujos detalhes entraremos mais adiante, situa esse país e seus problemas no centro de uma preocupação maior de ética política e democrática.

O autor deste ensaio não é especialista em discursos, sejam eles políticos ou não, mas em relações internacionais. Porém, sempre lhe pareceu importante entender, para além dos conflitos de interesses, a lógica de discursos em disputa, seguindo a metodologia, por exemplo, do filósofo colombiano Jorge Giraldo Ramirez, que dedicou um livro ao estudo do conflito interno de seu país, analisando e criticando "os discursos e narrativas" dos principais atores envolvidos nesse conflito (Ramirez, 2015: 25). Dado o tamanho relativamente modesto da Venezuela, de seu peso diplomático, demográfico, econômico e estratégico, surpreende o tempo dedicado por chancelarias a sua situação, como o espaço que ela ocupa nas notícias tanto dos principais meios de comunicação da América Latina quanto de várias partes do mundo.

Tudo isso exige que se esclareça a geopolítica dos sentidos desse conflito, tal como a entendem alguns pesquisadores especialistas em relações internacionais, que exploraram novos caminhos explicativos[1]. Para entender

---

[1] Na França, esses caminhos foram trilhados por Augé (2008) e Laïdi (1998).

as razões dessas situações de conflito, eles associam a metodologia explicativa de suas disciplinas, a geopolítica e as relações internacionais, à história, à sociologia da comunicação, à linguística e à crítica literária. Fazem-no na tentativa de "reconciliar investigação e criação, de inventar formas inéditas para encarnar o saber e modernizar as ciências sociais" (Jablonka: 2017: 533). Fazem-no para "construir uma reflexão dupla, articulando tempo e espaço, em um espaço histórico da antropologia" (Augé, 1994: 46).

Essa abordagem permite responder a muitas questões relativas aos fatos e aos discursos sobre a Venezuela e ao modo como muitos governos e muitos meios de comunicação se expressam a seu respeito. Vamos então avançar, passando por várias etapas dos processos de produção desses fatos e desses discursos.

A primeira dessas etapas reside na identificação clara dos fatos nocivos para as liberdades. São esses os fatos que justificam o interesse dos meios de comunicação e de muitos governos, tanto na América Latina quanto no resto do mundo. As perguntas que essa primeira etapa compreende são as seguintes: o que está acontecendo na Venezuela? São respeitadas ou não as liberdades democráticas?

Já a segunda é comparativa. Ela se propõe a medir a universalidade da crítica ética internacional: existem em outras partes do mundo, como na América Latina, subcontinente de referência da Venezuela, violações dos princípios democráticos?

Finalmente, a terceira busca medir as reações da "comunidade internacional". Trata-se aí de um conceito muito generalizado tanto nos meios de comunicação quanto nas chancelarias. Sua enorme frequência e sua suposta evidência nos impõem um exame de sua definição. Feito esse exame, surgem questões como as seguintes: como reage a comunidade internacional em relação à crise moral e política da Venezuela? Como essa comunidade reage a realidades mais ou menos semelhantes em outras partes da América Latina e do mundo?

As respostas a tais perguntas abrem ou abrirão outro espaço de reflexão no tocante ao que hoje se denominam *fake news*. Em outras épocas, fenômenos análogos eram definidos de forma distinta e eram nomeados como "bode expiatório", "propaganda", "guerra humanitária" ou "guerra justa". Em todo caso, essas perguntas e respostas podem revelar outra realidade, qual seja, a de confrontação de programas antagonistas. A essa realidade se soma o fato estruturante que é preciso compreender: essa confrontação ocorre em um mundo informatizado.

DUPLO CRITÉRIO NA DEFESA DA DEMOCRACIA PELO MUNDO: A VENEZUELA COMO ALVO PRIVILEGIADO

A Venezuela e a democracia: carências reais

As carências reais dos aspectos democráticos na Venezuela devem ser examinadas, pois existe uma realidade que funde a crítica dos meios de comunicação e a das chancelarias da "comunidade internacional".

A Venezuela se define em suas Constituições, tanto na atual quanto na anterior, como um Estado de direito e um Estado democrático. Seus governos são eleitos pelo conjunto de seus cidadãos, sem que haja exclusão de nenhum setor. Como em qualquer outra democracia, exige-se uma idade mínima para se ter o direito ao voto. As eleições são competitivas e há muitos candidatos e partidos políticos, com eventuais alternâncias no poder.

Efetivamente, houve muitas eleições desde o fim do século passado. A partir de 1998, ocorreu quase uma por ano, entre eleições presidenciais, parlamentares e locais, além de vários plebiscitos. Houve alternância em 1999 e em 2015, quando se constituiu um parlamento majoritariamente de oposição. Isso quer dizer que há, de um lado, a situação que ocupa o poder e, de outro, sua oposição. A situação está atualmente reunida em torno do Partido Socialista Unificado da Venezuela (PSUV), ao passo que a oposição se encontra reagrupada em sua maioria, mas somente em sua maioria, na Mesa de Unidade Democrática (MUD).

Paralelamente a essa realidade, há, sem dúvida, outra igualmente real. O partido da situação vale-se de todos os instrumentos institucionais de que dispõe, graças à sua longa presença no poder, para impedir ou, ao menos, atrasar as alternâncias no poder. O espaço da imprensa de oposição foi reduzido e transferido para o dos meios de comunicação da situação. Houve ainda uma judicialização da política com nomeações de juízes que apoiam o poder. Esses juízes contribuíram para condenar e encarcerar muitos líderes e militantes da oposição. Retirou-se todo o poder efetivo do Congresso, no qual a oposição é maioria. Criou-se uma Assembleia Constitucional, eleita de tal forma que a oposição não pudesse competir em condições de igualdade.

Há de se levar em consideração também que a oposição tampouco respeitou as normas democráticas. Apoiou, em abril de 2002, uma tentativa de golpe. O presidente Hugo Chávez foi detido durante dois dias. Os meios de comunicação da oposição participaram de maneira ativa do golpe. Apoiaram os oponentes em uma tentativa de golpe econômico, paralisando a empresa petroleira PDVSA. Mais tarde, tentaram forçar uma alternância, chamando o povo a se mobilizar com violência nas ruas. Morreram dezenas de manifestantes, assim como de policiais nesses distúrbios.

Estamos totalmente conscientes do caráter sumário desta nossa apresentação necessária e excessivamente sintetizada. Não podemos, no marco desta exposição, nos estender nos detalhes dessa história. Este resumo, contudo, não nos impede de chegar a algumas conclusões:

(1) Os princípios da democracia figuram claramente nos textos constitucionais venezuelanos.
(2) Esses princípios não são plenamente respeitados nem pela situação nem pela oposição.
(3) Esse desrespeito mútuo abre um espaço para as críticas por parte de governos, de partidos políticos, de ONGs de defesa de direitos humanos e de meios de comunicação.

DEMOCRACIA NO MUNDO, UNIVERSALIDADE DAS CARÊNCIAS

Não vamos aprofundar muito esse aspecto de nossa reflexão. Não o faremos pela simples razão de se tratar de realidades óbvias. Para constatá-lo, basta ler o Anuário da Anistia Internacional. É a realidade do mundo de hoje, na qual, segundo o que disse Zeid Ra'ad Al Hussein, Alto Comissário das Nações Unidas no Departamento de Direitos Humanos, ao jornal *Le Monde*, "nenhum país está livre de violações aos direitos humanos"[2].

São muitos os governos autoritários, ditatoriais, mas também outros que se escondem por trás de textos cheios de referências democráticas, mas que na prática não o são. Vamos nos limitar a dar alguns exemplos extremos dessa realidade.

Há no mundo regimes de partidos únicos que defendem conceitos unilaterais de democracia, como a Arábia Saudita, a China, a Coreia do Norte, a Eritreia e o Vietnã.

Há outros que se dizem pluripartidários, mas que, de fato, impedem, às vezes com violência, toda expressão real da oposição, como é o caso do Egito, do Irã, ou de muitos países da África intertropical, como por exemplo Burundi.

---

[2] *Le Monde*, 2 de agosto de 2018, p. 2.

Existem, enfim, democracias dirigidas, muito parecidas com os regimes da Venezuela, da Hungria, da Polônia ou da Turquia.

Na América Latina, Cuba entra na categoria das "democracias" unipartidárias. O Brasil e Honduras na categoria das democracias dirigidas e judicializadas. A Nicarágua estaria no grupo dos países oficialmente pluripartidários, mas que, de fato, impedem com violência toda possibilidade de alternância. A Colômbia e o Peru, no grupo de países com graves deficiências éticas do poder judicial. Existem, enfim, na América Latina democracias ameaçadas pela ausência do Estado, como a do Haiti.

Uma vez mais, temos de afirmar que estamos conscientes do caráter sumário dessa nossa classificação, à qual precisaríamos acrescentar mais matizes e esclarecimentos. Além disso, não pretendemos aqui abordar todos os problemas situados no terreno dos valores e da ética cidadã.

Apesar dessas limitações, podemos constatar o seguinte: a Venezuela se diz democrática. Ela o é de fato, mas apenas parcialmente, como, aliás, muitos Estados e governos tanto da América Latina quanto do mundo inteiro.

A VENEZUELA: ALVO PRIVILEGIADO DA COMUNIDADE INTERNACIONAL

Lamentavelmente, não tivemos a possibilidade de fazer um exame comparativo que mensurasse precisamente o espaço dedicado à Venezuela na imprensa internacional. Limitamo-nos a constatar a recorrência das referências à crise venezuelana em encontros internacionais, assim como na imprensa latino-americana e internacional.

Distintos foros intergovernamentais debateram sobre a Venezuela nos últimos meses. Na América Latina, a OEA (Organização dos Estados Americanos), o Mercosul e a Cúpula das Américas abriram debates e adotaram resoluções relativas à Venezuela. Em suas assembleias gerais, em particular nas de 20 de junho de 2017 e nas de 4 e 5 de junho de 2018, a OEA debateu a eventual suspensão da Venezuela. Os Estados favoráveis a essa medida justificaram-na pelas violações supostamente unilaterais dos princípios democráticos, como se apenas as autoridades governamentais as tivessem infligido[3]. "O único caminho no trato com a Venezuela", declarou seu

---

[3] A resolução foi apresentada por EUA, Argentina, Brasil, Canadá, Chile, México e Peru e conseguiu 19 votos a favor, 4 contra e 11 abstenções. A OEA conta com 35 membros. Cuba não integrava a Organização.

secretário geral, Luis Almagro, "passa por endurecer as sanções". Além de afirmar ainda o seguinte: "A comunidade internacional deve dar o máximo de si para exigir o retorno à democracia"[4].

O Mercosul suspendeu a Venezuela pelas mesmas razões em 5 de agosto de 2017. A decisão foi tomada, segundo o chanceler paraguaio, Eladio Loizaga, levando em consideração o fato de que "definitivamente na Venezuela há uma ruptura da ordem democrática e não existe Estado de direito"[5].

A Cúpula das Américas decidiu não convidar a Venezuela para sua reunião dos dias 13 e 14 de abril de 2018. Catorze governos da América do Norte e do Sul tomaram a decisão de fortalecer essa posição, criando um grupo chamado Lima, em 8 de agosto de 2017, cujo objetivo é pressionar coletivamente Caracas[6]. Em 21 de maio de 2018, decidiram "reduzir o nível de suas relações diplomáticas".

Houve posicionamentos críticos similares em outras partes do mundo.

O G7 de 23 de maio de 2018, reunido no Canadá, "interpelou o regime de Maduro a reestabelecer a democracia constitucional na Venezuela".

A União Europeia em repetidas ocasiões criticou o governo venezuelano. O parlamento europeu outorgou seu prêmio Sakharov 2017 à oposição venezuelana. A União adotou uma série de sanções em 13 de novembro de 2017, em 22 de janeiro e em 28 de maio de 2018. Segundo seus comunicados, seu intuito era o de "ajudar a garantir o respeito à democracia, ao Estado de direito e os direitos humanos".

Enfim a ONU, apesar de apoiar as tentativas da República Dominicana de fomentar o diálogo entre venezuelanos, condenou o governo de Caracas. Seu escritório de direitos humanos denunciou, em 22 de junho de 2018, "graves violações de direitos humanos". Além disso, solicitou "uma maior implicação da Corte penal internacional" na avaliação dos direitos humanos na Venezuela.

Muitos governos reforçaram essas posições contrárias ao governo venezuelano, com declarações particulares que reiteravam as críticas de organizações intergovernamentais.

Entre outros países latino-americanos, o Brasil e a Colômbia, em 20 de março de 2018, declararam seguir "trabalhando em todas as frentes pela

---

[4] Luis Almagro no *El País*, Madrid, 12 de abril de 2018, p. 12.
[5] In *Caracol radio*, Bogota, 2 de agosto de 2017.
[6] Os países fundadores do grupo de Lima são Argentina, Brasil, Canadá, Chile, Colômbia, Costa-Rica, Guatemala, Honduras, México, Panamá, Paraguai e Peru. Aderiram posteriormente, Guiana e Santa Lucia.

rápida recuperação da democracia na Venezuela". Visitando a Espanha, em 28 de abril de 2018, o chefe de Estado mexicano, Enrique Peña Nieto, abordou o estado da política na Venezuela, dizendo que se trata de uma "questão sobre a qual existe plena sintonia entre os Estados democráticos"[7]. Em 24 de maio de 2018, o embaixador da Venezuela no México foi notificado da redução das relações diplomáticas e informado de que o governo do México buscaria, pela via diplomática, "a restauração da institucionalidade democrática, o respeito aos direitos humanos, e a plena vigência do Estado de direito"[8].

Os países europeus também se manifestaram na mesma direção. Delegações da oposição venezuelana foram recebidas por chefes de Estado e de governo europeus, Mariano Rajoy (Espanha), Emmanuel Macron (França), Angela Merkel (Alemanha) e Theresa May (Reino Unido). O presidente francês chamou, na tribuna da ONU, em setembro de 2017, "a comunidade internacional a não ceder diante das tendências ditatoriais que hoje se passam na Venezuela". O governo suíço, por exemplo, em 28 de março de 2018, se declarou "gravemente preocupado com as repetidas violações das liberdades individuais dos venezuelanos e com o princípio de separação de poderes severamente afetado"[9].

Em sua condição de maior potência central, o governo dos Estados Unidos atuou para criar uma frente organizada de países críticos à Venezuela. Em 22 de setembro de 2017, Donald Trump convidou os então presidentes do Brasil, Michel Temer, da Colômbia, Juan Manuel Santos, do Panamá, Juan Carlos Valera, e a então vice-presidente argentina, Gabriela Michetti, para jantar e coordenar iniciativas relativas à Venezuela. O vice-presidente norte-americano, Mike Pence, visitou o Brasil, a Colômbia e o Equador em junho de 2018 para "uma colaboração mais estreita frente ao colapso da ditadura venezuelana".

Para além das críticas, houve sanções adotadas que afetam diretamente ou os responsáveis governamentais, ou as finanças da Venezuela. Em 20 de março de 2018, decretou-se uma interdição às agências públicas do grupo de Lima. Elas passaram a ser proibidas de contratar empresas que têm negócios com o governo venezuelano e de realizar transações com a criptomoeda criada pelas autoridades de Caracas. Em 23 de maio de 2018, os EUA obrigam o PDVSA a realizar em espécie suas transações nos EUA.

Diante desse quadro, dois comentários relativos ao contexto globalmente crítico à Venezuela por parte da "comunidade internacional" se impõem.

---

[7] In *La Jornada*, México, 26 de abril de 2018.
[8] In *El Universal*, Caracas, 24 de maio de 2018.
[9] In: Brasil 247 de Agencia Efe.

Uma minoria de organizações intergovernamentais e de Estados tomaram uma posição diametralmente oposta:

A Alba (Aliança Bolivariana para os Povos de Nossa América) e o Caricom (Comunidade dos Países do Caribe), como organizações internacionais, e Cuba, Bolívia, Equador e Nicarágua, como países independentes, adotaram declarações de apoio ao governo venezuelano.

A China e a Rússia defenderam a soberania e a não ingerência nos assuntos venezuelanos. Visitando a Rússia, o chanceler argentino, Jorge Faurie, rememorou que seu país, como membro do grupo de Lima, denunciava "a falta de democracia na Venezuela". Essa declaração do diplomata argentino foi rejeitada por seu par russo, Serguei Lavrov, nos seguintes termos: essa afirmação é "irresponsável e inaceitável"[10].

Convém sublinhar que os governos que se manifestaram para defender a democracia efetivamente erodida na Venezuela não adotaram medidas similares nos casos da Arábia Saudita, da China e do Egito. Além disso, nos casos do Brasil e de Honduras, em que houve manipulações institucionais por parte de alguns atores partidários, não houve nenhuma crítica a esses países de democracias formais questionáveis. Os governos críticos à Venezuela mantêm excelentes relações com os governos destes dois países. Os Estados Unidos parabenizaram o estado da democracia em Honduras e associaram o Brasil às iniciativas cujo objeto é o de consolidar uma frente antivenezuelana em nome da democracia.

O secretário geral da OEA reconheceu, em resposta a um jornalista, a existência de incoerências éticas e de um parcial comportamento institucional: "Também deve haver uma mensagem relativa a Cuba, porque é uma ditadura pior que a Venezuela". Mas sua admissão também foi bastante parcial. A essa sua declaração ele ainda acrescentou que "a conferência anterior", ocorrida em junho de 2017, "ficou marcada pelo retorno de Cuba". No que se refere à China, fez o seguinte comentário: "A China é um dos principais sócios comerciais [...] Temos de manter com a China uma relação positiva e importante"[11].

A LÓGICA DA POLÍTICA DO DUPLO CRITÉRIO DEMOCRÁTICO

Temos um oxímoro discursivo tanto da parte dos governos da comunidade internacional como dos grandes meios de comunicação. Esse oxímoro pode ser observado nestes termos:

---

[10] In: *El Ciudadano*, Santiago de Chile, 9 de novembro de 2017.
[11] Luis Almagro no *El País*, Madrid, 12 de abril de 2018, p. 12.

(1) O governo da Venezuela viola os direitos fundamentais e não respeita os princípios democráticos que figuram em sua Constituição.
(2) A Comunidade internacional não poderia ter outra postura, senão a de condenar o comportamento delinquente das autoridades venezuelanas.
(3) Em nome dos princípios violados, tal como do necessário respeito às normas internacionais e ao direito de proteger povos em perigo, a comunidade internacional pressiona o governo venezuelano e adota sanções.
(4) Mas notamos também incoerências ideológicas e éticas. Os argumentos que fundamentam as críticas e as sanções suporiam uma universalidade de conceitos e práticas. Já vimos que não é o caso.

Apesar de violações de direitos humanos e democráticos de diferentes graus em outros países e regiões do mundo, os governos que se mobilizam a favor desses direitos no caso venezuelano não o fazem, por exemplo, quando se trata da Arábia Saudita, da China ou do Egito. Na América Latina, tendem a se esquecer de Cuba, que tem um regime de partido único. Perdoam Honduras por sua violação da Constituição. E associam o Brasil ao restabelecimento da democracia na Venezuela. Isso sem levar em conta que o Brasil, com Michel Temer, passou a ter um presidente não eleito, que, de fato, chegou ao poder graças a uma manipulação parlamentar da Constituição. O governo venezuelano e seus apoiadores denunciam essas incoerências. Qualificam-nas de ingerências que violam outro princípio internacional, qual seja, o da soberania. O duplo discurso da Comunidade internacional, então, é criticado por sua incoerência discriminatória. As supostas vítimas e os supostos algozes nessa narrativa são qualificados por agentes de potências estrangeiras. Além disso, muitas vezes, essas qualificações são produzidas em um registro semântico conservador, próprio de políticas imperialistas.

A narrativa está no centro de um conflito global, que opõe a Comunidade internacional e um país periférico, a Venezuela. Esse conflito tem duas particularidades: a primeira é a de que ele tem mais elementos ideológicos do que fatos e fundamentos materiais e empíricos. Já a segunda consiste no fato de que esses aspectos ideológicos não são universais e revelam uma política de duplo critério.

Tendo chegado a este ponto, temos de tentar definir o que está em jogo nesses elementos ideológicos de discursos da geopolítica e das relações internacionais.

Nossa primeira tarefa consiste em entender o que quer dizer Comunidade internacional[12], um dos principais atores que fazem parte desse conflito. Não há uma definição precisa desse conceito, usado sempre como se fosse uma evidência pelos meios de comunicação e pelos governos centrais. Trata-se de uma expressão reveladora do espaço gozado pelo discurso hegemônico das potências hegemônicas. Elas usam do seu poder de influência para impor sua visão de mundo e autoapresentar-se como "Comunidade internacional", sinônimo de nações unidas. Como têm capacidade de impor suas normas e critérios, demonizam os que se encontram fora dessas normas.

O discurso normativo se impõe através dos meios de comunicação desses grandes países. Ele se impõe igualmente por meio de suas universidades de gestão e de administração pública, que formam boa parte de suas elites intelectuais. Enfim, se impõe por meio de suas indústrias culturais de massa, que fabricam produtos de ócio, tais como filmes, telenovelas e literatura de saciedade, no sentido que lhes dá o escritor e político francês André Malraux.

O conflito entre a Comunidade internacional e a Venezuela é revelador de fortes contradições no *show* das nações entre as dominantes, ou centrais, e as periféricas. A batalha abarca logicamente elementos materiais, econômicos, financeiros, diplomáticos e às vezes militares, mas também uma visão de mundo, uma narrativa ou um *storytelling* no jargão dos profissionais das mídias (Salmon, 2008).

Essa narrativa demoniza o dissidente para além dos fatos delitivos denunciados, sejam eles fenômenos liberticidas ou de corrupção, que são finalmente secundários e usados para instrumentalizar e para minar os atores políticos que têm ou teriam uma visão crítica de um mundo governado pelo G7. A Arábia Saudita e o Egito são países periféricos consentidos, uma vez que não questionam a liderança do G7. Já a China tem capacidade de contrapoder que lhe permite escapar de toda forma de alienação forçado.

A VENEZUELA, UM BODE EXPIATÓRIO?

Duas visões da sociedade internacional estão em disputa, a da Comunidade internacional, de um lado, e a da Venezuela, de outro. Falta-nos ainda entender as razões de uma batalha de narrativas, sem perspectivas e sem

---

[12] Por exemplo, ver o uso dessa noção neste título do jornal *El País*, Madri, em 21 de maio de 2017: *La comunidad internacional eleva la presión contra Maduro*.

conclusão. Muitas vítimas dessa batalha são os milhares de venezuelanos que estão fugindo para buscar uma vida melhor. Mas isso ocorre sem que a assimetria de potência que é claramente favorável à Comunidade internacional seja traduzida em uma alternância forçada de poder em Caracas.

A hipótese que permite entender essa contradição aparente vem da assimetria das forças em ação e das diferentes atuações de seus atores. A Venezuela não representa um perigo maior para a "Comunidade internacional". Ela podia representar algum perigo quando podia aliar-se a outros governos que compartilhavam a ideia de que se deveria exigir um mundo dotado de um colegiado igualitário, sem centro e multilateralizado. Essa ameaça desapareceu na América Latina com a vitória da direita nas eleições argentinas em 2015, com o golpe parlamentar no Brasil em 2016, com a chegada da direita ao poder no Peru em 2016 e no Chile em 2017. Bolívia, Cuba e Equador integraram-se em meio a uma nova relação de força e se perderam. A Nicarágua da família Ortega se afundou em suas contradições. Em outras palavras, a Venezuela, que perdeu suas capacidades financeiras de influência, está imersa em uma crise profunda e não está em condições de mudar nada no sistema interamericano e muito menos mundial.

A Venezuela é paradoxalmente vítima de sua fraqueza. Seus adversários externos não se interessam por sua queda. Ao contrário, esses seus oponentes construíram um oxímoro ideológico. Eles necessitam da Venezuela como um inimigo, ao mesmo tempo, protegido e denunciado. Isso ocorre por distintas razões, que não se esgotam na necessidade de regulação de suas contradições internas. A chegada à presidência dos EUA de um republicano à moda antiga consolidou essa opção. Donald Trump não tem, como seus antecessores tinham, aliados ou amigos. Para aquele governo dos EUA, os europeus, os sócios do Tratado de Livre Comércio de América do Norte (TLCAN), a Alemanha, o Canadá, o Japão e o México não são nem mais nem menos amigos que a China, a Rússia ou a Venezuela.

Sua crítica à Venezuela se deve a razões eleitorais norte-americanas, pela disputa da presidência dentro do Partido Republicano na Flórida, mas também em outros lugares, pela disputa de um eleitorado ideologizado, "à moda antiga". Isso dispensa as ingerências militarizadas, mas exige, antes, uma pressão mínima e contínua, de caráter político, que incide sobre Cuba e, principalmente, sobre a Venezuela. Ambos são bodes expiatórios eleitorais. Donald Trump precisa da Venezuela como uma contraparte a ser denunciada em comícios republicanos, na medida em que, assim, pode limitar seus ataques e suas críticas a tuítes e discursos midiatizados, acompanhados de medidas que afetam os responsáveis pelo poder venezuelanos e que se retroalimentam com discursos e respostas igualmente sumários e polêmicos de Nicolás Maduro, presidente venezuelano.

A despeito de tudo isso, para os latino-americanos, excetuando-se somente a Colômbia, e, um pouco menos, para os europeus, a Venezuela tem uma importância estratégica. A Venezuela para os governantes desses países cumpre dois papéis.

Cumpre um primeiro papel quando, ao criticar os dirigentes venezuelanos, os latino-americanos, e às vezes alguns europeus, esperam concessões dos EUA relativas a seus litígios bilaterais com Washington, sob a forma de disputas ou de acordos comerciais, de segurança ou migratórios. Para validar essa hipótese, podemos mencionar o apoio dado por latino-americanos em 2017 à política agressiva de Donald Trump em relação à Coreia do Norte e o deslocamento de embaixadas em Israel de Telavive para Jerusalém. Já o outro papel desempenhado pela Venezuela na narrativa dos países latino-americanos e de alguns países europeus supõe, de fato, sua responsabilidade na perpetuação do sistema político venezuelano, apesar de todas as polêmicas aí envolvidas. Trata-se de um papel de bode expiatório eleitoral para consumo interno. Os grandes meios de comunicação e os partidos políticos de direita e de extrema direita demonizam as forças alternativas, apresentaram-nas como partidários de *"Chilezuela"*[13] na consulta chilena de 2017 ou "castrochavista"[14] na última campanha eleitoral colombiana. De modo análogo, mas com intensidades diferentes, esse bode expiatório foi utilizado incontáveis vezes nas eleições do Chile, da Colômbia e do México[15].

À GUISA DE CONCLUSÃO: DISCURSOS E REALIDADES SOBRE A VENEZUELA OU UM ESTADO OXÍMORO

Chegando ao final deste nosso capítulo, gostaríamos de apresentar quatro hipóteses, sob a forma de algumas conclusões.

---

[13] Ver em *Panampost*, Santiago do Chile, 23 novembro de 2017, Sabrina Martin, *Chilezuela: polêmica por comparación de Alejandro Guillier con Nicolás Maduro*.

[14] Ver em *O Novo Mensageiro*, Maiame, 23 de outubro de 2016, Alfonso Chardy, *Uribe em Maiame: Colômbia abria a porta ao contrachavismo com o acordo de paz*.

[15] Ver *Adn político*, México, 21 de agosto de 2017, *Obrador tiene los genes de Maduro y Chavez, afirma Vicente Fox*.

A assimetria global de forças permite entender o paradoxo venezuelano. Apesar de suas ambições antagonistas, a Venezuela não representa um perigo efetivo para as potências centrais.

O espaço de sentido dado ao conflito o encerra em um cercadinho, somente expandido por parâmetros midiatizados. A assimetria entre atores e o controle de canais de maior influência oferecem à comunidade internacional a possibilidade de fazer da Venezuela um bode expiatório que convém à difusão das narrativas hegemônicas e ao enfrentamento de suas contradições. A Venezuela desempenha o papel de inimigo instrumentalizável para regular tanto as contradições internas quanto as contradições externas dos centros de poder mundial[16].

O principal fator dessa batalha vencida pelas potências centrais reside no controle dos cérebros, nos programas dos computadores, na visão de mundo veiculada por meios culturais massivos, tais como a Netflix e as grandes empresas transacionais de nivelação musical, e, finalmente, na dominação de um idioma, o inglês, que faz circular conceitos ligados ao Estado central mais potente.

Uma língua dominante exporta categorias de pensamento, maneiras de tratar as ideias e impõe uma visão do mundo. Essa língua cria "uma máquina de fabricar narrativas e de formatar os espíritos" segundo Christian Salmon (2008). Isso tudo "gera uma cumplicidade que se vive como tal, como se fosse uma forma espontânea de ver as coisas"[17]. Essa língua legitima, prepara e facilita a fabricação de um direito internacional desigual[18]. Enfim, essa "máquina de fabricar narrativas e de formatar os espíritos" permite o recurso ulterior às armas para um controle direto de territórios.

A Venezuela perdeu essa batalha não só por consequência da perda de seus recursos petrolíferos, mas também por não dispor de capacidade material e intelectual para romper a crença "natural" em uma hierarquia linguística e normativa e por sua incapacidade, graças ao suporte oriundo da bonança dos anos 2000, de articular novas relações de força internacionais, que passavam também pela invenção de formas de pensamento pós-coloniais, de "descolonização cultural"[19]. Uma articulação nesses termos com outros países periféricos[20] poderia suscitar a organização de indústrias culturais alternativas de massa.

---

[16] Ver Conesa (2011).
[17] Accardo (2013).
[18] Ver Brauman (2018).
[19] Conforme o título do libro de Ana Jaramillo, Buenos Aires, Univ. Lanus, 2014
[20] Conferir, entre outros, os autores indígenas Arjun Appadurai y Vasant Kaiwar. Na França, ver os trabalhos

Para concluir, vou discutir palavras do doutor e fundador dos Médicos sem Fronteiras, Rony Brauman, relativas ao idioma:

> O idioma é uma casca vazia, se usa sem relação com a realidade. O sócio de um dia se transforma no dia seguinte em inimigo da humanidade, uma chantagem se apresenta como negociação [...] Arendt e Orwell viam nessa traição da realidade pela linguagem a perda da diferença entre fato e ficção, a desaparição das normas do pensamento. Assim, os discursos que se apoiam em temáticas éticas superiores, como os direitos humanos e a defesa dos mais fracos, se prestam perfeitamente a todo tipo de manipulação e de mentiras apresentadas como verdade[21].

O comentário desiludido desse ativista humanitário revela uma ferida ética. É preciso que cada um de nós possa meditar sobre ela.

A referência à instrumentalização do idioma e dos valores que ele veicula, quando concebida criticamente em nossa própria língua e quando refletimos sobre o espaço de sentido da crise venezuelana, sugere outro tipo de atitude: a de aprofundar a compreensão do uso do idioma como arma geopolítica. É preciso que tenhamos uma consciência crítica, seguindo o comentário do filósofo René Girard a propósito de uma das fábulas de La Fontaine[22]. Para Girard, no fim das contas, "a razão universal nada mais é do que a razão do mais forte". Essa "razão universal" tacha de bárbaro e de anormal todo discurso dissidente ou diferente, que não consegue se legitimar pela força das armas e/ou da economia.

REFERÊNCIAS BIBLIOGRÁFICAS

ACCARDO, Alain (2013). *De notre servitude involontaire*. Marseille: Eléments.
AUGÉ, Marc (1994). *Pour une anthropologie des mondes contemporains*. Paris: Flammarion.
AUGÉ, Marc (2008). *Où est passé l'avenir*, Paris: Panama.
BRAUMAN, Rony (2018). *Guerres humanitaires*: Mensonges et intox. Paris: Textuel.
CONESA, Pierre (2011). *La fabrication de l'ennemi*. Paris: Robert Laffont.
GIRARD, René (1982). *Le bouc émissaire*. Paris: Grasset.
JARAMILLO, Ana (2014). *La descolonización cultural*. Buenos Aires: Ed. Univ. Lanus.
JABLONKA, Ivan (2017). *L'histoire est une littérature contemporaine*. Paris, Seuil.
LAÏDI, Zaki (1998). *Géopolitique du sens*. Paris, Desclée de Brouwer.
RAMIREZ, Jorge Giraldo (2015). *Las ideas en la guerra*. Bogota: Debate.
SALMON, Christian (2008). *Storytelling*. Paris: La Découverte.

---

de Serge Gruzinski . Em matéria de inserção internacional da América Latina, ver os trabalhos do brasileiro Samuel Pinheiro Guimaraes e do argentino Marcelo Gullo.
[21] Brauman, *op. cit*, p. 123-124.
[22] Jean de La Fontaine, "Le loup et l'agneau", citado por Girard (1982: 34-35).

Organização e Autoras(es)

ORGANIZAÇÃO

Luzmara Curcino é professora associada do Departamento de Letras e do Programa de Pós-Graduação em Linguística da Universidade Federal de São Carlos. Coordena o Laboratório de Estudos da Leitura (*Lire*/UFSCar). É autora de artigos e capítulos de livros publicados no Brasil e no exterior e organizadora, entre outras, das seguintes obras: *Presenças de Foucault na análise do discurso* (EdUFSCar, 2014), *Leitura e escrita na educação básica* (Cirkula, 2014) e *(In)Subordinações contemporâneas: consensos e resistências nos discursos* (EdUFSCar, 2016). É ainda tradutora de vários livros, entre os quais, *Inscrever e apagar: cultura escrita e literatura* (Editora UNESP, 2006) e *O que é um autor? Revisão de uma genealogia* (EdUFSCar, 2012), ambos de Roger Chartier. Foi professora visitante na Universidade de Buenos Aires (UBA) e na Universidade de Versalhes (UVSQY).

Vanice Sargentini é professora titular do Departamento de Letras e do Programa de Pós-Graduação em Linguística da Universidade Federal de São Carlos (UFSCar) e professora visitante na Universidade Federal da Paraíba (UFPB). É coordenadora do Laboratório de Estudos do Discurso (*Labor*/UFSCar) e autora de livros, capítulos e artigos publicados no Brasil e no exterior, entre os quais se destacam: *Los Pueblos de la Democracia* (La Bicicleta Ediciones, 2018), *Mutações do Discurso Político no Brasil* (Mercado de Letras, 2017), *(In)Subordinações contemporâneas: consensos e resistências nos discursos* (EdUFSCar, 2016), *Presenças de Foucault na análise do discurso* (EdUFSCar, 2014) e *Legados de Michel Pêcheux* (Contexto, 2011). Foi professora visitante na Universidade de Toulouse III/Paul Sabatier.

Carlos Piovezani é professor associado do Departamento de Letras e do Programa de Pós-Graduação em Linguística da Universidade Federal de São Carlos e pesquisador do CNPq. Coordena o Laboratório de Estudos do Discurso (*Labor*/UFSCar) e o Grupo de Estudos em Análise do Discurso e História das Ideias Linguísticas (*Vox*/UFSCar). É autor de *A voz do povo: uma longa história de discriminações* (Vozes, 2020), *A linguagem fascista* (Hedra, 2020) e *Verbo, corpo e voz* (Editora UNESP, 2009) e organizador das seguintes obras: *Saussure, o texto e o discurso* (Parábola, 2016), *História da fala pública* (Vozes, 2015), *Presenças de Foucault na análise do discurso* (EdUFSCar, 2014) e *Legados de Michel Pêcheux* (Contexto, 2011). Foi professor convidado da Escola de Altos Estudos em Ciências Sociais (EHESS/Paris) e professor visitante na Universidade de Buenos Aires (UBA).

AUTORAS(ES)

Roger Chartier é professor emérito do Collège de France e da École des Hautes Études en Sciences Sociales (EHESS/Paris). É autor, entre outras, das seguintes obras: *As origens culturais da Revolução Francesa* (Editora UNESP, 2009), *A ordem dos livros* (Editora da UNB, 1994), *A aventura do livro: do leitor ao navegador* (Editora UNESP/Imprensa Oficial, 1998), *O que é um autor? Revisão de uma genealogia* (EdUFSCar, 2012), *Inscrever e apagar. Cultura escrita e literatura* (Editora UNESP, 2007). Foi o laureado pela *Annual Award de l'American Printing History Association* e, em 1992, recebeu o *Grand Prix Gobert da Académie Française*.

Tales Ab'Sáber é professor associado de Filosofia da Psicanálise no Curso de Filosofia da Universidade Federal de São Paulo (UNIFESP). Ensaísta interessado na imbricação de psicanálise e cultura, com trabalhos publicados em revistas especializadas e também na grande imprensa. É autor de *Lulismo: carisma pop e cultura anticrítica* (Hedra, 2011), *Dilma Rousseff e o ódio político* (Hedra, 2015) e *Michel Temer e o fascismo comum* (Hedra, 2018). Foi ganhador, por duas vezes, do Prêmio Jabuti: em 2005, com o livro *O sonhar restaurado: formas do sonhar em Bion, Winnicott e Freud* (Ed. 34) e, em 2012, com o livro *A música do tempo infinito* (Cosac Naify).

Sírio Possenti é professor titular no Departamento de Linguística da Universidade Estadual de Campinas (Unicamp) e pesquisador no CNPq. Coordena o Centro de Pesquisa Fórmulas e Estereótipos: Teoria e Análise (*FEsTA*/Unicamp). É autor de diversas obras, entre as quais se destacam: *Cinco ensaios sobre humor e análise do discurso* (Parábola, 2018), *Questões de linguagem: passeio gramatical dirigido* (Parábola, 2011), *Humor, língua e discurso* (Contexto, 2010), *Questões para analistas do discurso* (Parábola, 2009), *Os limites do discurso* (Parábola, 2008), *Por que (não) ensinar gramática na escola* (Mercado de Letras, 1998) e *Discurso, estilo e subjetividade* (Martins Fontes, 1993).

Pedro Henrique Varoni de Carvalho é professor adjunto do Departamento de Letras e do Programa de Pós-Graduação em Linguística da Universidade Federal de São Carlos. Foi diretor de jornalismo da EPTV, da TV Sergipe, afiliadas à Rede Globo, e da Empresa Brasil de Comunicação (EBC) e diretor-geral do Observatório da Imprensa. É pesquisador do *Labor*/UFSCar e de outros grupos de pesquisa. É autor de capítulos e de artigos publicados em revistas especializadas e em livros e das obras *A voz que canta na voz que fala* (Ateliê Editorial, 2015), *Revista Piauí: acontecimento no arquivo de brasilidade* (EDUNIT, 2014) e organizador do livro *Observatório da Imprensa: uma antologia da crítica de mídia no Brasil* (Casa da Árvore, 2018).

MÓNICA ZOPPI FONTANA é professora livre-docente do Departamento de Linguística da Universidade Estadual de Campinas (Unicamp) e pesquisadora do CNPq. Coordena o grupo Mulheres em discurso (*Mulherdis*/Unicamp) e projetos de intercâmbio científico com universidades da América Latina e da Europa. É autora de *O português do Brasil como língua transnacional* (Editora RG, 2009) e *Cidadãos modernos: discurso e representação política* (Editora da Unicamp, 1997) e organizadora, entre outras, dos livros: *Análise de discurso em rede: cultura e mídia* (Pontes, 2019), *Mulheres em discurso* (Pontes, 2017) e *Introdução às ciências da linguagem: a palavra e a frase* (Pontes, 2006). Foi professora visitante na Universidade de Buenos Aires, na Universidad Nacional de Rosario, na Université de Paris 13 e na University of Montana.

MARIA ALDINA MARQUES é professora associada do Instituto de Letras e de Ciências Humanas da Universidade do Minho (Portugal). Coordena o grupo de pesquisa Pragmática, Discursos, Cognição (*PRADIC*/UM). É autora de *Funcionamento do discurso político parlamentar: a organização enunciativa no debate da interpelação ao governo* (Editora da Universidade do Minho, 2000) e organizadora, entre outros, dos seguintes livros: *Linguagens do poder* (Editora da Universidade do Minho, 2019), *As ciências da linguagem no espaço galego-português: diversidade e convergência* (Editora da Universidade do Minho, 2016) e *Ciências da linguagem: 30 anos de investigação e ensino* (Editora da Universidade do Minho, 2005).

ELVIRA NARVAJA DE ARNOUX é professora titular da Universidad de Buenos Aires e diretora de pesquisa do Instituto de Linguística da UBA. Coordena o projeto *El derecho a la palavra*. É autora, entre outras, das seguintes obras: *Prácticas y representaciones del lenguaje* (Eudeba, 1999), *La lectura y la escritura en la universidad* (Editora da UBA, 2004), *El discurso americanista de Hugo Chávez* (Biblos, 2008), *Análisis del discurso: modos de abordar materiales de archivo* (Santiago Arcos 2006), *Unasur y sus discursos. Malvinas: integración regional, amenaza externa* (Biblos, 2012). Entre outros prêmios e títulos, recebeu, em 2009, o Premio Extraordinario de Doctorado de la Facultad de Filología (Universidad de Santiago de Compostela) e, em 2015, o prêmio da Fondation Alexander von Humboldt (Universidade Leibniz).

Jean-Jacques Kourliandsky é pesquisador associado do Institut de Rélations Internationales e Stratégiques (IRIS), da Fondation Jean-Jaurès e da Fundação Friedrich Eber. Membro do Conselho Editorial da *Révue Internationale et Stratégique* (Dalloz éditeur) e colunista da *Revista Latina* e da revista *Universalia* (Anais da América Latina e do Caribe). É doutor em História Contemporânea pela Universidade de Bordeaux-III e autor dos livros *La Colombie: de A à Z* (Versaille éditeur, 2011), *Ingrid Betancourt — par-delà les apparences* (Toute Latitude, 2008) e *Le guide du Costa Rica* (La Manufacture, 2000) e ainda de um estudo sobre a reivindicação nacionalista à Terra, publicado pela Editora IESI e de uma edição especial da revista *Questões políticas e sociais*, em dossiê intitulado *Espanha: a segunda mudança democrática*.

Coleção Lingua[gem]

1. *Português ou brasileiro? Um convite à pesquisa*, Marcos Bagno
2. *Linguagem & comunicação social*, Manoel Luiz Gonçalves Corrêa
3. *Por uma linguística crítica*, Kanavillil Rajagopalan
4. *Educação em língua materna: a sociolinguística na sala de aula*, Stella Maris Bortoni-Ricardo
5. *Sistema, mudança e linguagem*, Dante Lucchesi
6. *"O português são dois"*, Rosa Virgínia Mattos e Silva
7. *Ensaios para uma sócio-história do português brasileiro*, Rosa Virgínia Mattos e Silva
8. *A linguística que nos faz falhar*, Kanavillil Rajagopalan & Fábio Lopes da Silva [orgs.]
9. *Do signo ao discurso*, Inês Lacerda Araújo
10. *Ensaios de filosofia da linguística*, José Borges Neto
11. *Nós cheguemu na escola, e agora?*, Stella Maris Bortoni-Ricardo
12. *Doa-se lindos filhotes de poodle*, Maria Marta Pereira Scherre
13. *A geopolítica do inglês*, Yves Lacoste [org.]
14. *Gêneros*, José Luiz Meurer, Adair Bonini & Désirée Motta-Roth [orgs.]
15. *O tempo nos verbos do português*, Mª Luiza M. S. Corôa
16. *Considerações sobre a fala e a escrita*, Darcilia Simões
17. *Princípios de linguística descritiva*, Mário A. Perini
18. *Fundamentos empíricos para uma teoria da mudança linguística*, U. Weinreich, W. Labov & M. I. Herzog
19. *Por uma linguística aplicada indisciplinar*, Luiz Paulo da Moita Lopes
20. *Origens do português brasileiro*, Anthony Julius Naro & Maria Marta Pereira Scherre
21. *Introdução à gramaticalização*, Sebastião Carlos Leite Gonçalves, Mª Célia Lima-Hernandes & Vânia Cristina Casseb-Galvão [orgs.]
22. *O acento em português*, Gabriel Antunes de Araújo [org.]
23. *Sociolinguística quantitativa*, Gregory R. Guy & Ana Maria Stahl Zilles
24. *Metáfora*, Tony Berber Sardinha
25. *Norma culta brasileira*, Carlos Alberto Faraco
26. *Padrões sociolinguísticos*, William Labov
27. *Gênese dos discursos*, Dominique Maingueneau
28. *Cenas da enunciação*, Dominique Maingueneau
29. *Estudos de gramática descritiva*, Mário A. Perini
30. *Caminhos da linguística histórica*, Rosa Virgínia Mattos e Silva
31. *Limites do discurso*, Sírio Possenti
32. *Questões para analistas do discurso*, Sírio Possenti
33. *Linguagem & diálogo*, Carlos Alberto Faraco
34. *Nomenclatura Gramatical Brasileira*, Claudio Cezar Henriques
35. *Língua na mídia*, Sírio Possenti
36. *Malcomportadas línguas*, Sírio Possenti
37. *Linguagem. Gênero. Sexualidade*, Ana Cristina Ostermann & Beatriz Fontana [orgs.]
38. *Em busca de Ferdinand de Saussure*, Michel Arrivé
39. *A noção de "fórmula" em análise do discurso*, Alice Krieg-Planque
40. *Geolinguística*, Suzana Alice Marcelino Cardoso
41. *Doze conceitos em análise do discurso*, Dominique Maingueneau
42. *O discurso pornográfico*, Dominique Maingueneau
43. *Falando ao pé da letra*, Roxane Rojo
44. *Nova pragmática*, Kanavillil Rajagopalan
45. *Bakhtin desmascarado*, Jean-Paul Bronckart & Cristian Bota
46. *Gênero textual, agência e tecnologia*, Carolyn R. Miller
47. *Linguística de texto: o que é e como se faz?*, Luiz Antônio Marcuschi
48. *A gramática passada a limpo*, Maria Helena de Moura Neves
49. *O sujeito em peças de teatro (1833-1992)*, Maria Eugênia Lammoglia Duarte [org.]
50. *Português no século XXI*, Luiz Paulo da Moita Lopes [org.]
51. *Da linguística formal à linguística social*, Roberto Gomes Camacho
52. *Estudos do discurso*, Luciano Amaral Oliveira [org.]
53. *Gênero*, Anis B. Bawarshi & Mary Jo Reiff
54. *Introdução à teoria enunciativa de Benveniste*, Valdir do Nascimento Flores
55. *Linguística aplicada na modernidade recente*, Luiz Paulo da Moita Lopes [org.]
56. *Gramáticas contemporâneas do português*, Maria Helena de Moura Neves & Vânia Cristina Casseb-Galvão
57. *Letramentos sociais, na etnografia e na educação*, Brian V. Street
58. *A ordem das palavras no português*, Erotilde Goreti Pezatti
59. *Frases sem texto*, Dominique Maingueneau
60. *Espanhol e português brasileiro*, Adrián Pablo Fanjul & Neide Maia González [orgs.]
61. *Sujeitos em ambientes virtuais*, Maria Cecilia Mollica, Cynthia Patusco & Hadinei Ribeiro Batista [orgs.]
62. *Volóšinov e a filosofia da linguagem*, Patrick Sériot
63. *A história das línguas*, Tore Janson
64. *Discurso e análise do discurso*, Dominique Maingueneau
65. *Sobre a fala dialogal*, Lev Jakubinskij
66. *Retórica da ação letrada*, Charles Bazerman
67. *Teoria da ação letrada*, Charles Bazerman
68. *Unidade e variação na língua portuguesa*, André C. Valente
69. *Linguística funcional*, Maria Angélica Furtado da Cunha, Mariangela R. de Oliveira & Mário Eduardo Martelotta [orgs.]
70. *O texto e seus conceitos*, Ronaldo de Oliveira Batista [org.]
71. *Gramáticas brasileiras*, Carlos Alberto Faraco & Francisco Eduardo Vieira [orgs.]
72. *Saussure, o texto e o discurso*, Marcio Alexandre Cruz, Carlos Piovezani & Pierre-Yves Testenoire [orgs.]
73. *O efeito Saussure*, Carlos Alberto Faraco [org.]
74. *Dinâmicas funcionais da mudança linguística*, Marcos Bagno, Vânia Casseb-Galvão & Tânia F. Rezende [orgs.]
75. *Gêneros no contexto brasileiro*, Benedito Gomes Bezerra
76. *A pessoa no discurso*, Adrián Pablo Fanjul
77. *O todo da língua*, Vânia Casseb-Galvão & Maria Helena de Moura Neves [orgs.]
78. *Saussure e Benveniste no Brasil*, Valdir do Nascimento Flores
79. *Mikhail Bakhtin*, Alastair Renfrew
80. *A gramática tradicional – História crítica*, Francisco Eduardo Vieira
81. *Filologia, história e língua – Olhares sobre o português medieval*, Leonardo Lennertz Marcotulio; Célia Regina dos Santos Lopes; Mário Jorge da Motta Bastos & Thiago Laurentino de Oliveira
82. *Qual política linguística? Desafios glotopolíticos contemporâneos*, Xoán Carlos Lagares
83. *Análise de discurso crítica – para linguistas e não linguistas*, José Ribamar Lopes Batista Jr.; Denise Tamaê Borges Sato & Iran Ferreira de Melo [orgs.]
84. *A linguística, o texto e o ensino da língua*, José Carlos Azeredo
85. *Língua portuguesa – Tradições e modernidade*, Tania Maria N. de L. Camara; Denise S. Santos; Flávio de A. Barbosa & Alexandre do A. Ribeiro [orgs.]
86. *Objeto Língua – Inéditos e revisitados*, Marcos Bagno
87. *NURC – 50 anos*, Miguel Oliveira Jr. [org.]
88. *O dialeto caipira*, Amadeu Amaral
89. *Variações sobre o ethos*, Dominique Maingueneau
90. *O sujeito gramatical no português brasileiro – expressão, concordância, ergatividade e afetamento*, Vânia Cristina Casseb-Galvão; Gian Luigi De Rosa; Kleber Aparecido Silva & Lennie Aryete Pereira Bertoque [org.]
91. *História das línguas, história da linguística – homenagem a Carlos Alberto Faraco*, Marcos Bagno e Francisco E. Vieira [org.]
92. *O português daqui, dali e de lá – por uma língua que nos una*, Denise Salim dos Santos & Flávio de Aguiar Barbosa [org.]
93. *Discurso e (pós)verdade*, Luzmara Curcino, Vanice Sargentini & Carlos Piovezani [org.].

Esta obra foi composta em PT Serif 10,5/15
e impressa em papel Book Paper 65g
para a **Parábola Editorial** em maio de 2021.

Impressão e acabamento:
Gráfica Paym